MÉMOIRES

ou

SOUVENIRS ET ANECDOTES.

II.

PARIS.—IMPRIMERIE DE CASIMIR, RUE DE LA VIEILLE-MONNAIE, N° 12.

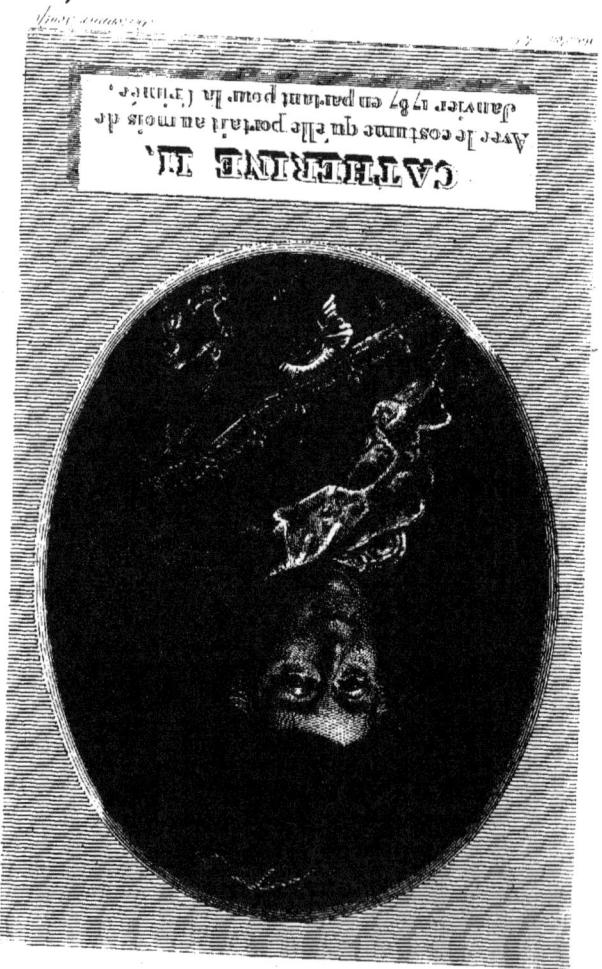

CATHERINE II.

Avec le costume qu'elle portait au mois de
Janvier 1787 en partant pour la Crimée.

MÉMOIRES

OU

SOUVENIRS ET ANECDOTES,

PAR

M. LE COMTE DE SÉGUR,

DE L'ACADÉMIE FRANÇAISE, PAIR DE FRANCE,

ORNÉS DU PORTRAIT DE L'IMPÉRATRICE CATHERINE II.

Le souvenir, présent céleste,
Ombre des biens que l'on n'a plus,
Est encore un plaisir qui reste
Après tous ceux qu'on a perdus.

Deuxième Édition.

TOME SECOND.

PARIS,

ALEXIS EYMERY, LIBRAIRE-ÉDITEUR,

RUE MAZARINE, N° 30.

M DCCC XXVI.

MÉMOIRES

ou

SOUVENIRS ET ANECDOTES.

On ressent une joie bien vive lorsque, après de longues traversées, on touche d'un pied la terre en repoussant de l'autre le canot qui nous a portés. Je trouve la constance des marins aussi surprenante qu'admirable, et j'ai peine à concevoir l'impatient désir que la plupart d'entr'eux éprouvent, après quelques momens de relâche, de se lancer de nouveau sur le perfide Océan. Il semble que ce soit pour eux une passion, un besoin continuel d'agitations et d'émotions.

Pour moi, je ne connais aucun métier plus capable d'aigrir le caractère et de le rendre brusque et chagrin; on y vit dans un état presque perpétuel de contrariété : veut-on aller au nord? le vent vous pousse au sud; désire-t-on dîner? la tourmente ébranle votre table, renverse vos plats; si l'on marche, il faut se tenir péniblement en équilibre pour résister au tangage et au roulis.

Jamais un moment de solitude, point de portes pour échapper au bruit et aux importuns, point d'asile pour le travail et pour la rêverie; si l'espoir de dormir vous console, les cris des matelots, le changement bruyant des manœuvres, les viremens de bord, les secousses violentes du bâtiment, le mugissement des vagues vous réveillent à chaque instant; enfin, ayant à redouter également l'air qui peut vous emporter, la terre où l'on craint d'échouer, une mer sans fond qui menace de vous engloutir, ne voyant au-dessus, au-dessous et autour de vous que le ciel et l'eau, vous êtes encore exposé aux périls du feu que vous bravez sur un bâtiment de bois qui porte un magasin de poudre.

La gloire même est plus soumise sur la mer que partout ailleurs aux caprices du sort; et, pour déjouer les calculs du plus habile et du plus brave capitaine, il suffit d'un calme imprévu, d'une saute de vent, d'une voile déchirée et d'un mât brisé.

Payons donc à nos intrépides marins un juste et triple hommage : ce n'est pas, comme sur terre, au prix seul de leur sang qu'ils acquièrent des lauriers ; c'est en s'exilant presque perpétuellement de leurs foyers, en sacrifiant à leurs devoirs tous les plaisirs de famille, de société, tous les plus doux sentimens de la nature ; c'est en triomphant non-seulement de leurs ennemis, mais de tous les élémens, qu'ils méritent la palme glorieuse que leur doit une patrie reconnaissante.

Moi qui partageais, comme voyageur, leurs périls, sans espoir de partager leur gloire, je ne saurais exprimer le plaisir que je ressentais en m'élançant sur la terre, en revoyant ma patrie, et en montant dans la voiture qui devait me faire retrouver en peu de jours tous les objets de mon affection. Tout était délices pour moi : l'aspect des champs, la vue des arbres et de la verdure, la pureté de l'air, la fraîcheur des alimens et l'absence de cette eau fétide qui, pendant une longue navigation, peut seule étancher notre soif en révoltant nos sens.

A quelques lieues de Brest, ayant quitté ma voiture pour gravir à pied une montagne assez longue et pour jouir enfin du plaisir de me promener sur un terrain solide, je fus tout à coup témoin d'une autre joie qui se manifestait par les plus bruyans transports.

J'avais pris sur mon habitation de Saint-Domingue et amené avec moi en France un jeune nègre nommé Aza, âgé de treize à quatorze ans. Tout à coup je le vois sauter, danser, chanter et rire aux éclats. « Quelle est donc, Aza, » lui dis-je, la cause de ces folies ? » Alors le négrillon, continuant ses gambades, me dit, en me montrant avec sa main des paysans qui bêchaient un champ : « Maître-moi, » maître-moi, mirez là-bas ; li blancs travail- » ler, li blancs travailler, travailler comme » nous ! »

Cette joie si vive me fit tristement rêver au sort d'une race d'hommes accoutumés par l'esclavage à regarder des hommes d'une autre couleur comme une race d'une nature différente de la leur, et presque comme des dieux, mais comme des dieux méchans. Le temps a marché ; les nègres d'Haïti sont libres ; nous ne sommes plus à leurs yeux que des hommes, et ces nègres indépendans ne travaillent plus que pour eux.

Je repris ma course. Les postillons, bien payés, semblaient voler, et mon impatience me faisait croire qu'ils allaient au pas ; enfin j'arrivai à Versailles, où je me retrouvai, avec un ravissement qu'on sent, mais qu'on n'exprime pas, dans les bras d'un père vénéré et d'une famille chérie, dont un mois auparavant j'étais séparé par un immense abîme.

A la cour comme à Paris, tout est soumis à la mode : cette folle puissance élève ou abaisse passagèrement la valeur de chaque individu, non selon son mérite, mais suivant la plus petite circonstance qui attire sur lui ou en éloigne l'attention.

Dans ce moment un jeune colonel, revenu d'Amérique et témoin des triomphes d'une république nouvelle, devenait un objet de curiosité et de bienveillance. La position de mon père rendait pour moi cette distinction momentanée plus remarquable.

Peu d'heures après mon arrivée, la reine eut la bonté de me faire dire de venir la voir chez madame la duchesse de Polignac, où elle dînait. Elle ajouta à cette faveur, lorsque je fus près d'elle, les paroles les plus obligeantes sur le compte qu'on lui avait rendu de ma conduite, paroles auxquelles la grâce qui lui était naturelle attachait un nouveau prix. Elle me parla des succès de nos armées sur terre et sur mer, et des avantages d'une paix glorieuse pour la

France, avec la fierté et le sentiment d'une reine, et d'une reine française.

Quelques jours après, M. le comte de Vergennes m'entretint long-temps de la situation intérieure des États-Unis, et de l'esprit public de ce pays. Sa prévision sur les destinées futures de cette nouvelle république, et sur l'influence que pourraient en ressentir bien d'autres contrées, était claire, sage, profonde : les événemens l'ont prouvé et le prouvent de plus en plus.

Cependant, en me parlant avec éloge de mes dépêches que mon père lui avait lues, je vis qu'il ne partageait pas mon opinion sur la probabilité d'une prochaine révolution dans l'Amérique espagnole ; il croyait qu'elle en serait garantie par l'ignorance des habitans de ces grandes colonies et par la puissance du clergé.

Je m'aperçus, dès ce premier entretien, qu'il avait formé le dessein de me faire entrer dans la carrière diplomatique, soit que par une prévention favorable il crût pouvoir m'y employer utilement, soit qu'il voulût par ce moyen réparer envers mon père quelques torts qui avaient précédemment mis entr'eux un refroidissement momentané.

M. de Vergennes était un homme instruit, adroit, sage dans sa politique, modeste dans son extérieur, simple dans son langage ; mais quelle est la sagesse qui peut constamment éviter toute tentation et tout écueil dans les grandes places, au milieu d'une cour, foyer perpétuel d'intrigues !

L'habile politique de M. de Vergennes avait eu un plein succès ; la sagesse de ses mesures avait contribué à la pacification de la Russie et de la Turquie, de la Prusse et de l'Autriche, et prévenu ainsi une guerre continentale dans laquelle nous nous serions vus entraînés.

Ayant trouvé le moyen de déjouer les efforts du cabinet britannique, une ligue puissante s'était formée sous notre direction en faveur de la république des États-Unis, tandis que, pour soutenir cette redoutable lutte, l'Angleterre, dépourvue d'alliés, s'était vue réduite à ses propres forces. Enfin une paix honorable venait de couronner des travaux glorieux ; elle enlevait treize grandes provinces à notre éternelle rivale, rendait à nos alliés des villes, des colonies, des îles qu'ils avaient perdues, nous faisait reprendre une grande influence en Europe, et nous replaçait au rang dont la faiblesse du règne de Louis XV nous avait fait descendre. Louis XVI jouissait par là d'une prééminence conforme à son caractère vertueux, celle d'un monarque modéré, puissant et pacificateur.

Les affronts de la paix de 1763 étaient effacés. La France entière avait vu avec des transports de joie renvoyer de Dunkerque le commissaire anglais, dont la présence, humiliante pour nous, était une insulte prolongée. L'indépendance de l'Amérique ouvrait de nouveaux débouchés à l'activité de notre agriculture et de notre commerce. Tout semblait nous assurer une prospérité croissante.

Il était juste que des ministres, après de tels succès, reçussent quelques preuves de la satisfaction du roi : il nomma M. le comte de Vergennes chef du conseil des finances. Jusque-là ce titre n'avait été qu'honorifique; quelques amis ambitieux persuadèrent à M. de Vergennes de lui donner une réalité qui pouvait l'élever au rang de premier ministre.

Cette intrigue était conduite par MM. de Miroménil, Joly de Fleury, Bourgade, Foulon, d'Harvelai et Calonne. Le prétexte allégué par eux fut l'énormité des dépenses de la marine, et le grand nombre de lettres de change qui arrivaient journellement des colonies. En conséquence on suspendit le paiement de ces lettres, démarche imprudente qui compromettait le crédit.

M. de Castries, ministre de la marine, était évidemment l'objet de ces mesures presque hostiles. Une ordonnance prescrivit à tous les ministres de comparaître devant le comité lorsqu'ils y seraient cités, et d'y rendre compte de la dépense de leurs départemens. M. de Castries et mon père prévirent à l'instant les suites de ce premier pas, qui devait les soumettre à un premier ministre.

Cet examen des comptes n'aurait rien eu de choquant s'il avait été réciproque; mais, en faisant cette innovation, c'était devant M. de Vergennes et son comité qu'on citait, comme devant un tribunal supérieur, les ministres de la guerre et de la marine, dont les combinaisons, le zèle et l'heureuse activité venaient de contribuer si efficacement aux succès de nos armes et à la conclusion d'une paix glorieuse.

Par-là, non-seulement le ministre des affaires étrangères obtenait seul une marque éclatante de confiance et de satisfaction, mais, ce qui paraissait moins tolérable, c'était aux dépens de ses collègues qu'on l'élevait; il devenait, en quelque sorte, leur chef et leur juge, puisqu'on les soumettait à sa censure.

D'ailleurs les membres du comité pouvaient inspirer quelques craintes sur leur partialité, si l'on en jugeait par l'amertume de leurs déclamations contre les dépenses (excessives selon eux) faites par les départemens de la marine et de la guerre.

M. de Castries, plus spécialement attaqué et plus ardent, voulait se retirer et ne point paraître au comité. Mon père, plus froid, disait qu'il comparaîtrait pour obéir et se retirerait ensuite. Cette division dans le conseil gênait le roi, pressé d'un côté par M. de Vergennes d'adopter un plan qu'on lui présentait comme le seul moyen à prendre pour sortir de la situation critique où se trouvaient les finances, et d'une autre part retenu par la crainte de perdre et d'humilier deux ministres dont il estimait la probité, la sagesse et les talens.

La reine, dans les premiers momens, n'avait point contrarié M. de Vergennes dans ses vues. Ce ministre saisissait alors toutes les occasions de lui complaire, et sur sa recommandation il venait récemment de donner l'ambassade d'Angleterre à M. d'Adhémar.

Celui-ci, qui inspirait une grande confiance à la duchesse de Polignac, sacrifia dans ce moment l'amitié à l'ambition; oubliant qu'il devait sa fortune à mon père et à M. de Castries, il favorisa autant qu'il le put le plan de M. de Vergennes, en cachant aux yeux de la reine les conséquences d'une telle innovation. Cette princesse ne les comprit qu'à l'instant où, la déclaration du roi étant publiée, les deux ministres qu'elle blessait firent éclater leurs justes plaintes.

« Ce n'est point, disait mon père, une nou-
» velle forme d'administration que je blâme :
» si, dans le comité, on n'avait placé aucun
» secrétaire d'État, j'irais sans répugnance y
» rendre mes comptes; mais il n'est pas tolé-
» rable pour moi de voir que M. de Vergennes,
» quand nous sommes secrétaires d'État tous
» deux, jugera mon administration, tandis que
» je ne jugerai pas la sienne. L'intérêt de la
» fortune de mes enfans, qu'on m'objecte en
» vain, ne me séduira point; je ne suis pas de
» ces hommes prêts à perdre leur considération
» pour garder leur place. Je dois obéissance au
» roi, mais je ne lui dois point de supporter un

» désagrément aussi choquant, lorsque j'ai mé-
» rité de justes marques de satisfaction. »

Le roi ne tarda pas à s'apercevoir que de mauvais conseils avaient égaré M. de Vergennes, et que ce plan pour former un conseil de finances, présenté comme une nécessité publique, n'était dicté que par une intrigue d'intérêts privés. Cependant, comme ce prince avait un sens très droit, avant de revenir sur une résolution dont on ne pouvait plus lui déguiser les inconvéniens, il voulut absolument que ses ministres obéissent.

M. de Castries porta au conseil des finances ses comptes des dépenses de la guerre d'Amérique, qui prouvèrent, jusqu'à l'évidence, la sagesse, l'habileté de son administration, et le peu de fondement des reproches dont elle avait été l'objet. En sortant du conseil, M. de Castries alla chez la reine, et lui montra sa démission qu'il voulait porter au roi. Cette princesse le pria d'attendre huit jours avant de la donner.

Dans la même semaine, M. de Fleury, un des premiers conducteurs de l'intrigue, perdit sa place de contrôleur-général, qu'on donna à M. d'Ormesson, plus estimable par sa probité que par ses talens. On n'alléguait pas les motifs de ce renvoi, mais on les devinait.

Le roi et la reine, mécontens du parti qu'on leur avait fait prendre, éprouvaient quelque embarras, et craignaient de compromettre leur autorité en revenant trop promptement sur une mesure si importante. La résistance des deux ministres, qui persistaient à vouloir rendre leurs porte-feuilles, les irritait.

Mon père leur avait présenté un mémoire dans lequel étaient développés avec beaucoup de force et de clarté tous les inconvéniens résultant d'un comité de finances, qui, soumettant sans réciprocité deux secrétaires d'État au jugement de leur collègue, faisait de celui-ci un chef absolu, et des autres ses commis, détruisant ainsi tout équilibre dans le conseil.

La reine avait lu ce mémoire avec humeur. Le roi disait qu'il ne voulait pas d'opposition, et qu'il n'était pas disposé à souffrir *des ministres aussi indépendans et récalcitrans que l'avait été le duc de Choiseul.*

Mon père reçut bientôt, ainsi que M. de Castries, une lettre de M. d'Ormesson, qui les avertissait de se rendre au comité. Choqués avec raison d'une telle forme, tous deux ré-

pondirent *qu'ils prendraient les ordres du roi.*
Ce prince les approuva et leur dit qu'il leur indiquerait lui-même le jour où ils devraient se rendre au comité.

M. de Castries fut le premier appelé; il présenta ses états de l'année, qui furent trouvés en règle. Mon père vint ensuite porter ses comptes, dont le résultat satisfaisant était une remise de trois millions d'épargne sur les fonds qui lui avaient été assignés pour l'année.

Après la lecture de tous les états, aucun membre du conseil ne fit d'observation. Les deux ministres reprirent des mains du roi leurs porte-feuilles; ils se retirèrent, et, dès qu'ils furent sortis, Louis XVI les combla d'éloges et rendit une pleine justice à leur habileté, ainsi qu'à leur économie.

Peu de semaines après, le roi, travaillant avec mon père, fit une promotion de dix maréchaux de France dans laquelle les deux ministres de la guerre et de la marine étaient compris; mais en même temps, sans en donner de motifs, et peut-être pour qu'on ne crût pas qu'une grâce si bien méritée par tant d'anciens services et de blessures était pour les deux ministres une compensation du désagrément qu'ils avaient éprouvé, le roi voulut que cette promotion restât quelque temps secrète.

Avant qu'elle fût publiée, M. de Vergennes vint féliciter mon père et lui faire des protestations d'amitié qui furent reçues poliment, mais avec la franchise d'un caractère qui ne savait ni plier ni se masquer. « Vous m'avez fait
» douter quelque temps, monsieur, lui répon-
» dit-il, de la constance de cette amitié, en
» voulant contraindre vos confrères à vous re-
» connaître pour juge dans l'administration de
» leurs départemens. »

Le ministère de M. d'Ormesson fut court : avec de bonnes intentions, il commit des fautes; il fallut lui donner promptement un successeur. M. Foulon prétendait à cette place; M. de Calonne l'emporta sur lui : un grand parti à la cour et M. de Vergennes l'appuyaient. Dès qu'il fut nommé, il s'empressa d'annoncer à mon père que le comité des finances, cause de tant de débats et d'intrigues, n'aurait plus lieu, ajoutant qu'il n'avait accepté le ministère qu'à cette condition. Telle fut la fin de ce léger discord, grossi par le bruit public, et d'après lequel, sans doute, un historien moderne a cru pouvoir affirmer qu'alors la cour et le ministère étaient une véritable république.

On peut compter le ministère de M. de Calonne au nombre des causes d'une révolution, peut-être rendue inévitable, mais qu'au moins on aurait pu éloigner. La nomination d'un ministre ambitieux, léger, et la légèreté même avec laquelle il fut renvoyé, ont certainement accéléré l'explosion que préparaient depuis long-temps d'anciens ressentimens, des institutions vieillies, des mœurs nouvelles et une philosophie qui combattait tous les préjugés, en armant contr'eux toutes les passions.

M. de Calonne réunissait en lui tout ce qui pouvait plaire à la cour, déplaire au peuple, nourrir d'illusions l'autorité, et réveiller les alarmes des parlemens. Son maintien, ses formes tenaient plus de l'homme du monde que du magistrat. On admirait en lui un esprit fin, un caractère liant, une imagination vive, une élocution facile. Apercevant tout rapidement et n'approfondissant rien, aucun obstacle n'inquiétait, n'arrêtait sa présomptueuse confiance.

Comptant, avec raison sans doute, mais avec peu de prudence et d'habileté, sur l'immensité des ressources de la France, il en abusa plutôt qu'il ne s'en servit. L'embarras où l'on se trouvait alors par les suites d'une guerre dispendieuse, par les prodigalités de la cour, par la rareté du numéraire, par l'absence du crédit, ne lui causait pas le moindre trouble; et, loin d'apporter à tant de maux réels l'unique et sage remède d'une sévère économie, il crut pouvoir accroître sans danger les dépenses, relever la puissance de la cour en augmentant son éclat, imposer au public par le luxe, rappeler la confiance par des illusions, et faire adopter sans opposition des emprunts par des banquiers, de nouveaux impôts par les parlemens, des sacrifices pécuniaires par la noblesse et par le clergé.

La sévérité de M. Necker avait attristé et effrayé; la médiocrité de ses successeurs avait découragé; l'audace et l'enjouement de M. de Calonne rassurèrent. Le péril cessa de paraître grand, dès qu'on vit qu'il ne semblait qu'un jeu au ministre chargé de nous en faire sortir.

Ses premières mesures pour avoir de l'argent réussirent, comme tout ce qui est nouveau réussit toujours en France. Les courtisans, les financiers, les magistrats n'avaient jamais trouvé de ministre plus prompt à les accueillir, à les écouter, à leur répondre. Si les princes avaient des dettes, il les payait ; si les femmes sollicitaient des grâces, elles étaient accordées ou promises. Comme il avait le travail prompt et bien distribué, son temps semblait toujours libre; les affaires ne l'enlevaient pas à la société, et son cabinet pouvait passer pour un salon.

Le génie d'un tel homme était le génie de l'espérance, très conforme à celui qui animait alors la nation française; aussi, dans les premiers temps, Paris retentissait de son éloge; il faut avouer que nous entrions presque tous dans le cercle d'illusions que sa baguette magique nous présentait.

Rassurant les parlementaires contre les coups d'État, respectueux pour les princes de l'Église, libéral avec les philosophes, qui ne lui connaissaient pas de préjugés, agréable aux gens de lettres, dont il aimait et encourageait les talens, déférant pour ses collègues, prodigue pour les hommes puissans de la cour, dans son début il plaisait trop à tous pour être jugé sévèrement par personne.

Cependant, pour s'attirer et conserver la confiance des parlemens, il lui aurait fallu une grande constance d'efforts ; car il trouvait là d'anciens ennemis qui conservaient un profond ressentiment de sa conduite antérieure dans l'affaire trop malheureusement célèbre du parlement de Bretagne, de M. de La Chalotais et de M. le duc d'Aiguillon.

Il est bon d'en dire quelques mots, puisque ces faits avaient laissé de longues traces, et excité l'animosité de la magistrature contre les abus du pouvoir ministériel. On ne peut oublier, si l'on veut juger le temps présent, cette vérité : C'est au bruit de la lutte des grands corps de la magistrature contre la cour, que la liberté, en France, s'est réveillée.

La Chalotais, procureur-général au parlement de Bretagne, s'était acquis promptement une grande considération par son éloquence, par la chaleur de son imagination, et surtout par l'indépendante fermeté de son caractère. Sa réputation s'était accrue par le choix de ses amis, Montesquieu, Mably, Condillac, Diderot, D'Alembert, oracles alors d'un parti nombreux et presque dispensateur de la renommée.

Dans ce temps, la lutte contre les jésuites commençait; la cour soutenait, et les parlemens accusaient cet ordre trop célèbre, cette milice ultramontaine qui, toujours combattant pour l'autorité temporelle du Saint-Siége contre celle de la royauté, sut toujours, en flattant, en menaçant, en effrayant, en punissant même les rois, les intéresser à sa cause; ordre redoutable qui s'est constamment relevé de tous ses revers, que les philosophes, les ministres, les parlemens, le clergé, Rome même ont cru tuer, et qui, triomphant du monde entier, pourrait, par sa résurrection inconcevable, affirmer sans folie qu'il a le don des miracles.

La Chalotais lui porta les premiers coups, et s'attira ainsi de nombreux et formidables ennemis. Les autres procureurs-généraux du royaume, encouragés par cette première hostilité, assiégèrent tous cette puissance religieuse et politique, appelée, par ses propres membres, *la tour d'Ignace bâtie par Dieu même*.

En vain Cerutti et Caveyrac la défendirent, comme on avait défendu la Saint-Barthélemy et la révocation de l'édit de Nantes; les livres, les statuts, les erreurs, les crimes imputés à l'ordre furent publiés, examinés, discutés, prouvés, jugés, condamnés. Les accusateurs triomphèrent; on supprima dans toute l'Europe et on crut détruire l'indestructible société de Loyola.

Son corps fut dissous, ses membres furent dispersés ; mais son esprit survécut, et ses partisans jurèrent dès-lors la perte du magistrat qui les avait le premier assaillis.

Bientôt des édits parurent pour établir des impôts au détriment des priviléges, franchises et libertés de la Bretagne. Le parlement de cette province, animé par le courage de La Chalotais, refusa constamment d'enregistrer ces édits.

L'autorité se vengea : La Chalotais, son fils et plusieurs conseillers au parlement furent jetés en prison. On accusait cet éloquent magistrat d'être l'auteur de lettres anonymes écrites à un ministre, quoique le style de ces lettres fût comparable à celui des halles. On avait ôté à l'accusé tous les moyens d'écrire et de se justifier ; cependant, avec de la suie délayée pour en faire de l'encre, il parvint à tracer à l'aide d'un cure-dent, sur une enveloppe de sucre, un mémoire qui fit sortir la lumière de l'ombre.

Partout on murmura : Voltaire prit la défense du magistrat persécuté. « Le cure-dent » qui lui servit de plume, dit-il, est un burin » qui grave pour l'immortalité. » L'indignation publique éclata. Ceux qui ne voulaient que punir furent contraints de juger; le procès s'instruisit; une commission assemblée à Saint-Malo chercha un crime qu'elle annonçait sans le prouver.

Le duc d'Aiguillon était l'ennemi personnel de La Chalotais, qu'il soupçonnait d'avoir fait courir contre lui un mot très épigrammatique à l'occasion de la bataille de Saint-Cast. Un motif plus fondé de sa haine était la résistance intrépide de ce procureur-général contre les actes arbitraires du duc, lorsqu'il commandait en Bretagne. M. de Calonne, alors jeune et maître des requêtes, secondait avec autant d'ardeur que d'adresse les vues de M. d'Aiguillon, et, par là, devint, aux yeux des parlemens, un ennemi de leurs droits et de leur indépendance.

Le parlement de Rennes, étant saisi du procès, ne voulut point juger contre sa conscience. Tous ses membres se récusèrent, hors treize qui furent récusés par La Chalotais. Cette affaire était devenue un procès entre la cour et l'opinion publique. Dans cette cour même La Chalotais trouvait de nombreux défenseurs. M. le duc de Choiseul, leur chef, ne pouvant faire triompher totalement la justice, adoucit au moins la vengeance. Les procédures juridiques cessèrent. La Chalotais et les autres prisonniers furent exilés à Saintes, et cet exil ne cessa qu'à l'avénement de Louis XVI au trône.

Ce monarque rétablit La Chalotais dans l'exercice de ses fonctions, lui donna une pension de huit mille francs, et lui accorda cent mille francs pour l'indemniser des injustices qu'il avait éprouvées. Lorsqu'on enregistra au parlement de Bretagne les lettres du roi relatives à l'érection du marquisat de Caradeuc, en faveur de la famille de ce magistrat, l'avocat-général, organe de la bonté et de la puissance royales, célébra, dans un discours éloquent, et la justice du prince et la vertu de ce célèbre procureur-général, dont la mémoire fut et sera toujours respectée, tant que l'on conservera celle du courage et des grands services de nos parlemens.

Il est des querelles qu'un coup d'État rend plus durables et plus violentes. L'opinion publique est ce qu'il y a de plus élastique au monde ; plus on la comprime, plus elle réagit. Toutes les cours souveraines avaient pris parti pour celle de Rennes; elles haïssaient également M. d'Aiguillon comme partisan des jésuites et comme fauteur constant du pouvoir arbitraire.

Le parlement de Bretagne lui intenta un procès, et l'accusa d'une foule d'actes tyranniques. Le parlement de Paris fut saisi de cette affaire; mais Louis XV, craignant l'issue d'un tel procès, l'évoqua à lui et fit cesser toutes poursuites.

Cet acte d'autorité fut plus préjudiciable peut-être à l'accusé qu'un jugement. Un arrêt des tribunaux aurait pu l'absoudre, celui de l'opinion le condamna. On n'avait rien négligé pour aigrir cette opinion; car Louis XV, mal conseillé, éleva au rang de ministre, et à la place de M. de Choiseul, ce même duc d'Aiguillon que la puissance venait de soustraire à la justice.

J'étais fort jeune encore au moment de ces grandes agitations; mais je me souviens parfaitement du mécontentement général, excité par ces intrigues et ces injustices. Ce mécontentement éclatait à la plus petite occasion. Il fit la fortune d'une épigramme de Rulhière, qui courut alors partout : c'était à l'instant où l'on croyait que M. d'Aiguillon allait être jugé par le parlement; on disait qu'il avait pris pour défenseur Linguet. Or, par un hasard assez singulier, Linguet, à peu près à la même époque, venait de publier un écrit très paradoxal, dans lequel il s'efforçait de soutenir que Tibère n'avait point été aussi despote, aussi cruel qu'on a dû le croire d'après l'immortel tableau de Tacite. Voici l'épigramme :

> Lorsqu'aux abois le pacha d'Aiguillon
> Eut de Linguet déterré le repaire,
> Il le trouva composant un *factum*
> Qu'il a produit en faveur de Tibère.
>   « Or sus, dit le tyran breton,
>   » Tu sais mon cas, fais mon apologie. »
>   « Vous arrivez, lui dit l'autre, à propos ;
>   » Vous me trouvez en haleine et dispos.
>   » Je pelotais en attendant partie. »

Il est vrai qu'au moment où M. de Calonne fut nommé ministre, le temps avait marché, et toutes ces querelles de MM. de La Chalotais et d'Aiguillon étaient déjà de l'histoire ancienne ; mais tout ce qui tient à l'esprit de parti laisse dans les cœurs des traces qui ne s'effacent que bien lentement, et les vieilles inimitiés, renaissant promptement, se rattachent sans peine à des événemens nouveaux.

La fin du dix-huitième siècle voyait germer

les semences d'une guerre fatale entre la philosophie et le clergé, entre la noblesse et le peuple, entre le pouvoir et la liberté, entre l'ancien ordre social et un ordre social tout nouveau. Les premières hostilités s'annonçaient par les vives remontrances des grands corps de magistrature, et par la faveur que l'opinion publique accordait aux arrêts, aux discours et à tous les écrits de ceux qui frondaient le gouvernement.

Dans cette disposition, M. de Calonne devait nécessairement plaire à la cour, qui, jugeant du présent par le passé, comptait sur son dévouement. En même temps il devait, par les mêmes motifs, exciter la méfiance du parti parlementaire et philosophique contre lequel, pour ainsi dire, il avait fait ses premières armes.

M. de Calonne connaissait sa position, mais rien ne l'effrayait; se fiant sur son adresse, il espéra conserver ses partisans, ramener ses ennemis, réunir tous les suffrages, et il faut convenir qu'à son début le succès parut justifier cet espoir. Il aplanit les premiers obstacles, et fit facilement face aux premiers besoins. Il montra le trésor plein à ceux qui l'avaient laissé vide, et l'arriéré fut soldé. Saint-Cloud et Rambouillet furent achetés et payés. La monnaie fut refondue. Un emprunt de huit cents millions répandit partout l'apparence de la richesse et de la prospérité.

Aux yeux fascinés par de telles illusions, les périls de l'État, qu'elles aggravaient réellement, furent déguisés et disparurent. Il semblait qu'on fût sous le charme d'un enchanteur; les louanges ne tarissaient pas. A la cour surtout, les amis du ministre étaient dans l'enthousiasme; l'un d'eux, M. le baron de Talleyrand, disait un jour à M. de La Fayette : « J'étais persuadé » que le bien de l'État serait l'ouvrage de cet » homme-là; mais je n'aurais jamais cru qu'il » le fît si vite. »

Ce qui doit paraître plus surprenant, c'est que M. de Vergennes, homme d'État dont la circonspection, la gravité, l'expérience, la simplicité presque bourgeoise de mœurs et de langage contrastaient si fortement avec la légèreté, l'audace, la vivacité et l'élégance des formes de M. de Calonne, que M. de Vergennes, dis-je, fut séduit, entraîné comme un autre, et partagea pleinement la confiance présomptueuse du nouveau contrôleur-général.

Quoi qu'il en soit, l'argent venant de reparaitre, les plaintes ayant cessé, les félicitations générales et la joie universelle ayant remplacé les sinistres présages et les cris de détresse, je trouvai à mon retour la cour et la société de Paris plus brillantes que jamais, la France fière de ses victoires, satisfaite de la paix, et le royaume avec un aspect si florissant, qu'à moins d'être doué du triste don de prophétie, il était impossible d'entrevoir l'abîme prochain vers lequel un courant rapide nous entraînait.

Non contens de nous laisser bercer par les rêves de cette félicité trompeuse, notre imagination nous emportait de chimères en chimères. Ce n'était pas assez d'avoir vengé nos affronts, d'avoir rendu le nord de l'Amérique indépendant, et d'avoir repris en Europe par les armes notre rang et notre prépondérance; fiers de notre siècle, de sa philosophie et des découvertes dues à son génie, nous crûmes un moment, en suivant les traces hardies de Montgolfier, de Charles et de Robert, conquérir l'empire des airs, en même temps que la baguette semi-magique de Mesmer nous inspirait l'espoir de trouver un remède universel pour guérir tous les maux de l'humanité.

En vérité, quand je me rappelle cette époque de songes décevans et de savantes folies, je compare l'état où nous nou[...]vions alors à celui d'une personne placée sur le haut d'une tour, et dont les vertiges produits par la vue d'un immense horizon précèdent de peu d'instans la plus effroyable chute.

Au reste, ce qu'on voyait non de chimérique, mais de très réel, c'était l'étonnante activité de l'agriculture, de l'industrie, du commerce, de la navigation, les progrès rapides de notre littérature, de notre philosophie, de nos connaissances en physique, en mécanique, en chimie, enfin de tout ce qui peut perfectionner la civilisation d'un peuple en multipliant ses jouissances.

L'adversité est sévère, méfiante et chagrine; le bonheur rend indulgent et confiant : aussi, à cette époque de prospérité, on laissait parmi nous un libre cours à tous les écrits réformateurs, à tous les projets d'innovation, aux pensées les plus libérales, aux systèmes les plus hardis. Chacun croyait marcher à la perfection, sans s'embarrasser des obstacles et sans les craindre. Nous étions fiers d'être Français, et plus encore d'être Français du dix-huitième siècle, que nous regardions comme l'âge d'or ramené sur la terre par la nouvelle philosophie.

Le bandeau des illusions couvrait tout, même le front royal. Frédéric le Grand et Catherine II ne suivaient pas à la vérité bien franchement les conseils de nos Platons modernes, mais ils les louaient et les consultaient. Joseph II, sans les consulter, adoptait leurs doctrines et marchait plus vite qu'eux. Il tentait imprudemment ce que les philosophes ne faisaient que projeter.

Dans toute l'Europe, les universités, les académies étaient les échos de la philosophie française ; l'amour pour la liberté devenait un sentiment universel. Les parlemens condamnaient quelques livres par devoir et par habitude, mais les remontrances de ces grands corps et leur opposition au ministère parlaient plus haut à l'opinion que les auteurs mêmes qu'ils avaient condamnés.

Au milieu de cette foule d'hommes de tous les rangs, entraînés par l'esprit du siècle, à peine pouvait-on discerner et entendre quelques hommes d'État graves, froids, clairvoyans, chargés de régler les dépenses de l'État et d'y satisfaire. Ceux-ci n'étaient éblouis ni par les prestiges de M. de Calonne, ni par les brillantes théories des réformateurs.

M. de Castries et mon père, peu rassurés par un faux éclat, par une abondance apparente d'argent, par des emprunts qui ne remplissaient que momentanément un trésor obéré, prévoyaient avec chagrin le moment prochain et inévitable d'une crise financière et politique; car telle leur paraissait notre position réelle : le déficit était constant, les besoins urgens; la probité se refusait à une banqueroute; la cour, à une réforme dans les dépenses; le clergé, à des sacrifices nécessaires; la noblesse, à l'égalité des charges, et les parlemens, à une augmentation d'impôts : ce qui rendait insolubles aux yeux de ces ministres les trois problêmes de la restauration des finances, de la conservation du crédit et du maintien de l'ordre public. Mais nous les écoutions comme les Troyens écoutaient Cassandre. Dans les temps d'enthousiasme et de folies, la raison semble aussi déplacée que le serait l'austérité d'un prédicateur parmi les joies d'un festin.

Ce qui me surprit, au milieu des exagérations de notre confiance présomptueuse et de notre fierté satisfaite, c'est qu'après avoir combattu plusieurs années les Anglais sur terre et sur m██ ██ après leur avoir enlevé treize riches p██████es, je retrouvais les modes anglaises plus en vogue à Paris que jamais.

Cette sorte d'hommages rendus à nos rivaux et à nos ennemis me semblait une étrange inconséquence; mais bientôt j'en pénétrai les motifs. Cette imitation de leurs costumes et de leurs mœurs n'était point un triomphe décerné à leur goût, à leur industrie, à leur supériorité dans les arts; c'était l'expression d'un sentiment bien différent, et qui se développait de jour en jour; c'était le désir de naturaliser chez nous leurs institutions et leur liberté. Voilà les avantages dont nous étions jaloux.

Les hommes ont un penchant naturel à imiter ceux qu'ils envient. Quand le fond manque, on copie les formes. N'a-t-on pas récemment vu, pendant la vie d'un célèbre conquérant, plusieurs monarques et même de petits princes le parodier, emprunter quelques-unes de ses habitudes, imiter quelques-uns de ses défauts, et nous rappeler ainsi ces courtisans d'Alexandre qui croyaient se grandir, en penchant de côté comme lui leur tête? Uniformes, grandes parades, étiquette, voyages, conseils fréquens, tout était imité, hors le génie, qui ne s'emprunte pas, et la gloire, qu'on ne peut copier.

Nous commençâmes aussi à avoir des clubs : les hommes s'y réunissaient, non encore pour discuter, mais pour dîner, jouer au wisk et lire tous les ouvrages nouveaux. Ce premier pas, alors presque inaperçu, eut dans la suite de grandes, et, momentanément, de funestes conséquences.

Dans le commencement, son premier résultat fut de séparer les hommes des femmes, et d'apporter ainsi un notable changement dans nos mœurs : elles devinrent moins frivoles, mais moins polies ; plus fortes, mais moins aimables : la politique y gagna, la société y perdit.

Cette société, s'épurant sans cesse, n'offrait plus rien qui ressemblât à celle de la cour du régent et du règne de Louis XV. Notre jeune roi, par l'exemple de sa vie privée, avait ressuscité chez nous la décence. On ne peut bannir la galanterie de la France ; c'est, je crois, son sol natal. Mais au moins alors elle se couvrait d'un voile ; peu de personnes osaient afficher des vices ; le langage d'une sensibilité exagérée, que quelques-uns ont nommée malignement *sensiblerie*, remplaçait celui d'une galanterie licencieuse.

Les romans de Voisenon et de Crébillon n'osaient plus se montrer dans les salons. Tout en déifiant Voltaire, on lui reprochait sévèrement un ouvrage, admirable si on le juge comme poëte, inexcusable aux yeux d'un moraliste, et dont l'un des défauts les plus graves est celui d'avoir ridiculisé une héroïne française et une victime des ennemis de la France.

Tout tentait évidemment chez nous à un but sérieux ; on causait beaucoup moins de promotions, d'intrigues et de bonnes fortunes ; le parti philosophique, qui marchait à une révolution, se voyait grossi par des hommes considérés, dont le but cependant n'avait rien de commun avec le leur.

Les ducs de La Rochefoucauld, de Nivernais, le prince de Beauvau et plusieurs autres exerçaient une grande influence sur le ton de ce qu'on appelait la bonne compagnie ; ils y introduisaient le goût des lettres et l'estime pour les sciences.

La reine elle-même avait opéré un grand changement dans les modes ; comme elle aimait plus la société que la représentation, ces modes, de magnifiques qu'elles étaient, devinrent simples et élégantes. Souvent, au lieu d'être paré à la cour, on y venait en habit noir. « Qui avez-vous perdu? » disait-on. « Personne ; je suis en noir et point en deuil. »

Marie-Antoinette fut la première reine de France qui admit chez elle des hommes à sa table. L'étiquette se relâchait de sa sévérité, en même temps que la morale du monde devenait plus rigide ; et, tandis que toutes les classes se rapprochaient et se mêlaient de manière à se confondre, bientôt il s'établit d'autres intervalles et un nouveau genre de distinction entre le vice et la vertu, l'esprit et l'ignorance, le talent et la médiocrité.

Ces progrès de l'égalité, cet hommage rendu à tous les genres de mérite personnel, cet enthousiasme pour tous les succès littéraires et philosophiques, réveillaient l'imagination en électrisant les poëtes, les artistes et les hommes de lettres.

On courait aux ateliers de Houdon, de Moitte, de Vien, de David, de Julien ; la France s'enrichissait de monumens ; les étrangers admiraient le dôme de Sainte-Geneviève, la salle de spectacle de Bordeaux, l'École de Chirurgie, le pont de Neuilly. Nos théâtres retentissaient des chefs-d'œuvre d'une musique nouvelle ; les femmes, se montrant zélés disciples de Jean-Jacques Rousseau, faisaient de leurs devoirs de mère leurs plus doux plaisirs.

Cependant le désir ardent de briller nous menaçait déjà d'une enflure, d'une exagération, d'un néologisme, d'une sorte de décadence, que retardaient, par la pureté de leur style, Bernardin de Saint-Pierre, Delille, Ducis, Bailly et La Harpe. Barthélemy annonçait à la fois la résurrection de la littérature, de la liberté et de l'atticisme grecs ; mais à côté d'eux l'éloquent Thomas gâtait le style à force d'images. On pardonnait à Dubelloy les défauts de ses plans et les vices de son langage, en faveur de ses nobles et patriotiques sentimens. Le Brun, qu'on surnomma *Pindare*, souvent ampoulé, était quelquefois sublime.

Beaumarchais, esprit original, alors sans modèle et depuis sans imitateur, introduisit sur notre scène la satire politique ; il attaquait à coups de marotte les préjugés que la philosophie combattait à coups de massue. La représentation de son *Mariage de Figaro* est une époque remarquable dans le prologue de notre révolution; et les courtisans, qui naturellement auraient dû en redouter les effets, furent ceux qui arrachèrent au roi la permission de se voir jouer.

De toutes parts on s'empressait de contribuer à satisfaire cette soif inextinguible de connaissances nouvelles qui semblait nous consumer. Choiseul-Gouffier et Volney tiraient le voile que trois siècles avaient jeté entre nos yeux et l'Orient. Bougainville parcourait les quatre parties du monde, dont un peu plus tard la liberté devait faire le tour.

Jusqu'alors la chimie, trop abaissée par le nom même donné à la profession de ceux qui s'en occupaient, s'éleva au rang de l'une des premières sciences par les travaux de Lavoisier et de Fourcroy. Entraînés sur les pas brillans de Laplace et de Lagrange, nous commencions à mesurer hardiment les cieux.

Ce fut dans ce moment qu'un simple manufacturier, Montgolfier, nous inspira le téméraire espoir de nous approcher des astres. Cet homme, devenu justement célèbre, et qui le premier en France avait fabriqué le papier vélin, immortalisa Annonay, lieu de sa naissance, la France sa patrie, et le nom de sa famille, par l'invention des ballons aérostatiques.

La ville d'Annonay fut doublement heureuse dans ce siècle; car elle donna aussi le jour à Boissy d'Anglas, cet excellent et grand citoyen qui fit briller tant de vertus dans un temps de crimes, tant d'intrépidité dans des jours de terreur, tant de morale dans sa politique, de loyauté dans son éloquence parlementaire, de grâce dans ses poésies, et de constance en amitié, à des époques où elle s'est montrée aussi changeante que la fortune.

La moitié de toute grande découverte est due au hasard et l'autre au génie. Montgolfier, dans sa manufacture de papeterie, faisait un jour, en 1783, bouillir de l'eau dans une cafetière que couvrait un papier ployé en forme de sphère; ce papier se gonfle et s'élève. Le philosophe s'étonne, répète l'expérience; il médite, calcule, conçoit l'effet d'un air raréfié plus léger que l'air atmosphérique; l'aérostat est inventé, et l'empire des airs devient une nouvelle carrière où l'audace des hommes s'élance.

Le premier moyen qu'on employa pour raréfier l'air, fut la vapeur du feu : ainsi cette gloire, comme bien d'autres, ne semblait d'abord que fumée; mais bientôt on se servit du gaz, et dès-lors une chaloupe suspendue à l'aérostat nous montra des mortels s'élevant dans les airs.

Aujourd'hui ce spectacle est si commun qu'il n'excite presque plus la curiosité ; c'est, comme les feux d'artifice, un vulgaire ornement de nos fêtes. Mais jamais je n'oublierai l'impression vive et profonde que produisit sur moi, ainsi que sur toute la population de Paris, la première ascension de Charles et de Robert au milieu du jardin des Tuileries.

Le cœur bon et sensible de Louis XVI, effrayé de cet acte de témérité, avait voulu d'abord s'y opposer. A l'instant où tous les regards étaient fixés sur deux hommes assez hardis pour braver dans un frêle esquif les vents, l'immensité de l'espace et tant de périls jusque-là inconnus, un ordre du ministre arrive et leur défend de partir; mais le courage des aéronautes, et l'impatience d'une foule immense appelée à jouir de cet essor du génie, l'emportèrent sur toute défense. La corde fut coupée, le globe s'éleva majestueusement, et nous vîmes les navigateurs aériens parcourir intrépidement la route du ciel.

Dans d'autres siècles on aurait cru voir apparaître des dieux, et dans ce moment même je me sentais disposé à croire à tous les prodiges.

Inspiré par cette vive et indéfinissable émotion, je cherchai sur le lieu même à la peindre dans cet impromptu :

Quand Charles et Robert, pleins d'une noble audace,
Sur les ailes des vents s'élancent vers les cieux,
Quels honneurs vont payer leurs efforts glorieux ?
    Eux-mêmes ont marqué leur place
    Entre les hommes et les dieux.

Après ce triomphe du génie sur la nature, dans cette journée mémorable, chacun des spectateurs se sentait comme grandi ; l'impossible ne paraissait plus un mot français ; on eût dit que toutes bornes venaient de disparaître devant l'orgueil ambitieux de l'esprit humain.

Les jours suivans, on entendait dans tous les salons de Paris tout ce que l'imagination peut ajouter à la vérité, toutes les folies que peuvent créer les plus vives imaginations ; car, même lorsque la science et la raison font les plus grands pas, la folie en profite encore pour étendre son domaine.

On voyait déjà la direction des ballons trouvée, des flottes nombreuses traversant les airs : une descente en Angleterre n'était plus qu'un jeu ; bientôt, au milieu des éclairs et dans le séjour de la foudre, nos escadres et celles de nos rivaux se livraient bataille; certaines jolies femmes commençaient à craindre de se voir un jour enlevées du milieu de nos jardins par des aéronautes turcs ou barbaresques; les contrebandiers se réjouissaient; les douaniers redoutaient la perte de leur état.

Mais ce qui semblait plus réel, c'était l'espérance jusqu'ici trompée d'employer utilement les aérostats à la guerre, de planer au-dessus des forteresses, et de s'en emparer ainsi sans qu'il fût désormais nécessaire de renverser leurs remparts. Cependant la bataille de Fleurus fut, depuis, la seule affaire dans laquelle on essaya d'employer les aérostats, et encore ne crut-on pouvoir s'en servir que pour observer et découvrir les forces de l'ennemi et ses mouvemens. Les savans regardent comme impossible de diriger les ballons contre les courans de l'air. Mais que sait-on? le hasard, plus habile que les savans, fera peut-être un jour cette découverte.

Depuis mon retour en France, je jouissais plus rarement qu'autrefois de la vie active et brillante de Paris. Mon père, me retenant à Versailles, m'enchaînait à son ministère, où j'étais contraint à un travail journalier et assidu.

Je me souviens qu'animé du désir de réformes et d'innovations qui étaient à la mode en ce temps, je parlai très vivement à mon père du froid accueil qu'il faisait, disait-on, au plus grand nombre de ceux qui lui présentaient des projets, et je m'étendis avec complaisance, à cette occasion, en lieux communs philosophiques, sur la difficulté de faire parvenir la vérité au palais des rois et dans les cabinets de leurs ministres.

Mon père sourit, ne me répondit rien, et m'envoya le lendemain l'ordre de prendre dans ses bureaux tous les mémoires et projets qui lui étaient adressés pour des réformes et de nouveaux systèmes de tactique ou d'administration. J'en fus d'abord très content; mais je ne tardai pas à sentir que ce que j'avais regardé comme un plaisir était une utile leçon et une punition assez sévère.

En effet, on ne saurait donner une idée de la foule de platitudes, de sottises, de tristes folies, contenues dans les innombrables dossiers dont l'analyse m'était imposée. Faisant contre fortune bon cœur, je parus prendre assez fièrement mon parti. Je profitai, d'un air triomphant, de cinq ou six mémoires utiles, composés par des hommes instruits et sages; mais je m'aperçus que mon père les connaissait avant moi, car il s'entretenait fréquemment avec les hommes habiles qui pouvaient l'éclairer : ainsi ma présomption, vaincue dans son dernier retranchement, demanda grâce, et je fus débarrassé de mon fardeau; on m'en dédommagea même en me confiant des travaux plus importans et plus secrets.

Je reçus alors, ainsi que tous les colonels français qui avaient fait la guerre dans les États-Unis, l'autorisation de porter la décoration de l'association américaine de Cincinnatus, que nous envoyait l'illustre général Washington.

Ce général en informa M. le comte de Rochambeau par la lettre suivante, datée du 29 octobre 1783 : « Monsieur, les officiers de l'ar-
» mée américaine, dans le dessein de perpétuer
» cette amitié mutuelle qui a été formée durant
» le temps du danger et de la détresse com-
» mune, et pour d'autres desseins mentionnés
» dans l'institution, se sont, avant leur sépa-
» ration, associés dans une société d'amis, sous
» le nom de *Cincinnatus* ; et, m'ayant honoré

» de l'office de leur *président-général*, c'est une
» partie de mon devoir bien agréable de vous
» informer que la société s'est fait l'honneur de
» vous considérer, ainsi que les généraux et
» les colonels de l'armée que vous commandiez
» en Amérique, comme membres de la so-
» ciété.

» Le major l'Enfant, qui aura l'honneur de
» vous remettre cette lettre, est chargé, par la
» société, de l'exécution de leurs ordres en
» France, et il est également chargé de vous
» remettre une des premières *marques* qui se-
» ront faites. Il l'est aussi de vous délivrer les
» *ordres* pour les gentilshommes de votre armée
» ci-devant mentionnés, que je prends la li-
» berté de vous prier de leur présenter au nom
» de la société. Aussitôt que le diplôme sera
» fait, j'aurai l'honneur de vous l'adresser. »

Cette décoration était un aigle d'or suspendu à un ruban bleu bordé de blanc : d'un côté Cincinnatus était représenté quittant ses rustiques foyers pour prendre ses armes comme dictateur; de l'autre, on le voyait déposant son glaive, son bouclier, et reprenant sa charrue.

Une telle décoration si nouvelle, si républicaine, en brillant au milieu de la capitale d'une grande monarchie, pouvait donner beaucoup à penser; mais nul n'y songeait. Quelque évidente que fût l'impression produite par la vue de ce signe de liberté, nous n'étions occupés que du plaisir de montrer sur notre poitrine cette palme guerrière, et de fixer sur nous, dans les promenades publiques, les regards d'une foule d'oisifs que la moindre nouveauté attire et rassemble.

A leurs yeux cette décoration ne paraissait qu'un nouvel ordre de chevalerie; et, par routine, confondant les institutions démocratiques avec les distinctions aristocratiques, on donnait vulgairement, à la ville comme à la cour, à cet emblême de l'égalité et de la liberté le nom d'*ordre*, de sorte qu'on l'appelait assez ridiculement l'*ordre de Cincinnatus*.

Ce qu'il y eut même de plaisant, c'est qu'un colonel, homme très distingué par sa naissance, excellent officier, mais dont l'instruction avait été négligée, et qui se faisait remarquer par des fautes de langue très comiques, me dit, quand je fus nommé commandeur de Saint-Lazare et chevalier de Saint-Louis : « Te voilà, mon » ami, bien riche en saints, car tu en as trois : » *saint Louis*, *saint Lazare* et *saint Cinnatus*.

» Mais, pour ce dernier saint, je me donne au
» diable si je sais où nos amis de l'Amérique
» ont été le déterrer. » Or notez que lui-même
avait été en Amérique, et venait de recevoir
cette décoration.

Tandis qu'un gouvernement monarchique, en Europe, adoptait ainsi sans nulle crainte, au sein de son armée, ce signe mémoratif du triomphe d'un peuple contre un roi, cette institution produisait en Amérique un effet tout contraire. La liberté au berceau est pour le moins aussi jalouse que l'amour naissant. Une distinction quelconque choquait les amis de l'égalité, et les guerriers américains, qui venaient de verser leur sang pour fonder et défendre la république, excitèrent la méfiance des républicains, leurs compatriotes, dès qu'ils osèrent se distinguer d'eux par un simple ruban.

Il est vrai que les membres de l'association des Cincinnati avaient commis une faute : désirant perpétuer avec leurs noms le souvenir de leurs travaux et de leurs exploits, ils annonçaient que cette décoration serait héréditaire dans leurs familles. Partout l'alarme se répandit ; on croyait voir, dans ce mouvement de fierté militaire, une pensée vaniteuse et le germe dangereux d'une noblesse future.

Vainement, pour rassurer l'opinion, on invoquait la décoration elle-même, qui retraçait visiblement aux militaires le devoir de renoncer à toute autorité, à tout commandement, et de rentrer comme Cincinnatus dans les rangs des simples citoyens, après avoir rendu à la patrie les services exigés par elle; l'impression était faite et ne pouvait s'effacer. Il fut officiellement défendu d'établir aucune distinction héréditaire.

L'association subsista cependant, et subsiste encore aujourd'hui, mais comme simple confrérie, comme un souvenir de la fraternité d'armes établie pendant la guerre de l'indépendance. Les membres de cette association qui vivent encore, craignant d'inspirer même l'ombre d'un soupçon à leurs concitoyens, ne portent cette décoration qu'une ou deux fois par an, dans les jours consacrés à la commémoration de celui où l'indépendance fut proclamée. Au reste toute méfiance a disparu, et déjà même une nouvelle ville, fondée sur les bords de l'Ohio, et dont la population s'élève à quatorze mille âmes, porte le nom de *ville des Cincinnati*.

Je retrouvai avec plaisir dans Paris un de nos compagnons d'armes, le duc de Lauzun, qui depuis, portant le nom de duc de Biron, combattit pour la république française, comme il avait combattu pour la république américaine, et vit ses services payés par la féroce ingratitude de la convention, qui l'envoya à l'échafaud.

Son caractère offrait le mélange singulier de l'ambition et de l'amour du plaisir, de la bravoure et de la mollesse, des formes d'un courtisan français et des habitudes indépendantes d'un pair d'Angleterre. Galant comme un héros de roman, il aurait voulu aussi être un héros d'histoire, mais la fortune le trahit; il était d'ailleurs un peu trop léger pour la fixer.

La bonté de son cœur, l'aménité de son caractère le rendaient tout-à-fait déplacé dans un temps de violence et de passions brutales. Dans d'autres circonstances il se serait vu, pour atteindre à la gloire, secondé par la juste affection des soldats. Nul ne la méritait mieux que lui; un trait suffira pour le peindre.

En Amérique, près d'Yorktown, ayant à la tête de sa légion chargé et culbuté les dragons de Tarleton, comme ceux-ci reçurent un renfort, il fut obligé de se retirer. Dans sa retraite, restant à la queue de sa colonne, il s'aperçut qu'un de ses hussards, demeuré en arrière, était entouré par trois dragons anglais qui le sabraient. Aussitôt Lauzun s'élance sur eux, en tue un, blesse l'autre, et met en fuite le troisième. Le hussard, délivré, mais criblé de blessures, rejoignit sa troupe.

Tout le monde ignorait cette action brillante et généreuse. Le même sentiment qui inspire de telles actions porte à les taire; le hasard découvrit celle-ci. Peu de jours après, Lauzun, faisant comme colonel de jour la visite de l'hôpital, fut appelé par un hussard presque mourant. Ce soldat, puisant dans sa reconnaissance un reste de force, serre les mains de son colonel, les mouille de larmes, et raconte à tous ceux qui entouraient son lit, ce que son libérateur avait fait pour le sauver.

Une âme si noble méritait bien ce léger tribut d'éloges; on lui a rendu un funeste service en imprimant ses Mémoires. Ses bonnes qualités n'auraient pas été ternies par les torts qu'on lui reproche, si, en s'entourant d'autres amis, il eût mieux su apprécier une femme angélique que le sort lui avait donnée. Mais cet esprit original et indépendant regardait la bonne compagnie, qui le gênait, comme une entrave à sa liberté : sentiment dangereux, car il porte à éviter ce qui nous contient; et, chose bien étrange, cet homme spirituel ne pouvait s'accoutumer à la très spirituelle, mais un peu dominante société des amies de la duchesse de Lauzun.

Cependant on peut assurer qu'il était difficile de rencontrer en aucun lieu de l'Europe une société plus aimable, plus vive, plus animée, et d'un goût aussi délicat que celle des princesses de Poix, de Bouillon et d'Hénin. On y voyait réuni tout ce qui peut plaire. C'était l'image d'une ancienne cour rajeunie par des grâces nouvelles.

J'employais avec ardeur le peu de jours de loisir que me laissait mon père, à parcourir de nouveau, dans Paris, ces cercles nombreux et variés de tous rangs, qui offraient tant de jouissances diverses à l'esprit. Cependant, attiré par une juste curiosité à l'Académie-Française, une de ses séances pour la première fois m'attrista; Lemierre y lisait quelques fragmens de sa tragédie de *Barnewelt.* En entendant les rudes accens de ce poëte, par lesquels je me sentais cahoté comme un voyageur dans un mauvais coche, je craignis un moment de voir notre langue redevenir celtique et barbare.

Lemierre n'était pas sans talent; on trouvait dans ses ouvrages d'intéressantes situations, une verve assez vive et de nobles pensées; mais jamais homme ne fut plus malheureux en consonnes; elles se rencontraient et se choquaient dans ses vers si bizarrement, qu'on pouvait douter quelquefois si c'était du français qu'on entendait.

Il suffit d'en rappeler un exemple assez connu: voulant peindre ces lanternes magiques portées sur les épaules de ceux qui les montrent, ou sur de petites roues, il s'exprimait ainsi :

Opéra sur roulette et qu'on porte à dos d'hommes.

Ne semblerait-il pas que c'est un vers latin qu'on entend?

L'idée la plus claire se trouvait, dans ce poëte, obscurcie par les formes dans lesquelles il l'enveloppait; on en trouvera la preuve dans ces quatre vers qu'il avait composés sur Henri IV :

Élevé loin des cours, et le malheur pour maître,
Plus tard il devint roi, plus il fut fait pour l'être.
Souverain par le droit, par le cœur citoyen,
Il fut son propre ouvrage, et nous-mêmes le sien.

Malheureusement ces tournures et ces ellipses étranges, dont on riait alors, trouvent aujourd'hui trop d'imitateurs. Quelques jeunes écrivains, que la nature a doués d'un vrai talent, prétendent que la langue n'est pas et ne peut être fixée. Ils essaient de donner à la nôtre la rapidité et les inversions de la langue latine, quoique contraires à son essence; et, voulant former une école nouvelle, ils bravent les règles et comptent pour peu de chose la clarté, premier mérite du style. Qu'ils prennent garde de ressembler un jour au bon roi Shabaham, qui disait si naïvement : « Vous ne me compre- » nez pas, mais cela m'est égal; je me com- » prends bien moi-même. »

Je me dédommageai bientôt des vers de Lemierre en écoutant, dans plusieurs maisons, notre Virgile français, l'abbé Delille, si fécond en chefs-d'œuvre, et qui donnait à tous les objets qu'il voulait peindre tant d'âme, de grâce et d'harmonie.

Ce poëte, émule d'Homère et aveugle comme lui, ne laissait jamais lire ses vers inédits : il les déclamait et craignait cependant encore qu'on ne les retînt, qu'on ne les copiât, et qu'un plagiaire ne s'en enrichît. Un jour madame la baronne Dubourg, son amie, femme très aimable, voulut lui faire la petite malice d'en écrire quelques-uns tandis qu'il les récitait. A cet effet, elle prit une plume de corbeau très fine et commença. Tout semblait réussir à son gré, lorsque le malin poëte, entendant le léger frottement de cette plume sur le papier, s'arrête et s'écrie :

> Et tandis que je lis mes chefs-d'œuvre divers,
> Le corbeau devient pie et me vole mes vers !

Nous perdîmes, cette même année, un illustre académicien, un grand géomètre, un philosophe profond, un écrivain noble, énergique, rapide, ingénieux, piquant, franc sans rudesse, désintéressé sans affectation; D'Alembert mourut.

La fortune ne pouvait l'éblouir : recevant modestement les plus magnifiques offres de l'impératrice Catherine II pour se charger de l'éducation de son fils, il les avait refusées sans orgueil, n'alléguant d'autre motif d'un tel refus que son amour pour son pays dont il ne voulait pas s'éloigner.

C'était chez ce secrétaire perpétuel de l'Académie que se réunissaient fréquemment les hommes de la cour les plus instruits, les savans, les hommes de lettres, les artistes célèbres et tous les partisans de cette nouvelle philosophie, dont il semblait depuis la mort de Voltaire tenir le sceptre.

D'Alembert se faisait estimer par son désintéressement, par sa probité, par la fierté de son caractère. Sa conversation très instructive était souvent aiguisée par un sel plus satirique qu'attique; on y démêlait un léger fond d'amertume, trop ordinaire aux hommes que leurs talens auraient pu placer dans les premiers rangs de l'état social, et que leur naissance classe dans des rangs inférieurs.

La gloire même, quand on l'obtient, n'efface jamais complétement ce sentiment de susceptibilité, germe trop fécond de la discorde qui a existé de tout temps entre les patriciens et les plébéiens. Le vice radical des uns est un ridicule dédain, celui des autres une envie non moins ridicule; car enfin, entre les avantages d'une noblesse due au hasard et ceux d'une élévation due au talent et au mérite personnel, ce sont certainement les derniers qui devraient être un objet d'envie.

On ne saurait croire combien, dans ce moment de guerre contre les préjugés, de passion pour le bien général, d'ardeur pour une perfectibilité peut-être chimérique, de tendance à ramener sur un vieux monde l'égalité primitive; combien, dis-je, les modernes philosophes faisaient d'accueil aux jeunes nobles qui se montraient disposés à devenir leurs disciples, et à quel point ils trouvaient naturellement le secret d'exalter nos âmes et notre imagination par l'encouragement de leurs éloges.

Ces hommes, consultés, respectés comme des oracles par l'Europe savante, distribuaient en quelque sorte la renommée, et notre présomption nous élevait incroyablement dans notre propre opinion, lorsque nous étions loués par eux.

Pour en donner un exemple utile à d'autres amours-propres, bien que ce soit peut-être à mes dépens, je dirai que rien dans ma vie ne me flatta plus vivement qu'une lettre de D'Alembert que j'ai conservée. Elle était écrite par lui au chevalier de Chastellux, qui lui avait montré un de mes premiers essais en littérature.

Voici cette lettre : « Je suis enchanté, mon » cher ami, de l'écrit que vous m'avez prêté; il » est plein d'intérêt, de sensibilité, d'honnê- » teté, et, ce qui est rare à cet âge, de philoso-

» phie et de goût. L'auteur mérite que tous les
» honnêtes gens l'aiment, l'estiment et s'inté-
» ressent à lui. Quelle distance de lui à pres-
» que tous les jeunes gens de son état! Je l'aime
» et le respecte sans le connaître, et, grâce au
» sentiment de vertu dont il me paraît pénétré,
» je crois n'avoir pas besoin de faire pour lui
» la prière de Cicéron pour César dans *Rome*
» *sauvée :*

» Dieux, ne corrompez pas cette âme généreuse !

» Bonjour, mon cher et illustre ami et con-
» frère; je vous embrasse aussi tendrement que
» je vous aime. »

Ce mardi, 1ᵉʳ décembre 1778.

C'est après la communication de cette lettre que M. de Chastellux m'avait conduit chez M. D'Alembert, qui depuis me vit très assidu à ses soirées. Je trouvais cependant plus d'obligeance que de vérité dans les expressions flatteuses de cette lettre; mais nous sommes tous faits ainsi : une louange nous plaît toujours, même quand nous sentons qu'elle est exagérée; et, lorsqu'elle vient d'un homme supérieur, elle nous grandit à nos propres yeux; tout en reconnaissant qu'elle n'est pas juste, nous espérons qu'elle est sincère, et nous savons gré à celui qui nous la donne, de s'être ainsi trompé à notre avantage.

Le moyen le plus sûr de gagner les hommes et de s'en faire des partisans et des disciples, c'est de montrer du respect à la vieillesse, de la confiance à la maturité, et de flatter l'amour-propre de la jeunesse. On s'attache ainsi des hommes qui ont quelques nobles sentimens; quant à ceux qu'on ne prend que par l'intérêt, la plupart ne valent pas le prix qu'ils coûtent.

Si je voulais peindre ici l'esprit public de ce temps, et le spectacle que me présentaient la cour et Paris, ce tableau ne diffèrerait que par des nuances très légères, de celui que j'avais vu et tracé avant mon départ pour l'Amérique. Tout y paraissait animé des mêmes désirs d'innovation, de réformes, d'égalité, de tolérance et de liberté.

Ce qu'on pouvait seulement remarquer, c'est que tous ces sentimens, malgré leurs progrès rapides en étendue, se manifestaient avec moins de vivacité, soit parce qu'ils étaient moins combattus, soit parce qu'on jouissait du premier triomphe désiré, celui de la cause américaine.

Nous avions réussi : les États-Unis étaient indépendans; l'Angleterre venait d'éprouver notre force; les revers de la guerre de sept ans étaient effacés, et le calme suit toujours un peu la victoire. Mais ces instans de calme furent courts; c'était un léger sommeil que devait suivre un terrible réveil. Au reste, n'ayant plus pour le moment d'autre objet d'activité que les plaisirs, on s'y livrait entièrement, et aucun nuage ne troublait la sérénité de ces jours heureux si promptement disparus.

Jamais je ne vis rien de si brillant que les voyages de Fontainebleau de 1783 et 1784. La reine, qui était alors dans tout l'éclat de sa jeunesse, se voyait entourée dans son intérieur d'amis de son choix; elle recevait d'une foule d'étrangers distingués, comme de tous les Français, des hommages sincères; on la regardait comme le plus doux ornement des fêtes qui embellissaient sa cour. Encourageant les lettres, protégeant les arts, répandant beaucoup de bienfaits, et ne désobligeant personne, elle ne connaissait encore d'une couronne que ses fleurs, et ne prévoyait pas qu'elle dût sitôt en sentir le terrible poids.

Les calomnies n'avaient point commencé;

nulle voix ennemie ne s'élevait contr'elle; elle n'entendait que des accens de respect et d'amour; à peine pouvait-elle distinguer quelques voix chagrines de vieux courtisans frondeurs, qui, jaloux des amis de la reine, regrettaient l'ennui des temps passés et le rigorisme d'une antique étiquette, dont l'affaiblissement leur paraissait un signe évident de décadence nationale.

M. le comte d'Artois, revenu du siége de Gibraltar, où il avait fait ses premières armes, aimait le monde, la société, les spectacles, la chasse, les fêtes; il animait la cour : c'était véritablement le prince de la jeunesse. *Monsieur*, moins actif par sa nature, cultivait une mémoire heureuse, bornait ses plaisirs à ceux de la conversation au milieu d'une petite cour séparée, dans laquelle la politique cherchait et trouvait plus de place qu'ailleurs.

Le bon roi Louis XVI, simple dans ses goûts, peu curieux des plaisirs bruyans, s'amusait pourtant de ceux qu'il donnait aux autres; il semblait satisfait des résultats d'une guerre qu'il avait voulu éviter, et des succès d'une ambition qui avait été plutôt la nôtre que la sienne ; ce prince jouissait surtout intérieurement du bien qu'il avait projeté, et de celui qu'il voulait faire à son peuple.

Parmi beaucoup de pièces assez médiocres, on en donna sur le théâtre de Fontainebleau quelques-unes qui eurent beaucoup de succès; mais, en ce genre comme en d'autres, Paris ne ratifia pas tous les jugemens de la cour.

Ce qui obtint la presque unanimité des suffrages, ce fut l'opéra de *Didon*; le jeu, la voix de madame Saint-Huberti nous ravirent tous, et les sons harmonieux de Piccini charmèrent nos oreilles, jusque-là très peu musicales, mais que Gluck cependant avait entr'ouvertes.

D'autres chefs-d'œuvre depuis formèrent et développèrent notre goût, qui, heureusement resté plus sage que celui des Italiens, a persisté jusqu'à présent à ne point sacrifier la littérature à la musique, et qui veut constamment, malgré les folles passions des *dilettanti*, trouver de l'intérêt dans les scènes qu'on lui présente, de l'esprit dans les pièces qu'on joue, et du bon sens dans les paroles qu'il écoute.

Ce mot de *bon sens* m'avertit des accusations auxquelles je m'expose, si je parle à présent d'un ton trop sérieux du nouveau spectacle que donnait alors à Paris, non pas les muses, mais Esculape.

On devine que je veux parler de la doctrine et du fameux baquet de Mesmer; cependant, voulant être véridique, je dois avouer que je fus un de ses plus zélés disciples; mais, pour consoler mon amour-propre, je me hâterai de dire qu'entraîné, soit par une vive curiosité, soit un peu par la mode, j'eus pour compagnons, dans cette singulière école, beaucoup d'hommes dont le nom n'est pas sans quelque poids, puisque, parmi mes condisciples, je puis citer les noms de MM. Court de Gébelin, Olavidès, d'Espréménil, de Jaucourt, de Chastellux, de Choiseul-Gouffier, de La Fayette, et une foule d'autres personnes distinguées dans les lettres, dans les sciences, sans parler de quelques médecins qui s'en mêlaient plus secrètement, et qui sans doute me sauront gré de ne pas les inscrire ici sur ma liste, mesmériens honteux, convenant tous bas qu'il y avait du vrai dans cette découverte, et la frondant tout haut par respect pour la Faculté.

Cependant je nommerai le célèbre docteur Thouvenel, premièrement parce qu'il ne s'en cachait pas, et secondement parce qu'étant mort, aucune épigramme ne peut plus le blesser.

Mon dessein n'est pas d'entrer dans la discussion d'un système pour et contre lequel on a tant écrit; il me suffira sans doute de dire que j'ai vu, en assistant à un grand nombre d'expériences, des impressions et des effets très réels, très extraordinaires, dont la cause seulement ne m'a jamais été suffisamment expliquée.

Mesmer attribue ces effets à un fluide, agent universel dont la direction et la puissance dépendent de la volonté. Ses antagonistes, et il faut convenir que ce sont presque tous les médecins et les savans, ne voient dans ces phénomènes que les résultats d'une imagination frappée et exaltée.

Je respecte leur opinion; mais je pourrais cependant leur demander si ce mot *imagination* est une réfutation, une explication bien claire, bien péremptoire, et si au moins les savans et les philosophes ne devraient pas, par amour pour la vérité, méditer sur les causes de cette nouvelle et étrange propriété de l'imagination?

Ne serait-il pas curieux et utile à l'humanité de chercher par la méditation et l'expérience à bien connaître jusqu'à quel point peut s'étendre cette faculté de l'imagination, capable de produire tant d'impressions et de donner à un malade de si violentes crises, enfin de bien fixer la distinction qu'ils supposent exister entre l'imagination et la volonté?

Des milliers d'épreuves attestent que le somnambulisme est un fait; des milliers d'écrits en nient l'existence : les savans devraient bien ne plus nous laisser dans ce doute pénible.

Évitant toute dispute à cet égard, je conviendrai qu'après avoir été témoin d'effets inexplicables et de crises nombreuses, je n'ai point vu de cures positives; et c'était cependant l'espoir d'en voir opérer qui avait le plus excité mon ardeur.

Nos âmes étaient alors presque enivrées d'une douce philanthropie qui nous portait à chercher avec passion les moyens d'être utiles à l'humanité, et de rendre le sort des hommes plus heureux. Quoi qu'on en puisse dire, c'est de toutes les passions celle qu'on devrait le plus regretter de voir s'éteindre. Son excès même est des erreurs humaines la plus excusable.

Aussi je ne pourrais dire avec quel zèle, avec quelle bonne foi, bravant les railleries et pratiquant la nouvelle doctrine, nous nous livrions à l'espérance de soulager nos semblables et de les guérir. Jamais missionnaires ne montrèrent peut-être plus d'ardeur et de charité.

Je ne saurais aujourd'hui moi-même, sans rire, me rappeler ce qui arriva à l'un de mes amis, qui, plus que tous, joignait à la plus grande bonté de cœur l'âme la plus ardente et l'imagination la plus vive. Précisément à l'époque où nous nous abandonnions avec une entière confiance à l'espoir dont nous étions bercés, mon ami, allant à Versailles pour se rendre au bal de la reine, rencontre sur la route un homme couché sur un brancard.

Tout à coup, saisi du désir de le soulager, et ne voulant pas perdre une occasion de sauver peut-être un infortuné, il fait arrêter sa voiture, ainsi que les hommes qui portaient le brancard : la pluie tombait par torrens ; mon ami était en costume de bal, vêtu d'un léger habit de soie ; mais rien ne peut refroidir son zèle ; il descend de voiture, interroge vainement les porteurs sur l'état du malade ; l'étonnement les rend muets.

Lui, sans attendre plus long-temps une réponse, se penche sur le corps du patient, lui prend les mains, lui touche la poitrine, et le magnétise vainement, mais avec une ferveur sans égale. Enfin, ayant répété sans succès cette épreuve : « Quelle est donc, dit-il vivement, la » maladie de ce pauvre homme ? » « Malade ! lui » répondirent les porteurs surpris ; il n'est plus » malade, car depuis trois heures il est mort. » Mon ami déconcerté remonta tristement dans sa voiture, et me confia le lendemain sa plaisante méprise, dont je lui gardai le secret.

Au reste, les plaisanteries ne nous manquaient pas ; la reine m'en fit un jour d'assez vives, et se plut à me raconter tous les traits et tous les calembours qui pleuvaient alors sur nous. Vainement je voulus discuter ; elle ne s'y prêta point, et me dit seulement : « Comment » voulez-vous qu'on écoute vos folies, lorsque » sept commissaires de l'Académie des Sciences » ont déclaré que votre magnétisme n'est que » le produit d'une imagination exaltée ? »

« Madame, lui répondis-je un peu piqué, je » respecte ce docte arrêt ; mais, comme des vé- » térinaires ont magnétisé des chevaux, et ont » produit sur eux des effets qu'ils attestent, je » voudrais, pour m'éclairer, savoir si ce sont » les chevaux qui ont eu trop d'imagination, » ou si ce sont les savans qui en ont man- » qué. » Elle rit. Là finit l'entretien, et là finira aussi ce que je voulais dire du magnétisme.

Si ce magnétisme ne peut guérir aucune maladie, si c'est même une folie, un charlatanisme justement condamné par la médecine, il a au moins l'avantage sur celle-ci de n'avoir tué personne.

Si Mesmer, d'un côté, se voyait l'objet de la colère des médecins, s'il était attaqué par les faiseurs d'épigrammes, accusé de charlatanisme par les savans, et livré ainsi que nous sur le théâtre du Vaudeville aux traits malins de la satire, en même temps il pouvait avec raison tirer vanité du mérite de quelques-uns des champions de sa cause; car le célèbre avocat-général Servan composa une très spirituelle apologie du magnétisme, et M. Grimm alors compara cet écrit aux *Lettres provinciales*.

Malheureusement M. d'Esprémenil le défendit avec trop de chaleur; rien ne nuit comme un zèle exagéré; il poussa l'enthousiasme au point de comparer Mesmer à Socrate persécuté et livré aux risées du peuple par Aristophane.

Mesmer comptait encore avec un juste orgueil au nombre de ses partisans cet éloquent Duport, depuis membre de l'assemblée constituante, publiciste profond, savant magistrat, et peut-être l'un de nos premiers orateurs, si ce rang était accordé avec justice à l'élévation des pensées, à la force de la dialectique, à la clarté du style et à la justesse des expressions.

On ne tarda pas dans Paris à s'occuper d'une lutte plus grave que celle des adversaires de Mesmer contre son système et ses disciples. Un autre semi-magicien, M. de Calonne, vit le voile des illusions qu'il étendait sur nous, menacé par les traits de lumière que lançait du fond de sa retraite un homme d'État célèbre et disgracié.

Le fameux ouvrage de M. Necker sur l'administration des finances parut : c'était la première fois peut-être qu'il était arrivé de rencontrer ce mélange de morale et de calculs, de nobles pensées et de chiffres, de maximes philosophiques et de comptes de recettes et de dépenses. Ce livre eut un succès aussi général que rapide.

Jusque-là cet *arcanum imperii*, ce sanctuaire qui recelait dans son ombre les mystères de l'homme d'État, les vrais et secrets élémens de la force ou de la faiblesse d'un gouvernement, avait été comme impénétrable. On n'osait, on ne désirait pas même approcher d'un lieu si inconnu, si sec, si aride, et les Français, peu disposés à se livrer aux études d'une matière qui intéressait si faiblement l'âme et l'esprit, laissaient, sans s'en inquiéter, administrer leurs finances avec une insouciance pareille à celle d'un enfant pour les livres de comptes de l'intendant de sa famille.

M. Necker opéra par son livre une véritable révolution; il eut des lecteurs dans les salons, dans les boudoirs, comme dans les cabinets. Ce fut un pas très notable vers la liberté; car elle commence à naître dès que les finances et la législation, cessant d'être l'affaire privée des gouvernans, deviennent l'affaire publique, *res publica*.

Les admirateurs de cet ouvrage non-seulement furent nombreux, mais, ce qui est plus rare, ils furent constans; ce qui venait surtout du mérite personnel de son auteur. On n'admire long-temps un homme public que lorsqu'on lui suppose un noble et grand caractère.

M. de Calonne se défendit avec des armes plus brillantes que fortes; la partie n'était pas égale : il ne faisait qu'un replâtrage bien verni, tandis que son rival enseignait l'art de rebâtir solidement l'édifice financier; les paroles de l'un ne donnaient que des espérances trompeuses; l'écrit composé par l'autre était fécond en principes et en vérités.

Quoique la jeunesse ne restât plus indifférente à ces importans débats, la politique, et celle surtout qui nous offrait encore quelques chances de guerre, plaisait davantage à nos esprits, et fixait principalement notre ardente imagination. On parlait déjà de différends assez sérieux qui s'élevaient entre la cour de Vienne et la république des Provinces-Unies. On disait que la guerre en serait peut-être le résultat, et que la France ne pourrait éviter d'y être entraînée.

Les hommes clairvoyans et mûrs s'en alarmaient; la jeunesse militaire en était charmée; et, lorsque je rejoignis le régiment de Ségur, que je commandais, je le trouvai rempli d'ardeur; chacun croyait qu'avant un an nous serions en campagne.

Tous les corps qui n'avaient pu être employés ni dans l'Amérique ni dans l'Inde, brûlaient du désir de sortir d'une inaction qui durait depuis vingt ans; inaction aussi insupportable pour les Français qu'elle l'était autrefois, selon les anciens auteurs, pour les Germains et pour les

Francs. La paix est le rêve des sages; la guerre est l'histoire des hommes. La jeunesse écoute avec tristesse celui qui prétend la mener au bonheur par la raison; elle suit avec un invincible attrait ceux qui, tout en l'égarant, l'entrainent à la gloire.

De retour à Paris, j'appris de mon père qu'une nouvelle carrière devait s'ouvrir devant moi. M. de Vergennes l'avait pressé de me faire entrer dans la diplomatie; il me destinait, dès mon début, à l'un des postes alors les plus importans, celui de ministre plénipotentiaire et envoyé extraordinaire du roi à la cour de Russie.

Dans le premier moment, cette proposition me satisfit moins qu'elle ne me surprit. Mon amour-propre pouvait bien être flatté de voir qu'un ministre, si universellement estimé, conçût une opinion assez avantageuse de mon esprit et de ma prudence pour me confier une telle mission, dans des circonstances où l'on aurait dû ne la donner qu'à un homme plus mûr et d'un talent éprouvé.

Mais un instant de réflexion suffisait pour comprimer ce mouvement de vanité; je me rappelai que je vivais dans une monarchie, que j'étais fils d'un ministre, et que dans les cours la position fait tout. Trop souvent on y cherche, non l'homme propre à quelque grand emploi, mais l'emploi qui convient à l'homme en faveur.

Je crois que M. de Vergennes pensait du bien de moi; mais ce qui me paraissait plus certain, c'est qu'il voulait obliger mon père, et espérait que tous deux nous pourrions lui être utiles.

Quoi qu'il en soit, je ne vis d'abord dans ce changement de carrière qu'un dérangement complet dans ma vie, dans mes projets, dans mes goûts, dans mes études, un long éloignement de mon pays, et un fardeau qui, tout en comprimant ma liberté, serait peut-être disproportionné à mes forces; car je ne m'étais nullement préparé à paraître avec succès sur une scène où devaient se traiter et se discuter les plus grands intérêts de l'Europe.

Il fallait quitter l'épée pour la plume, la philosophie pour la politique, la franchise pour l'adresse, l'enjouement pour la gravité, les plaisirs pour les affaires, et travailler en conscience au maintien de la paix, tandis qu'alors je désirais ardemment la guerre, objet très naturel des vœux d'un jeune colonel.

Je confiai à mon père tout ce que j'éprou-

vais à cet égard; mais il me blâma complètement. « Vous ne quitterez point l'état militaire,
» me dit-il; beaucoup d'exemples doivent vous
» apprendre que chez nous la carrière des ar-
» mes et celle de la politique ne sont point né-
» cessairement séparées. » Et il me cita MM. de
Belle-Isle, de Villars, de Richelieu et beaucoup
d'autres.

« D'ailleurs, ajouta-t-il, pour arriver un jour
» au conseil et aux places les plus éminentes
» de l'administration, on marche lentement par
» les emplois militaires; car on y est dans une
» foule qu'on a peine à percer, tandis que, dans
» les ambassades, on peut s'élever très vite,
» n'ayant à lutter qu'avec un petit nombre de
» rivaux. Au lieu des détails d'un régiment,
» vous allez, dès votre début, être chargé des
» grandes affaires du gouvernement, des pre-
» miers intérêts de notre politique; c'est passer
» en un instant de la jeunesse à la maturité, et
» d'un rang ordinaire dans la société à celui
» d'un homme d'État. »

Mon respect pour ses lumières et mon habitude de lui obéir me décidèrent, plus que ses
raisonnemens, à me résigner. Ce mot peut paraître singulier; mais c'était pourtant une vraie

résignation, puisqu'elle contrariait tous mes penchans.

Au reste, ma nomination n'était pas encore aussi certaine que mon père l'avait cru : l'ambassade de Russie était désirée et demandée par le comte Louis de Narbonne, homme très remarquable par sa grâce et par son esprit. Madame Adélaïde, tante du roi, et dont M. de Narbonne était le chevalier d'honneur, appuyait avec chaleur ses démarches, et son crédit sur l'esprit de Louis XVI rendait le choix très incertain.

Cependant, après quelques irrésolutions, la reine, secondant les vues de M. de Vergennes, parla en ma faveur, et je fus nommé. Dès ce moment, changeant avec regret toutes mes habitudes, allant rarement à Paris, me fixant à Versailles, je me livrai assidument, dans les bureaux des affaires étrangères, aux études qui m'étaient nécessaires pour justifier par quelque mérite réel la préférence qui m'était donnée.

Un de mes premiers soins fut de demander des conseils à l'un des collègues de mon père, M. le baron de Breteuil, alors ministre de Paris. Il avait été successivement ministre de France à Pétersbourg, ensuite ambassadeur à Naples, à la Haye et enfin à Vienne. La reine lui donnait une grande part dans sa confiance; ce qui fut un peu plus tard, à l'époque de l'affaire du collier, un vrai malheur pour elle.

M. de Breteuil savait parfaitement représenter et tenir un grand état sans déranger sa fortune; connaissant l'art de marcher d'un pas ferme sur le terrain glissant de la cour, il imposait au public par son ton tranchant, et plaisait aux princes en cachant son adresse sous les formes d'une apparente brusquerie.

La lecture des correspondances me fut plus utile que sa conversation. Vingt années qui s'étaient écoulées depuis sa mission à Pétersbourg avaient effacé de son souvenir une partie des faits qui auraient pu m'être utiles. L'infidélité de sa mémoire me surprit un jour étrangement : je m'entretenais avec lui de la révolution qui avait détrôné Pierre III et couronné Catherine II; alors il se complut à m'en raconter tous les détails comme l'aurait fait un témoin oculaire, à me peindre les différens personnages de cette scène tragique, et à me démontrer que, sans ses conseils, le dénouement de ce drame, qui n'était d'abord qu'une intrigue de jeunes gens, aurait été très funeste à l'impératrice; enfin, à l'entendre, il avait tout prévu, tout surveillé.

Or, jugez de mon étonnement! je venais le matin même de lire la correspondance ministérielle de cette époque, et voici ce que j'y avais vu : au moment où les Orloff et les autres conjurés méditaient leur entreprise, comme ils manquaient d'argent, ils engagèrent Catherine à faire des démarches pour obtenir de M. de Breteuil, ministre de France, quelques moyens de crédit.

Ce ministre s'y refusa, regardant comme une folie les projets qu'on lui laissait entrevoir; son erreur même sur ce point fut telle, que, loin de prévoir le grand événement qui se préparait, et profitant d'un congé qu'il avait obtenu, il partit pour revenir en France.

Il était à Vienne lorsqu'il apprit la révolution de Pétersbourg; et en même temps un courrier de Versailles lui apporta l'ordre un peu sévère de retourner sur-le-champ en Russie, où, comme on le croit bien, il ne trouva pas l'impératrice disposée très favorablement pour lui; elle ne pouvait oublier qu'il avait refusé de la secourir dans sa détresse. Cependant, comme il avait été dans la confidence de ses sentimens pour le comte Poniatowski et de ses chagrins, il continua à en être assez bien traité.

Voyez comme la mémoire se plie aux fantaisies de l'amour-propre : M. de Breteuil ne pouvait ignorer que j'avais tous les jours sa correspondance sous les yeux ; mais de bonne foi, brouillant ses souvenirs de vingt ans, et ne gardant que ceux qui lui étaient agréables, il ne se rappelait pour le moment que les idées qu'il avait eues de la légèreté des intrigues qui précédèrent la conspiration, et peut-être quelques sages avis qu'après son retour en Russie il s'était vu à portée de donner aux ministres de la nouvelle cour. On se doute bien que je ne lui fis point sentir la contradiction de ses paroles avec les faits.

Je me souviens d'une autre anecdote, dans un genre tout différent, qui pourra donner une juste idée du gouvernement ottoman, des mœurs turques, et de l'impossibilité où ce peuple barbare se trouve de s'arrêter dans sa décadence, de sortir de ses ténèbres et de se relever de ses ruines.

Lorsque je travaillais dans les bureaux des affaires étrangères, j'y rencontrai plusieurs fois un jeune Turc, nommé Isaac Bey. Il était instruit, tolérant, spirituel. Contre l'antique coutume de ses compatriotes, il avait voyagé en Russie, en Prusse, en Autriche, en France; il savait parler les langues de tous ces pays, et avait étudié l'histoire politique et militaire de ces différentes contrées. Ses connaissances étaient étendues et variées; il avait acquis des idées assez justes sur les intérêts, les forces et la tactique des nations européennes.

Étonné de ce phénomène, un jour je le félicitais sur ses progrès et sur les avantages qu'il pouvait tirer de ses travaux. « Vous allez, lui
» disais-je, rendre les plus grands services à
» votre pays. Les Turcs n'ont rien perdu de
» leur antique bravoure; leurs revers ne vien-
» nent que de leur ignorance; et avec leurs
» forces innombrables il ne leur faudrait, pour
» résister au colosse moscovite qui les menace,
» que de l'instruction, de la discipline, enfin
» la volonté de ne plus rester en arrière des
» autres peuples, de les combattre avec des
» armes pareilles aux leurs, et de s'enrichir de
» leurs arts et de leurs inventions. Vous les in-
» struirez, et votre patrie vous devra peut-être
» sa régénération. »

« Vous êtes dans l'erreur, me répondit,
» avec un fin sourire, mon jeune musulman;
» c'est pour moi-même, c'est pour ma propre
» satisfaction que je voyage et que j'étudie.
» Mais, de retour à Constantinople, j'aurai très
» grand soin de cacher ce que je sais; de mépri-
» ser en apparence les arts et les connaissances
» des chrétiens qui, selon nous, viennent des
» démons; de suivre en tout nos absurdes cou-
» tumes; en un mot, je serai tout aussi bête et
» tout aussi ignorant que mes compatriotes, car
» autrement je ne conserverais pas huit jours
» ma tête sur mes épaules. » On m'a dit, depuis, qu'Isaac Bey avait tenu sa promesse et
gardé sa tête.

D'après ce fait, faut-il s'étonner si une poignée de Grecs, animés par le désespoir et lâchement abandonnés par tous les princes chrétiens,
détruit les nombreuses armées du grand seigneur, incendie les flottes formidables de trois
capitans-pachas, et fait trembler sur ses vieux
gonds la sublime Porte?

Après avoir lu avec soin les dépêches de mes
prédécesseurs, ainsi que la correspondance ministérielle relative aux affaires de Vienne, de
Constantinople, de Stockholm, de Copenhague,

de Berlin et de la Haye, je résolus de faire un voyage à Londres, espérant apprendre de notre ambassadeur, M. d'Adhémar, tout ce qu'il m'était nécessaire de savoir relativement aux affaires que j'allais traiter en Russie, et aux intérêts du cabinet britannique dans cet empire, où les Anglais avaient, depuis plusieurs années, acquis à nos dépens une fâcheuse prépondérance.

Je restai six semaines en Angleterre logé chez M. d'Adhémar, qui répondit complétement à mes espérances.

Tout fier que j'étais du triomphe récent que nos armes venaient de remporter sur celles de nos rivaux, en leur enlevant treize riches provinces, j'avoue que je ne pus voir, sans un étonnement mêlé de regrets, la supériorité qu'un long usage de raison publique et de liberté donnait à cette monarchie constitutionnelle sur notre monarchie presque absolue.

L'activité du commerce, la perfection de l'agriculture, l'indépendance des citoyens sur le front desquels on croit voir écrit qu'ils n'obéissent qu'aux lois, tous les prodiges d'une industrie sans entraves et d'un patriotisme qui sait faire de tous les intérêts privés un faisceau uni indissolublement par le lien de l'intérêt général, les ressources sans bornes que leur donne un crédit fondé sur la bonne foi, affermi par l'inviolabilité des droits de chacun, et garanti par la fixité des institutions, tout cet ensemble surprenant me faisait envier pour mon pays ce système légal et cette heureuse combinaison de royauté, d'aristocratie et de démocratie, qui avait élevé une île de peu d'étendue sous un ciel rigoureux, une île à peine connue des Romains, au rang de l'une des plus riches, des plus heureuses, des plus fortes, des plus libres et des plus redoutables puissances de l'Europe.

Tout m'y démontrait la vérité de ce vers de Lemierre :

Le trident de Neptune est le sceptre du monde;

vers cependant incomplet : car il faudrait y ajouter cette explication nécessaire, que ce trident ne doit sa force qu'à la liberté du peuple qui le tient; placez-le dans les mains d'un sultan, et ce trident sera brisé par le choc de quelques chaloupes grecques.

Pendant mon séjour en Angleterre, je fus admis dans la société du prince de Galles, aujourd'hui roi. Ce jeune prince était l'un des plus aimables et des plus beaux hommes de son temps. Son penchant pour l'opposition, la vivacité de ses goûts pour les plaisirs, et le choix de ses amis, ne pouvaient alors faire préjuger le système qu'il a suivi, les principes qu'il a soutenus, les liaisons qu'il a formées, depuis qu'il a exercé la régence et porté la couronne. On l'a dit souvent avec raison : rien n'est moins ressemblant à l'héritier présomptif d'un trône que cet héritier devenu roi; c'est la même personne, et ce sont deux hommes très différens.

Londres ne peut être comparé qu'à Paris, et je ne sais à laquelle des deux villes on pourrait équitablement attribuer la supériorité. Dans le temps dont je parle, les savans, les législateurs auraient trouvé, dans la capitale de l'Angleterre, plus d'objets dignes d'intérêt et de curiosité; mais les peintres, les poëtes, les sculpteurs, les amis des arts, des belles-lettres, des plaisirs, auraient fui ce ciel brumeux pour venir admirer, sur les bords rians de la Seine, la majesté de nos monumens, l'élégance de nos édifices, l'esprit attique de nos cercles brillans, ce feu, ce goût épuré qui donne à tout la grâce et la vie. A cette époque le Français avait l'air de jouir avec ivresse du bonheur auquel l'Anglais rêvait avec mélancolie.

Rien au reste n'est plus surprenant que les contrastes offerts par la ville de Londres au premier coup d'œil d'un voyageur : la monotonie régulière de quelques quartiers où tout est large, propre, uniforme; la saleté, l'obscurité de plusieurs autres; l'incroyable activité d'une foule innombrable d'hommes qui parcourent les rues; la mélancolique gravité qui règne sur toutes les physionomies; l'éclat des illuminations dans les wauxhalls, dans les jardins publics; le silence de cette multitude de promeneurs qui ont l'air de s'entasser dans les fêtes, dans les assemblées, plutôt pour s'attrister que pour s'amuser; le mouvement perpétuel d'une population immense les jours ordinaires, la solitude et l'immobilité qui remplacent cette agitation les dimanches; la licence des élections, la fréquence des émeutes, la facilité avec laquelle l'ordre renaît au nom de la loi; le respect pour les pouvoirs institués; les injures prodiguées et les pierres jetées aux hommes puissans; le sentiment profond de l'égalité civile, et le maintien des coutumes féodales les plus bizarres; la philosophie la plus hardie, et l'intolérance la plus soutenue contre les catholiques ; l'admiration accordée, les plus grands honneurs rendus à tous les genres de talens ou de mérite, et cependant une estime presque exclusive pour l'opulence; enfin une ardeur sans mesure pour toutes les jouissances, et un ennui presque incurable de tous les plaisirs de la vie : voilà une partie des singularités qui caractérisent ces fiers insulaires, peuple à part dans le monde, et dont les mœurs, les lois, les caractères, les penchans, les qualités et les défauts diffèrent totalement de ceux des autres nations ; c'est, au milieu des grandes familles européennes, une famille presque étrangère, et qui conserve, depuis un grand nombre de siècles, une empreinte distinctive, originale et indélébile.

Quand je revins à Paris, je trouvai les esprits de plus en plus animés contre l'Autriche, qui menaçait la Hollande d'une invasion prochaine. C'était encore la cause de la justice et de la liberté qui s'agitait; c'était encore une république qu'il fallait défendre contre un pouvoir oppressif.

D'ailleurs, depuis Charles-Quint, les Français s'étaient accoutumés à regarder l'ambitieuse maison d'Autriche comme leur ennemie naturelle. Ses armes avaient trop long-temps dévasté nos provinces; un de nos rois était tombé dans ses fers; Paris n'oubliait pas qu'il avait vu sur ses murs flotter les étendards de Philippe II, avec ceux de la ligue.

Nos combats avaient long-temps ensanglanté l'Italie, la Flandre et les rives du Rhin; et, quoique nos efforts eussent enlevé à cette maison les Pays-Bas, l'Alsace, la Franche-Comté, la couronne d'Espagne, celle de Naples, et son orgueilleuse domination sur le nord de la Germanie, le ressentiment survivait à la crainte que sa puissance presque universelle nous avait inspirée.

L'alliance contractée en 1756 avec la cour de Vienne était d'autant plus impopulaire en France, qu'on la regardait comme la cause de nos revers dans la guerre de sept ans, et de la paix humiliante qui l'avait terminée. Cette alliance durait encore; le mariage du roi avec l'archiduchesse Marie-Antoinette resserrait ce lien, et chacun croyait que l'influence de cette princesse déciderait son époux à sacrifier la Hollande à l'ambition de l'empereur.

On reprochait à notre gouvernement la faiblesse qui lui faisait suivre la trace des ministres de Louis XV. Les nôtres allaient-ils, pour plaire à une reine autrichienne, abandonner au joug impérial une république alliée, comme on avait livré la Pologne à la Russie, à la Prusse et à l'Autriche? Que deviendraient notre prépondérance antique, notre dignité, l'équilibre de l'Europe et notre propre sûreté, si nous cessions d'être considérés comme les protecteurs de l'indépendance des États faibles contre trois monarchies envahissantes? Étions-nous enfin décidés à descendre honteusement du rang où Henri IV, Louis XIII, le cardinal de Richelieu, le célèbre traité de Westphalie et la gloire de Louis XIV nous avaient élevés?

Tels étaient les propos répétés dans les cercles, dans toutes les classes, depuis les galeries de Versailles et les salons de Paris jusqu'aux cafés de ce Palais-Royal, nouveau rendez-vous politique, immense bazar entouré de colonnes, selon le vœu de Voltaire qui avait désiré qu'on embellît ainsi la Cachemire européenne, et que cependant les censeurs malins de l'un de nos princes appelaient alors le *Palais marchand*.

Les parlementaires, les philosophes, par esprit d'opposition, déclamaient contre l'incurie du ministère; et la jeunesse ardente prenait vivement parti pour la cause des Hollandais, c'est-à-dire pour la guerre.

Un court récit des faits prouvera bientôt combien ces clameurs contre le ministère, contre la reine, étaient injustes et peu fondées : les conditions onéreuses imposées à l'Autriche par les puissances maritimes, par la paix d'Utrecht et par le traité de la Barrière en 1715, avaient excité quelques mécontentemens dans les Pays-Bas autrichiens. Jamais les conditions n'en avaient été loyalement exécutées par les puissances contractantes; d'interminables discussions étaient le résultat nécessaire d'une si fausse position.

En 1718, par l'intervention de l'Angleterre, le traité de la Barrière fut modifié; les Autrichiens et les Hollandais convinrent de régler leurs limites par des cessions et des échanges mutuels. L'empereur prit possession des territoires qu'on lui cédait; mais à l'époque de la guerre de la succession, les Français ayant occupé les places de la Barrière, l'empereur refusa de payer les subsides qu'il devait à la Hollande pour la garde de ces places.

Lorsqu'en 1748 la paix d'Aix-la-Chapelle fut conclue, on décida que la cour de Vienne serait dispensée de payer les subsides jusqu'au rétablissement de la Barrière, et jusqu'à la conclusion d'un traité de commerce. Plus tard les Hollandais, étant rentrés en possession des places conquises sur eux, ouvrirent vainement en 1752 des conférences avec les ministres autrichiens; les deux partis ne purent s'accorder ni sur leurs limites, ni sur leurs subsides, ni sur la navigation de l'Escaut.

Lorsque la guerre d'Amérique amena en 1781 une rupture entre l'Angleterre et la Hollande, la cour de Vienne, que jamais on ne vit abandonner complétement aucune de ses prétentions ambitieuses, crut l'occasion favorable pour affranchir les Pays-Bas de toute gêne, pour étendre ses limites, pour reprendre ce qu'elle avait cédé, et pour annuler ainsi entièrement les stipulations des traités de 1715 et 1718, déclarant hautement qu'il fallait en revenir aux bases fixées par une convention passée en 1664 entre le roi d'Espagne et les états-généraux.

Cette querelle s'aigrit par la constante résistance de la république : dans l'hiver de 1784, sous prétexte de venger l'insulte faite au cadavre d'un soldat autrichien, les garnisons de Gand et de Bruges s'emparèrent de plusieurs forts hollandais, et envahirent le territoire situé entre Bruges et l'Écluse. La république se plaignit amèrement de ces violences.

On ouvrit des conférences au mois d'avril 1784, et la cour de Vienne y dévoila hautement ses injustes prétentions, espérant alors que la Hollande resterait isolée dans cette querelle, qu'elle se verrait privée des secours de l'Angleterre qui venait de la voir armée contr'elle, et enfin qu'elle serait abandonnée par la France, dont la guerre américaine avait épuisé les finances.

Les ministres de l'empereur développèrent donc sans inquiétude, dans un tableau sommaire, les conditions rigoureuses qu'ils imposaient à la république : c'étaient le rétablissement des limites réglées en 1664, la démolition de plusieurs forts, la suppression du vaisseau de garde hollandais placé près de Lillo, la pleine possession de tout le cours de l'Escaut depuis Anvers jusqu'à Saftingen, la restitution de plusieurs villages, celle des biens de l'abbaye de Postel, de la terre d'Argenteau, enfin la cession de Maestricht, du comté de Vronhauven et du pays d'outre Meuse en conformité d'un article du traité de 1673, de plus le paiement d'une somme de cinquante millions de florins.

Les états-généraux, justement effrayés par ces demandes exorbitantes, implorèrent l'appui et la médiation de la France. En même temps, bien convaincus que la faiblesse donne peu d'alliés, ils retrouvèrent leur antique énergie, rassemblèrent des troupes, et réclamèrent à leur tour des restitutions auxquelles ils avaient droit, et le paiement de toutes les sommes qui leur étaient dues.

La cour de Vienne, étonnée d'une fermeté à laquelle elle ne s'attendait pas, changea subitement de marche, et offrit de se désister de toutes ses prétentions pourvu que la Hollande lui cédât Maestricht et la libre navigation de l'Escaut jusqu'à la mer.

L'empereur accompagna cette déclaration de menaces, annonçant que le moindre obstacle opposé à la marche de ses bâtimens naviguant sur l'Escaut serait regardé définitivement par lui comme une formelle déclaration de guerre.

La république ne céda point; et, considérant ces conditions comme destructives de son indépendance, elle appuya son refus sur les dispositions positives d'un traité qui, en 1731, avait expressément autorisé la fermeture de l'Escaut.

En conséquence les états-généraux établirent une escadre à l'embouchure de ce fleuve, et pressèrent la France de conclure l'alliance qui se négociait alors entre les deux États. Mais la cour de Versailles, qui voulait se ménager les moyens d'agir comme médiatrice, crut convenable de différer la signature du traité jusqu'à la conclusion de ces débats. C'était précisément cette apparente indécision qui excitait dans Paris des craintes et des murmures.

Cependant, conformément à sa déclaration, l'empereur fit partir d'Anvers un bâtiment pour tenter le passage de l'Escaut. Ce brigantin fut repoussé à coups de canon près de Saftingen par les Hollandais qui le prirent; ils s'emparèrent aussi, quelque temps après, d'un autre bâtiment autrichien.

Cette audace républicaine, ces hostilités imprévues confondirent l'orgueil d'une puissance qui ne s'y était pas préparée. Les Pays-Bas se trouvaient encore dépourvus de troupes, de magasins et de munitions. Cependant la guerre était pour ainsi dire commencée : des deux côtés on pressa les armemens; on chercha des alliés; les Hollandais appelèrent le comte de Maillebois au commandement de leurs troupes, et, comme ils comptaient alors faiblement sur les secours de la France, ils tentèrent, mais sans succès, de renouer leurs anciennes liaisons avec l'Angleterre.

Le temps était venu pour nous de prendre un parti décisif; le roi et son conseil le sentirent. Il s'agissait de se résoudre à perdre notre considération politique, à livrer la Hollande à la domination autrichienne, ou, si on voulait l'éviter, à s'embarquer dans une nouvelle guerre, au milieu d'une forte crise de finances, à rompre tous les liens qui unissaient le roi à l'empereur, et à donner ainsi aux Anglais la possibilité de réparer leurs pertes, et de nous combattre de nouveau avec plus d'espérance de succès.

Cette grande question devint l'objet des plus importantes délibérations. L'affliction qu'éprouvait la reine était très naturelle, puisqu'elle voyait son frère et son époux prêts à combattre l'un contre l'autre. Mais d'un autre côté son âme était trop élevée pour que la gloire de la France pût lui être indifférente.

Dans cette grave circonstance, après plusieurs discussions prolongées, Louis XVI commanda à chacun de ses ministres de lui donner par écrit son opinion motivée sur le parti le plus convenable à prendre pour la dignité de sa couronne et pour les intérêts de son royaume.

Ils obéirent et furent presque tous d'avis que, si les négociations ne pouvaient conserver la paix, il fallait soutenir par les armes l'indépendance de la Hollande.

En conséquence mon père expédia des ordres pour former deux armées, l'une en Flandre, et l'autre sur le Rhin. Cette résolution comblait mes vœux. Je rejoignis mon régiment, et j'espérai que la guerre me dégagerait des tristes liens de la diplomatie sous lesquels on venait de m'assujettir.

Ma mémoire me fournit encore une occasion de rendre ici un juste hommage à cette malheureuse reine, victime de tant de calomnies. Lorsque mon père porta au roi son opinion sur l'affaire de Hollande, il se rendit d'abord chez la reine, et lui présentant son mémoire : « Ma-
» dame, lui dit-il, je dois à vos bontés le mi-
» nistère dont le roi m'a honoré; je connais,
» je conçois vos inquiétudes actuelles; la réso-
» lution que je vais conseiller au roi, en écou-
» tant la voix de ma conscience, augmentera
» vos peines, puisque son résultat peut être la

» guerre entre l'Autriche et la France. Mais,
» quelque chagrin que j'en éprouve, je crois
» encore vous marquer ma reconnaissance, et
» justifier vos bontés en remplissant strictement
» les obligations que m'imposent mon honneur,
» ma charge, la gloire du roi et les intérêts de
» la France. »

La reine, après avoir lu le mémoire qu'il avait mis sous ses yeux, lui répondit : « Mon-
» sieur le maréchal, vous faites bien, et je
» vous approuve pleinement; il m'est certaine-
» ment impossible d'oublier que je suis née
» Autrichienne et sœur de l'empereur; mais ce
» que je dois me rappeler plus que tout dans
» ce moment, c'est que je suis reine de France
» et mère du dauphin. »

Quoi qu'on en ait dit, cette princesse n'essaya point de détourner son mari de ses nobles desseins. Le roi écrivit de sa propre main deux lettres très pressantes à l'empereur pour le ramener à des vues pacifiques, en lui annonçant que s'il persistait dans ses projets contre la Hollande, il se verrait contraint d'employer ses armes pour s'y opposer.

Joseph II, cédant à ces instances, et sans doute aussi contenu par nos préparatifs militaires, accepta la médiation de la France. Toute hostilité fut suspendue.

L'année suivante, le 20 septembre, les préliminaires de la paix furent signés, et on conclut le traité définitif le 20 novembre; les Hollandais conservèrent Maestricht et la possession de l'Escaut; ils payèrent à l'empereur dix millions de florins, sur lesquels la France consentit à en fournir deux.

Cet acte de générosité pour un allié fidèle, et conseillé par la sage modération de M. de Vergennes, était dicté par la justice. Cependant la malignité de quelques personnes haineuses s'efforça encore de s'en servir pour éloigner de la reine l'affection publique, et pour troubler la douce satisfaction d'un prince qui, après avoir terminé glorieusement une guerre coûteuse contre l'Angleterre, venait par une conduite ferme et une sage médiation de lui épargner les calamités d'une guerre nouvelle, dont il eût été bien difficile alors de prévoir les résultats et la durée.

La paix devenant ainsi très probable, et mes illusions belliqueuses étant évanouies, je ne m'occupai plus que des préparatifs de mon départ pour la Russie.

Ce fut cette année, 1784, que Monsieur, frère du roi et depuis Louis XVIII, me nomma et me reçut commandeur de l'ordre royal de Saint-Lazare et de Notre-Dame du Mont-Carmel dont il était grand-maître.

Ce prince, en me donnant ce nouveau témoignage de ses anciennes bontés, montra qu'il conservait toutes ses idées favorites relativement à nos antiques coutumes chevaleresques; et, dans ma réception qui eut lieu avec éclat à l'École-Militaire, on remplit toutes les formalités en usage dans les siècles de la chevalerie.

Je fis une demi-heure seulement à la vérité la veillée d'armes. J'entrai dans la chapelle en habit blanc, je reçus l'accolade; je prêtai l'ancien serment, on me ceignit l'épée, on me chaussa les éperons dorés; je me revêtis d'un magnifique manteau; et ce fut, je crois, la dernière fois qu'une cérémonie si féodale eut lieu dans cette ville où la féodalité devait être si prochainement renversée et abolie par une révolution que tout semblait annoncer, et que personne cependant ne prévoyait.

Avant de m'éloigner de la France, je vis fréquemment le baron de Grimm, Allemand très spirituel, correspondant habituel de l'impératrice Catherine. Cette liaison me fut très utile : M. de Grimm me donna beaucoup de détails sur une cour qu'il m'était si important de connaître; et, comme il se prit pour moi d'une vive amitié, ses lettres et les éloges qu'il m'y donnait disposèrent l'impératrice favorablement pour moi, et contribuèrent beaucoup à l'accueil qu'elle me fit.

Tout succès politique devient facile dans une cour, lorsque le négociateur plaît au souverain : une prévention contraire multiplie devant lui tous les obstacles, une prévention favorable les aplanit; il en sera toujours ainsi, car les affaires dépendent des hommes plus que les hommes ne dépendent des affaires. Il faut étudier la politique, puisqu'elle gouverne le monde; mais il faut encore plus étudier à fond le monde, puisque ce sera toujours lui qui influera sur la politique.

Le même désir de m'entourer des lumières qui pouvaient éclairer ma marche dans une carrière si nouvelle pour moi, me conduisit encore chez un homme d'État dont on vantait les talens et la longue expérience. Il était fort lié avec mes parens, et notre cour vivait avec la sienne dans une intime union de famille et d'amitié.

C'était le fameux comte d'Aranda, ambassadeur d'Espagne en France : il avait acquis une grande renommée par la fermeté, le secret et la rapidité avec lesquels, bravant tous les vieux préjugés et déjouant toutes les intrigues, dans le même jour et à la fois il avait fait fermer en Espagne tous les couvens de jésuites, et complété ainsi la destruction imprévue de cet ordre puissant.

Le comte d'Aranda portait sur sa physionomie, dans son maintien, dans son langage et dans toutes ses manières, une grande empreinte d'originalité. Sa vivacité était grave, sa gravité ironique et presque satirique. Il avait une habitude ou un tic étrange et même un peu ridicule; car, presque à chaque phrase, il ajoutait ces mots : *Entendez-vous? comprenez-vous?*

J'allai le voir; j'invoquai les bontés qu'il m'avait toujours témoignées; je lui montrai mon inquiétude relativement à la nouvelle carrière où j'entrais, mon vif désir d'y réussir, et l'espérance que je concevrais s'il consentait à m'éclairer par ses conseils, et à me faire ainsi recueillir par d'utiles leçons une partie des fruits de sa longue expérience.

« Ah! me dit-il en souriant, vous êtes
» effrayé des études qu'exige la diplomatie? *En-*
» *tendez-vous? comprenez-vous?* Vous croyez
» devoir long-temps sécher sur des cartes, des
» diplômes et de vieux livres ? vous voulez que
» je vous donne des leçons sur la politique? Eh
» bien, j'y consens: nous commencerons quand
» vous voudrez. *Entendez-vous? comprenez-*
» *vous?* Tenez, venez chez moi demain à midi,
» et je vous promets qu'en peu de temps vous
» saurez toute la politique de l'Europe. *Enten-*
» *dez-vous? comprenez-vous?* »

Je le remerciai, et le lendemain je fus ponctuel au rendez-vous; je le trouvai assis dans un fauteuil devant un grand bureau sur lequel était étendue la carte de l'Europe.

« Asseyez-vous, me dit-il, et commençons.
» Le but de la politique est, comme vous le
» savez, de connaître la force, les moyens, les
» intérêts, les droits, les craintes et les espé-
» rances des différentes puissances, afin de nous
» mettre en garde contr'elles, et de pouvoir à
» propos les concilier, les désunir, les com-
» battre, ou nous lier avec elles, suivant ce

» qu'exigent nos propres avantages et notre
» sûreté. *Entendez-vous? comprenez-vous?* »

« A merveille! répondis-je, mais c'est là pré-
» cisément ce qui présente à mes yeux de gran-
» des études à faire et de grandes difficultés à
» vaincre. »

« Point du tout, dit-il, vous vous trompez;
» et, en peu de momens, vous allez être au fait
» de tout : regardez cette carte; vous y voyez
» tous les États européens, grands ou petits,
» n'importe, leur étendue, leurs limites. Exa-
» minez bien; vous verrez qu'aucun de ces pays
» ne nous présente une enceinte bien régu-
» lière, un carré complet, un parallélogram-
» me régulier, un cercle parfait. On y re-
» marque toujours quelques saillies, quelques
» renfoncemens, quelques brèches, quelques
» échancrures. *Entendez - vous? comprenez-*
» *vous?*

» Voyez ce colosse de Russie : au midi, la
» Crimée est une presqu'île qui s'avance dans la
» mer Noire et qui appartenait aux Turcs; la
» Moldavie et la Valachie sont des saillies, et
» ont des côtes sur la mer Noire, qui convien-
» draient assez au cadre moscovite, surtout si,
» en tirant vers le nord, on y joignait la Po-

» logne : regardez encore vers le nord ; là est la
» Finlande hérissée de rochers ; elle appartient
» à la Suède, et cependant elle est bien près de
» Pétersbourg. *Vous entendez?*

» Passons à présent en Suède : voyez-vous la
» Norwége? c'est une large bande tenant na-
» turellement au territoire suédois. Eh bien,
» elle est dans la dépendance du Danemarck.
» *Comprenez-vous?*

» Voyageons en Prusse : remarquez comme
» ce royaume est long, frêle, étroit; que d'é-
» chancrures il faudrait remplir pour l'élar-
» gir du côté de la Saxe, de la Silésie, et puis
» sur les rives du Rhin! *Entendez-vous?* Et
» l'Autriche, qu'en dirons-nous ? Elle possède
» les Pays-Bas, qui sont pourtant séparés d'elle
» par l'Allemagne, tandis qu'elle est tout près
» de la Bavière qui ne lui appartient pas.
» *Entendez-vous? comprenez-vous?* Vous
» retrouvez cette Autriche au milieu de l'Ita-
» lie; mais comme c'est loin de son cadre!
» comme Venise et le Piémont le rempliraient
» bien!

» Allons, je crois pour une fois en avoir dit
» assez. *Entendez-vous? comprenez-vous?* Vous
» sentez bien à présent que toutes ces puis-

» sances veulent conserver leurs saillies, rem-
» plir leurs échancrures, et s'arrondir enfin
» suivant l'occasion. Eh bien, mon cher, une
» leçon suffit; car voilà toute la politique. *En-*
» *tendez-vous ? comprenez-vous ?* »

« Ah! répliquai-je, *j'entends et je comprends*
» d'autant mieux, que je jette à présent mes
» regards sur l'Espagne, et que je vois à sa
» partie occidentale une longue et belle lisière
» ou échancrure, nommée le Portugal, et qui
» conviendrait, je crois, parfaitement au cadre
» espagnol. »

« Je vois que *vous entendez, que vous com-*
» *prenez*, me répliqua le comte d'Aranda. Vous
» voilà tout aussi savant que nous dans la di-
» plomatie. Adieu; marchez gaîment, hardi-
» ment, et vous prospèrerez. *Vous entendez ?*
» *vous comprenez ?* » Ainsi se termina ce bref
et bizarre cours de politique.

Peu de jours après, ma vivacité, très peu
diplomatique encore, dut causer quelques inquiétudes à M. de Vergennes sur la prudence
du jeune négociateur auquel il venait de confier une importante mission.

Ce ministre m'apprit qu'il allait me donner
un secrétaire de légation de son choix; mais,

avant qu'il ne l'eût nommé, je me hâtai de lui en proposer moi-même un dont je connaissais l'instruction, les talens et le caractère.

M. de Vergennes, très surpris, me dit qu'un tel choix ne me regardait pas, et que je devais recevoir, sans difficulté, celui qu'on jugerait convenable de me donner.

« C'est ce que je ne ferai point, monsieur le » comte, répondis-je; je ne puis accorder ma » confiance à une personne que je ne connaî- » trais pas. » «Cependant, répliqua ce ministre, » il vous faudra bien obéir à l'ordre du roi. »

« Oui, répondis-je, j'obéirai, je recevrai ce » secrétaire; il aura chez moi logement, voi- » ture, table, tout ce que la convenance exige; » mais je ne lui montrerai pas un porte-feuille, » et ne lui laisserai lire ni écrire aucune dé- » pêche.

» Ou vous me jugez en état de traiter les af- » faires dont vous me chargez, ou vous ne m'en » croyez pas capable. Dans le premier cas, lais- » sez-moi faire mon travail comme je l'entends; » dans le second, faites révoquer par le roi ma » nomination.

» Je ne veux point, dans mon début, être » compté parmi les ambassadeurs qui n'ont

» que le titre de leur place, et dont le secré-
» taire d'ambassade remplit réellement les fonc-
» tions. Je n'aurai point sous mes ordres un
» coopérateur nommé malgré moi, et qui abu-
» serait probablement d'une confiance qu'il ne
» me devrait pas.

» Responsable seul du travail dont on me
» charge, je dois le faire seul, ou ne me faire
» seconder que par un homme dont je connais
» parfaitement la sagesse, la douceur et la
» franchise. Je vous ai dit avec respect ce que
» je pense, et ma résolution sur ce point est
» inébranlable. »

Le ministre aurait pu justement s'irriter de ma présomptueuse résistance; mais je ne sais comment il se fit qu'elle lui plut; et, après m'avoir fait plusieurs questions sur la personne que je lui proposais, il l'accepta et la fit nommer par le roi.

C'était le chevalier Charrette de La Colinière, capitaine de cavalerie. Sa conduite répondit à mon attente; et, bien que la nature l'eût maltraité dans ses formes extérieures, son caractère liant, la justesse de son esprit, sa discrétion et sa loyauté le firent parfaitement réussir à la cour de Russie.

Au mois de décembre 1784, ayant reçu de M. de Vergennes des instructions amples et détaillées, de M. de Castries et de mon père les plus sages conseils, du ministre des finances les complimens les plus flatteurs et les présages les plus encourageans, enfin de précieux témoignages de bonté du roi et de la reine, je fis avec un bien vif regret mes adieux à mes dragons, à mes foyers, à ma famille.

Mon frère obtint le régiment que je commandais. Je conservai le grade et l'uniforme de colonel à la suite de ce corps, avec la promesse de ne point perdre mes droits à l'avancement militaire.

Mon père, d'après les ordres du roi, me reçut chevalier de Saint-Louis, et je partis pour la Russie accompagné par madame de Ségur, qui me conduisit jusqu'à Forbach. Je me séparai d'elle, et je me rendis en peu d'heures à la cour du duc de Deux-Ponts.

Ce prince me fit l'honneur de me donner un appartement dans le château qu'il occupait. Il était aimé et respecté dans son petit État, qu'il gouvernait avec sagesse.

Cependant le peuple murmurait de l'abandon où il laissait la duchesse sa femme : tandis qu'elle végétait tristement dans une petite ville où elle n'avait pour ressource que la société des dames de son service et un petit nombre de courtisans qui ennoblissaient ce titre en s'éloignant de la faveur, elle entendait de cette humble vallée le bruit des fêtes, des concerts où brillait, au sommet de la montagne dans le château ducal, une favorite qui usurpait arrogamment sa place.

Un maître de poste allemand, que j'avais fait causer, m'exprima naïvement sa pensée à ce sujet, et me dit en parlant de la dame et de la princesse : « C'est le monde renversé : l'une est » logée trop haut et l'autre trop bas. »

J'avais cru, en sortant de France, que je traverserais l'Europe en voyageur, et que mes occupations diplomatiques ne commenceraient qu'en Russie ; je m'étais trompé : au milieu de l'obligeant accueil que je recevais du prince, j'avais remarqué, dès le premier moment, surtout pendant le dîner, qu'il était triste, préoccupé et tellement distrait, qu'il paraissait quelquefois ne pas entendre les réponses de ses convives aux questions qu'il leur adressait. J'attribuai cette humeur sombre à quelques-unes de ces tracasseries intérieures qui tourmentent si fréquemment l'homme placé entre son devoir et ses plaisirs.

Lorsque le jeu, qui succéda au repas, fut fini, je me retirai dans mon appartement. Peu d'heures après, étant déshabillé et enfoncé dans la lecture d'un ouvrage politique, je vis ouvrir ma porte; c'était le duc qui venait me voir : il était fort agité.

Presque sans préambule, il me fit part avec vivacité d'une nouvelle qui le troublait et l'irritait; le comte Nicolas Romanzoff, ministre russe accrédité près de lui et près de plusieurs princes du même cercle, venait tout récemment, me dit-il, de lui faire la proposition la plus imprévue.

Ce jeune négociateur, avec moins de mesure que d'esprit, lui avait déclaré qu'il fallait de toute nécessité qu'il se prêtât à un arrangement présenté comme très avantageux pour lui, et que son oncle l'électeur palatin voulait conclure avec l'empereur. Ce prince devait céder la Bavière à la cour de Vienne, et recevoir en échange les Pays-Bas autrichiens avec le titre de roi.

« Une couronne, monseigneur, disait le mi-
» nistre russe au duc, brille d'un assez grand

» éclat pour faire disparaître l'inégalité qu'on
» pourrait trouver dans cet échange. D'ailleurs,
» monseigneur, ajoutait-il, votre résistance se-
» rait inutile, parce que, tout en désirant que
» vous souscriviez à cette convention, si vous
» vous y refusez, on l'exécutera sans votre aveu. »

« Choqué de ce langage hautain, me dit le
» prince, j'ai répondu fort sèchement à M. de
» Romanzoff, en lui déclarant que je me lais-
» serais plutôt écraser que de consentir à me
» voir dépouiller de la moindre partie de mon
» héritage. »

On comprendra sans peine combien cette confidence inattendue me surprit, entendant parler
de ce projet pour la première fois, n'ayant aucune mission pour traiter avec le duc de Deux-
Ponts une semblable affaire, et me trouvant
dépourvu de toute base pour y répondre. Cependant ce prince insistait vivement pour savoir
de moi si la cour de France était instruite de ce
projet, et de quelle manière elle l'envisagerait.

Je l'assurai que j'étais dans une ignorance
complète à cet égard, ne connaissant les intentions du roi que relativement à la cour près de
laquelle j'étais accrédité. « Néanmoins, monsei-
» gneur, ajoutai-je, le système connu de la cour

» de France doit tranquilliser votre altesse sur
» les dispositions qui peuvent la concerner, et
» elle peut compter sur le maintien et l'exécu-
» tion des traités que la France a garantis. »

Son esprit était trop agité, trop oppressé, pour qu'une réponse si vague le calmât; mais ses instances renouvelées ne purent en obtenir d'autres.

D'un côté je croyais bien qu'un tel échange, qui rendrait la puissance autrichienne plus forte et plus compacte, était trop contraire aux intérêts de la France pour que le roi l'approuvât, et il me paraissait surtout très difficile de supposer qu'abandonnant les intérêts des princes Rhin, dont nous étions les protecteurs, nous les laissassions menacer par l'Autriche, par la Russie, pour les forcer à consentir au démembrement de leurs héritages.

Mais d'une autre part, n'ignorant pas la funeste faiblesse qui avait porté notre cabinet à souffrir le partage de la Pologne, la conquête de la Crimée, et à seconder l'Autriche dans ses projets de destruction contre la monarchie prussienne, je sentis que tout langage trop précis serait imprudent relativement à une affaire si grave, sur laquelle M. de Vergennes avait gardé avec moi le plus profond silence, tandis que le ministre russe en parlait avec l'assurance d'un homme qui se croit certain de ne point rencontrer d'obstacles.

Je me bornai donc à rassurer de mon mieux par des lieux communs le duc de Deux-Ponts, en louant son courage, et en lui rappelant que, dans tous les temps, la faiblesse attire des oppresseurs, et la fermeté des appuis. Je pris le lendemain congé de ce prince, et j'arrivai promptement à Mayence.

Je descendis chez M. le comte Okelly, ministre du roi, qui me présenta à l'électeur. La vue de cette cour ecclésiastique me fit faire de graves réflexions sur l'inconséquence des hommes, sur la bizarrerie de nos vieilles institutions, et sur l'étrange déviation que la marche des siècles fait éprouver aux principes les mieux établis et aux vérités les plus évidentes.

Quel serait l'étonnement, me disais-je, de saint Pierre, de saint Paul et de saint Jean, s'ils voyaient leurs successeurs couronnés, puissans sur la terre, et prêchant toujours leurs austères maximes du sein d'un palais, assis à une table splendide, et environnés de troupes qui les gardent !

La houlette des pasteurs a bien changé; comme la baguette de Moïse, elle a subi de nombreuses transformations; mais les troupeaux de ces pasteurs en éprouvent graduellement depuis deux siècles une bien plus étonnante. Ces troupeaux sont devenus des aigles, des lions, quelquefois des loups; une nouvelle lumière, en frappant leurs yeux, a développé leur intelligence; sentant leur force, ils en ont parfois abusé; et les bergers, aveugles à leur tour, n'ont pas prévu à temps qu'il fallait d'autres moyens, pour les régir dans des jours de clarté, que ceux qu'on avait pris sans obstacle pour les gouverner dans des temps de ténèbres.

Une révolution inévitable se préparait, et, comme je n'étais pas plus clairvoyant qu'un autre, je ne prévoyais pas à Mayence, en 1784, que peu d'années après on ne verrait plus en Allemagne d'archevêques électeurs ni de cours ecclésiastiques.

L'électeur m'invita à dîner. Au moment d'y aller, le comte Okelly vint me trouver, et me dit que je pouvais lui rendre un service assez léger en apparence, mais qui réellement lui épargnerait un embarras très contrariant. « Vous » savez, ajouta-t-il, que dans notre carrière,

» où l'on ne devrait avoir à s'occuper que des
» grands intérêts des princes et des peuples,
» les frivoles difficultés de l'étiquette, entrete-
» nues par une puérile vanité, viennent sou-
» vent se mêler aux affaires les plus importan-
» tes; et quelquefois on s'est brouillé, armé et
» battu pour les vains honneurs du pas.

» Cependant par le traité de Westphalie on
» avait cru, en réglant le rang des puissances,
» mettre un terme à ces tracasseries : par ce
» traité, après l'empereur d'Allemagne, le roi
» de France doit occuper partout le premier
» rang. L'Angleterre seule, qui n'avait point
» coopéré à cette convention, n'a point voulu
» la reconnaître; mais ordinairement elle élude
» les difficultés en n'envoyant que des minis-
» tres dans les cours où nous avons des ambas-
» sadeurs, à l'exception des cours de famille
» comme Naples et Madrid, parce que là elle
» trouve juste de nous céder la préséance.

» Lorsque Pierre le Grand, élevant la Mos-
» covie au rang des monarchies européennes,
» quitta le titre de czar pour prendre celui
» d'empereur, la France ne reconnut son nou-
» veau titre qu'à la condition de souscrire à
» l'ordre réglé par le traité de Westphalie.

» L'acte qu'on exigea de lui, et qui fut renou-
» velé par ses successeurs, est connu sous le nom
» de *Reversales*.

» Cependant, depuis que l'impératrice Ca-
» therine II est montée sur le trône, elle a
» refusé constamment de s'y soumettre. Cette
» altière princesse a déclaré que, toutes les cou-
» ronnes étant indépendantes et égales, elle ne
» s'arrogerait nulle préséance sur les autres,
» mais ne souffrirait pas qu'aucune en conser-
» vât sur elle. En conséquence, partout où sont
» ses ministres, s'ils voient la première place
» occupée, ils ne la disputent pas; mais, s'ils
» l'occupent, ils ne doivent point la céder.

» Au fond, ce principe était juste et philoso-
» phique; mais il déplaisait à l'orgueil de notre
» cour, qui regardait comme des droits invio-
» lables ces vieilles prétentions consacrées par
» le temps. »

« Je sais tout cela, lui répondis-je, et je n'i-
» gnore pas que ces querelles d'étiquette ont
» rompu pendant plusieurs années toute har-
» monie et toute communication entre la France
» et la Russie, parce qu'à Londres, le jour d'une
» grande cérémonie, l'ambassadeur de Russie
» ayant pris la première place, M. le duc du

» Châtelet, ambassadeur de France, la lui avait
» reprise avec assez de violence, et lui avait
» proposé ensuite un duel qui ne fut pas ac-
» cepté; mais je croyais tous ces différends ter-
» minés. Au reste, que peuvent nous faire les
» prétentions russes? de pareilles disputes n'ont
» lieu qu'entre des ambassadeurs; car ceux-ci
» ont seuls le caractère représentatif. Le titre
» de ministre plénipotentiaire a été introduit
» à l'époque du traité d'Utrecht pour mettre
» fin à ces vaines disputes, et d'ailleurs M. de
» Vergennes m'a assuré, lorsque je lui deman-
» dais des instructions sur ce sujet, que, même
» à l'égard de l'Angleterre, je n'éprouverais en
» Russie aucun embarras, parce que l'impéra-
» trice, ainsi que l'empereur d'Allemagne, ont
» établi le pêle-mêle dans leurs cérémonies et
» dans leurs fêtes. »

« Vous avez raison, me répondit M. Okelly;
» mais il n'en est pas ainsi dans la pratique.
» La vanité personnelle déjoue en ce point la
» sagesse des cabinets; les ministres plénipo-
» tentiaires se disputent la préséance comme
» s'ils étaient ambassadeurs. Le pêle-mêle or-
» donné ne fait que rendre notre position plus
» embarrassante; car, pour satisfaire la fierté

» habituelle de notre cour, nous devons cher-
» cher en toute occasion à maintenir sa pré-
» éminence; et comme nous n'avons plus, en
» qualité de ministres et d'après le pêle-mêle,
» de droits réels à l'exiger, nous sommes ré-
» duits à user de force ou d'adresse pour la con-
» server.

» Je ne connais rien de pire que cette fausse
» et puérile position où l'on nous laisse; nous
» sommes blâmés si nous excitons des querelles,
» et nous déplaisons excessivement si nous lais-
» sons prendre le pas sur nous. Il faut espérer
» que cette inconséquence cessera; en atten-
» dant, évitons, si nous le pouvons, tous ces
» désagrémens.

» Le comte de Romanzoff, accrédité près
» des princes du cercle et près de l'électeur,
» vient d'arriver à Mayence : pour la première
» fois, nous allons, lui et moi, nous rencontrer
» à un grand repas de cérémonie; et chacun
» de nous cherchera à occuper la place d'hon-
» neur.

» Mais vous êtes ici; vous vous y trouvez,
» non comme ministre accrédité, mais comme
» ministre voyageant. Vous n'avez aucunes pré-
» tentions à élever, et tout le monde doit vous

» offrir le premier rang; par courtoisie nous
» devons vous faire les honneurs de la cour où
» nous résidons; ainsi, lorsque l'électeur sor-
» tira pour se mettre à table, passez le premier
» après lui, et placez-vous à sa droite. Vous
» éviterez par là sans affectation toute contes-
» tation entre M. de Romanzoff et moi. »

Je lui promis de faire tout ce qu'il désirait, m'affligeant intérieurement de voir que, dans de si hautes fonctions, on était réduit à s'occuper de si petites choses.

Je trouvai la cour de l'électeur très brillante. Lorsqu'on eut annoncé que le dîner était servi, ce prince sortit en donnant la main à une dame; je m'empressai de le suivre. Lorsqu'il s'arrêta pour s'asseoir, la dame à laquelle il donnait la main s'étant rangée pour le laisser passer, je fus obligé de reculer deux pas, et, dans ce mouvement, je poussai, sans le voir, le ministre russe, qui s'était hâté de marcher pour occuper la première place. Je pris cette place en m'asseyant près de la dame que conduisait l'électeur, et M. de Romanzoff fut obligé de se placer au-dessous et près de moi.

Dans le premier moment, je ne m'étais pas douté de son dessein, et je croyais même qu'il ne s'était ainsi pressé que par obligeance et pour que nous fussions à côté l'un de l'autre. En conséquence, pour répondre à cette courtoisie, je cherchai avec soin à l'entretenir de tout ce qui pouvait lui être agréable, de ses missions, de sa cour, de sa famille et des exploits du maréchal son père.

Mais je vis avec étonnement que ce ministre très spirituel, qui m'avait fait la veille beaucoup de prévenances, ne me répondait que par monosyllabes, avec l'air très sérieux et très préoccupé. Ayant vainement voulu relever un entretien qui tombait à chaque instant, je ne m'occupai plus que de la dame très aimable près de laquelle j'étais assis.

Vers la fin du dîner, après avoir causé avec moi sur des sujets assez vagues, l'électeur me dit que le Rhin chariait de trop gros et de trop nombreux glaçons pour qu'il fût prudent à moi de le traverser le lendemain comme je me le proposais, et il me pressa vivement de prolonger mon séjour à Mayence. Alors M. de Romanzoff crut cependant nécessaire de me donner quelques signes d'obligeance; il se joignit à l'électeur pour m'inviter à retarder mon départ.

Lorsque le diner fut fini, le comte Okelly et M. Dillon, qui se trouvait alors avec nous, me dirent que je m'étais fait une querelle sérieuse, et que M. de Romanzoff avait montré une vive impatience lorsque, le poussant sans le voir, j'avais pris la place qu'il comptait occuper.

Je leur répondis que je ne l'avais pas remarqué, que ce mécontentement me paraissait invraisemblable, puisqu'il n'y avait eu aucune dispute entre nous. Il n'en fut plus question. Je restai encore deux jours à Mayence, très fêté à la cour électorale.

M. de Romanzoff continua à se montrer très froid avec moi, et cependant ne me dit pas un mot qui pût me faire croire au ressentiment que lui supposait M. Okelly; mais on verra dans la suite que ce dernier ne s'était pas trompé.

Deux jours après, le Rhin étant totalement pris, et le passage très praticable, je partis pour me rendre à Berlin. Arrivé à Francfort, je crus devoir entretenir notre ministre, M. de Groschlag, de ma conversation avec M. le duc de Deux-Ponts. La démarche de M. de Romanzoff ne lui était pas inconnue. Elle lui causait autant de surprise que d'inquiétude. M. de Vergennes ne lui avait rien écrit à ce sujet; l'alarme était générale dans la ville, et sur ma route, jusqu'à Berlin, je trouvai partout les mêmes craintes répandues.

A Gotha, je fus accueilli avec une distinction singulière que je devais aux lettres du baron de Grimm, envoyé de cette cour en France, et qui avait inspiré pour moi au duc et à la duchesse les préventions les plus favorables. L'un et l'autre me parurent très surpris de la réserve avec laquelle je répondais à leurs questions sur l'échange proposé par le ministre russe.

Je trouvai à Leipsick le commerce très agité : on n'y parlait que des vues ambitieuses de l'Autriche, des menaces de la Russie; on croyait que la France, la Hollande et la Prusse s'opposeraient à cette extension de puissance, et qu'il en résulterait une guerre générale.

J'espérais qu'à Berlin, où j'arrivai promptement, je trouverais M. le comte d'Esterno, notre ministre, plus instruit que moi des intentions de notre cabinet sur une proposition d'échange si imprévue, si désavantageuse, et sur une contestation si grave; mais on l'avait laissé dans la même ignorance que moi à cet égard; ce qui rendait sa situation très embarrassante au milieu d'une cour toujours inquiète des vues d'agrandissement du cabinet autrichien, des vastes desseins de la Russie et de la faiblesse trop éprouvée du cabinet de Versailles; car, malgré nos succès dans la guerre américaine et la fermeté que nous venions de montrer pour soutenir la Hollande contre l'empereur, les anciennes impressions produites par l'inertie des ministres de Louis XV n'étaient pas encore totalement effacées.

M. d'Esterno me présenta à tous les princes de la famille royale, aux ministres du roi, MM. les comtes Finck, de Hardenberg et de Schulemburg. Ceux-ci me dirent que, le roi étant à Postdam, il fallait que je lui écrivisse directement pour demander à sa majesté la faveur d'une audience particulière : ce que je fis sans tarder; car j'éprouvais le plus vif désir de voir ce monarque célèbre, tout à la fois guerrier, littérateur, conquérant, législateur, philosophe, et qui, pendant tout le cours de son règne, sut, dans les succès comme dans les revers, maîtriser la fortune et développer une politique aussi vaste que son génie.

Son aide de camp, M. de Goltz, m'écrivit par son ordre que sa majesté me recevrait le lendemain à sept heures du matin : ce qui ne me surprit point; car les hommes de cette trempe, ennemis du repos, ont des nuits courtes et de longs jours.

Pour peu qu'on ait quelque habitude du monde, quelque élévation dans la pensée, on peut parler à un roi sans aucun embarras; mais on n'aborde pas un grand homme sans quelque crainte; d'ailleurs Frédéric dans sa vie privée était assez inégal, passablement capricieux, sujet à prévention, fréquemment railleur, souvent épigrammatique contre les Français, fort attrayant pour le voyageur qu'il voulait favoriser, malicieusement piquant pour celui contre lequel il était prévenu, ou contre ceux qui, sans le savoir, avaient mal choisi leur moment pour l'approcher.

Heureusement les circonstances m'étaient favorables; il avait de l'humeur contre la Russie : l'alliance de cet empire avec l'Autriche l'inquiétait; il était irrité du projet d'échange de la Bavière, proposé par les deux cours impériales; l'indifférence de l'Angleterre dans la querelle des Hollandais contre l'empereur lui déplaisait; nos succès dans la guerre de l'indépendance, et l'obstacle que nous venions d'opposer à l'ambition de Joseph II en soutenant les Hollandais contre ce prince, lui avaient inspiré le désir et rendu l'espoir de renouer avec la France ses anciennes liaisons, et de nous séparer ainsi peu à peu de l'Autriche, dont l'union avec nous avait failli consommer sa ruine. En conséquence il était disposé à bien traiter les Français, et surtout à bien accueillir un ministre chargé d'une mission importante dans le Nord.

Voilà sans doute ce qui me valut alors un accueil plein de bonté, une longue audience, et un entretien prolongé dans lequel il montra cette grâce, et je pourrais presque dire cette coquetterie d'esprit qu'il savait mieux que personne employer lorsqu'il daignait vouloir plaire, et qu'il lui prenait envie d'augmenter le nombre de ses admirateurs.

Nul ne sut jamais aussi bien que lui tour à tour flatter, tourmenter, caresser et pincer l'amour-propre de son prochain. Voltaire en avait fait la double épreuve; il avait senti alternativement la patte de velours du chat et la griffe du lion.

Le caractère bien connu de ce prince fit que Walpole mystifia facilement Jean-Jacques

Rousseau en lui adressant une fausse lettre de Frédéric, terminée par ces mots : « Si ces avan-
» tages que je vous propose ne vous suffisent
» pas, et s'il faut à votre imagination des mal-
» heurs célèbres, je suis roi, et je ne vous en
» laisserai pas manquer. »

Au commencement de la guerre de sept ans, un ambassadeur d'Angleterre, qui résidait près de lui, et dont il aimait l'esprit et l'entretien, vint lui apprendre que le duc de Richelieu, à la tête des Français, s'était emparé de l'île de Minorque et du fort Saint-Philippe. « Cette
» nouvelle, sire, lui dit-il, est triste, mais
» non décourageante ; nous hâtons de nouveaux
» armemens, et tout doit faire espérer qu'avec
» l'aide de Dieu nous réparerons cet échec par
» de prompts succès. »

« *Dieu ?* dites-vous, lui répliqua Frédéric
» avec un ton où le sarcasme se mêlait à l'hu-
» meur ; je ne le croyais pas au nombre de vos
» alliés. » « C'est pourtant, reprit l'ambassa-
» deur piqué et voulant faire allusion aux sub-
» sides anglais que recevait le roi, c'est pour-
» tant le seul qui ne nous coûte rien. » « Aussi,
» répliqua le malin monarque, vous voyez qu'il
» vous en donne pour votre argent. »

Quelquefois il se plaisait à embarrasser la personne qui lui parlait, en lui adressant une question peu obligeante; mais aussi il ne s'irritait point d'une répartie piquante. Un jour, voyant venir son médecin, il lui dit : « Parlons » franchement, docteur; combien avez-vous » tué d'hommes pendant votre vie? » « Sire, » répondit le médecin, à peu près trois cent » mille de moins que votre majesté. »

La première fois qu'il vit le marquis de Lucchesini, Italien très spirituel, qui fut depuis admis dans son intimité, et devint plus tard ministre de son successeur, il lui dit : « Voit-on » encore, monsieur, beaucoup de marquis ita- » liens voyager partout et faire dans toutes les » cours le métier d'espions? » « Sire, répondit » M. de Lucchesini, on en verra peut-être tant » qu'il se trouvera des princes allemands assez » plats pour décorer de leurs ordres des hommes » qu'ils chargent d'un rôle si vil. » Par là, le marquis faisait allusion à un espion italien, auquel un empereur d'Allemagne avait accordé la décoration de la Toison-d'Or. Frédéric regarda avec surprise le marquis, le traita bien dès ce moment, et le prit en amitié.

Au moment de paraître à un cercle, un jour

de gala, on vint l'avertir que deux dames se disputaient le pas près d'une porte avec une vivacité et une opiniâtreté scandaleuse. « Apprenez-leur, dit le roi, que celle dont le mari occupe le plus haut emploi doit passer la première. » « Elles le savent, répond le chambellan, mais leurs maris ont le même grade. » « Eh bien, la préséance est pour le plus ancien. » « Mais ils sont de la même promotion. » « Alors, reprend le monarque impatienté, dites-leur de ma part que la plus sotte passe la première. »

Comme le petit nombre de princes que leur génie place à une grande élévation, il se montrait insensible aux libelles, aux propos méchans ou séditieux, et méprisait tous ces traits de malignité qui, lancés de trop bas, ne pouvaient atteindre si haut.

Un jour, à Postdam, il entend de son cabinet un assez grand bruit qui éclatait dans la rue : il appelle un officier, et veut qu'il s'informe de la cause de ce tumulte. L'officier part, revient et lui dit qu'on a attaché sur la muraille un placard très injurieux pour sa majesté ; que, ce placard étant placé très haut, une foule nombreuse de curieux se presse et s'é-

touffe à l'envi pour le lire. « Mais la garde, ajoute-
» t-il, va bientôt la disperser. » « N'en faites
» rien, répondit le roi; descendez ce placard
» plus bas afin qu'on le lise à son aise. » L'ordre
fut exécuté; peu de minutes après on ne parla
plus du placard, mais on parla toujours de l'esprit du monarque.

Si ce prince éclairé méprisait les rumeurs
d'une tourbe ignorante, non-seulement il ap-
préciait, il désirait les suffrages des hommes de
talent, mais même il les regardait comme les
dispensateurs de la renommée; son ambition
les courtisait; leur génie lui semblait une puissance, et il la flattait.

« Je suis, écrivait-il à Voltaire, comme le
» Prométhée de la fable; je dérobe quelque-
» fois de votre feu divin dont j'anime mes fai-
» bles productions. Mais la différence qu'il y a
» entre cette fable et la vérité, c'est que l'âme
» de Voltaire, beaucoup plus grande et plus
» magnanime que celle du roi des dieux, ne
» me condamne point au supplice que souffrit
» l'auteur du céleste larcin. »

Ce qui paraît encore plus singulier, c'est que
le poëte philosophe, qui reprochait alors à Frédéric sa passion pour la guerre, répondait fa-

milièrement à ces hommages de l'écrivain couronné :

> Chaque esprit a son caractère :
> Je conçois qu'on ait du plaisir
> A savoir comme vous saisir
> L'art de tuer et l'art de plaire.

Nul ne récompensa mieux les grands services ; mais nul aussi ne se moqua plus constamment de la vanité des personnes qui tenaient de leur naissance ou de sa faveur un rang élevé. « Une » funeste contagion, écrivait ce prince, suite » trop fréquente de la guerre, désolait Breslaw; » on y enterrait cent vingt personnes par jour. » Une grande dame dit alors : *Dieu merci, la* » *haute classe est épargnée ; ce n'est que le* » *peuple qui meurt.* Voilà ce que pensent les » gens en place, qui se croient pétris de molé- » cules plus précieuses que ce qui fait la com- » position du peuple qu'ils oppriment. Cela a » été ainsi de tout temps ; l'allure des gran- » des monarchies est la même ; il n'y a guère » que ceux qui ont souffert l'oppression qui la » connaissent et qui la détestent. Ces enfans » de la fortune qu'elle a engourdis dans la pro- » spérité, pensent que les plaintes du peuple

» sont exagération, que les injustices sont des
» méprises, et pourvu que le premier ressort
» aille, il importe peu du reste. »

Cependant Frédéric, philosophe dans ses écrits, était arbitraire dans sa conduite. L'esprit humain n'est que contrastes ; il semble justifier le système manichéen des deux principes. Frédéric étant jeune avait composé *l'Anti-Machiavel*, et le premier acte de son règne fut un acte de politique machiavélique. Une guerre déclarée sans motif, une rapide invasion de la Silésie et cinq batailles gagnées annoncèrent à la fois à l'Europe un ambitieux et un héros.

Dès que ses alliés ne lui furent plus utiles, il les abandonna. Peu de temps après il envahit la Bohême ; Vienne le crut à ses portes. Cependant il fut trahi par la fortune, par ce sort capricieux qui gouverne tout, et qu'il appelait si philosophiquement lui-même *sa majesté le hasard;* mais son génie sut réparer ses revers par d'éclatans triomphes qu'une paix glorieuse couronna.

Enfin la France, la Russie et l'Autriche conjurèrent sa perte : ce fut une guerre de géans. Il vit les Russes entrer dans sa capitale ; nouvel Horace, blessé, pressé, poursuivi par ses trois formidables ennemis, il se retourne sur eux, les bat l'un après l'autre, et dicte la paix aux fiers potentats qui, se croyant certains de sa ruine, avaient d'avance partagé ses États.

Plus que libéral avec les encyclopédistes et irréligieux à l'excès avec Voltaire, protecteur des jésuites dans un pays protestant, magnifique envers les hommes de talent, dont pourtant il se montrait jaloux, il régnait en despote, et cependant réglait son pouvoir par la justice.

Les soldats l'aimaient malgré sa sévérité, car ils lui devaient leur gloire ; les peuples lui pardonnaient la pesanteur des impôts dont il les chargeait, parce qu'il vivait sans faste, et employait le produit des tributs à étendre son territoire, à favoriser les progrès de l'industrie et à secourir la pauvreté laborieuse.

Les sujets supportent patiemment le joug des lois, même de celles à la confection desquelles ils n'ont pas contribué, lorsque leur souverain s'y soumet le premier. L'intérêt général était le guide de ce grand roi ; la loi qu'il avait faite devenait son maître. Tout le monde sait l'anecdote du meunier de Sans-Souci. On aime la puissance qui s'arrête devant la justice ; on révère le trône qui respecte les tribunaux; la justice est une sorte de dédommagement de la privation de la liberté; elle donne au peuple une félicité réelle, mais viagère: car tout meurt avec un grand homme; et, s'il n'a pas fondé d'institutions fortes pour asseoir son trône et la prospérité publique sur des bases solides et durables, il ne laisse après lui qu'un grand souvenir.

On conçoit sans peine l'émotion que pouvait inspirer, à un jeune débutant dans la carrière politique, l'audience accordée par un monarque si imposant et si célèbre. Je savais d'ailleurs que, malgré son penchant naturel pour les Français, il partageait l'opinion fausse, mais généralement répandue par nos rivaux sur notre prétendue légèreté, erreur que les sombres scènes du drame tragique de notre révolution n'ont pu encore totalement dissiper.

Aussi se plaisait-il à raconter souvent un trait échappé à un de nos compatriotes, spirituel, savant et admis dans son intimité; c'était le marquis d'Argens. Un jour, à l'un de ces diners où le roi, pour rendre la conversation plus libre, permettait une entière familiarité, Frédéric s'amusa à demander à ses convives ce que chacun d'eux ferait s'il était à sa place. Les uns

répondirent qu'ils feraient telles ou telles conquêtes ; les autres, telles ou telles réformes, telles ou telles institutions. « Et vous, marquis
» d'Argens? » dit le roi. « Moi, sire? répondit
» le marquis ; ma foi, je vendrais mon royaume,
» et j'achèterais une bonne terre en France
» pour en manger les revenus à Paris. » « En
» vérité, reprit Frédéric, voilà un propos bien
» français ! »

En arrivant le lendemain à Postdam à l'heure indiquée, je pus croire un instant que ce n'était pas un grand monarque, mais un simple colonel auquel j'allais rendre visite. Il n'y avait à sa porte qu'un soldat en faction. Après avoir passé un corridor, je me trouvai dans une grande salle où M. de Goltz, aide de camp du roi, était seul assis près du feu.

Il se leva et me dit qu'il allait avertir le roi que j'étais là. Je lui demandai s'il y avait quelque étiquette particulière à observer à ma présentation. « *Étiquette?* dit-il en riant ; ah ! nous
» ne connaissons guère ici ce mot-là. Si le roi
» veut vous recevoir comme la plupart des
» étrangers, il sortira de son cabinet dont vous
» voyez d'ici la porte, et viendra vous parler
» dans ce salon. Si, relativement à votre ca-

» ractère de ministre, il croit devoir vous rece-
» voir dans son cabinet, il nous appellera tous
» deux. Enfin, si son dessein est de vous traiter
» avec une distinction particulière, vous res-
» terez seul avec lui. » Après ce peu de mots,
il entra chez le roi, et revint presque aussitôt
causer avec moi.

Au bout d'un quart d'heure, je vis la porte
s'entr'ouvrir, et le roi nous fit signe de venir.
Mais, à peine fûmes-nous entrés, que ce prince
dit à M. de Goltz de sortir. Ainsi je me trouvai,
non sans un peu d'embarras, tête à tête avec
ce grand homme qui remplissait l'univers de
son nom glorieux.

Je remerciai sa majesté de la bonté qu'elle
avait eue de m'accorder si promptement une
audience, et de satisfaire le désir impatient
que j'avais de présenter mes hommages à un
monarque dont l'Europe révérait le génie,
et dont l'amitié était précieuse au roi mon
maître.

Frédéric, après m'avoir répondu qu'il désirait sincèrement entretenir et même resserrer
les liens d'amitié qui existaient entre Louis XVI
et lui, me demanda en détail des nouvelles du
roi, de la reine, des princes, de leur famille.

Il me dit : « J'ai toujours aimé la France, le ca-
» ractère des Français, leur langue, leurs arts,
» leur littérature, et je vous vois avec plaisir
» chez moi. Votre père m'est connu depuis
» long-temps de réputation; c'est un honnête
» homme et un brave militaire, qui a gagné
» son bâton de maréchal par ses actions et par
» ses blessures.

» Je vois que vous portez la décoration de
» Cincinnatus. Vous avez fait la guerre en
» Amérique; votre jeunesse est toujours belli-
» queuse. Cependant, depuis 1763, vous au-
» riez dû oublier la guerre; une si longue
» paix peut amollir. Comment avez-vous pu si
» loin, et dans un pays où la civilisation com-
» mence, oublier les délices de Paris, et vous
» passer de luxe, de bals, de parfums, de
» poudre? »

Assez piqué de ces mots tant soit peu désobli-
geans, je l'interrompis, et, reprenant le mot
poudre, que je feignis d'entendre autrement,
je lui dis : « Sire, nous n'avons pas malheu-
» reusement trouvé l'occasion d'en brûler au-
» tant que nous l'aurions voulu; après trois
» courtes campagnes, les Anglais, en se renfer-
» mant dans leurs forteresses et en se rési-

» gnant à la paix, nous ont privés trop tôt de ce
» plaisir. »

« Ah! reprit en souriant le roi, je vous l'ai
» dit, personne ne rend plus de justice que
» moi à l'ardeur de votre nation pour la guerre.
» Il n'est point de peuple plus brillant; il réus-
» sit dans tout ce qu'il veut faire : mais vous
» savez bien qu'on l'a toujours accusé d'être un
» peu léger et inconstant; il est mobile comme
» son imagination. »

« Sire, lui répondis-je, nul n'est exempt d'im-
» perfections, pas même les plus grands hom-
» mes. Si votre majesté me permet de le dire,
» n'avons-nous pas eu quelquefois nous-mêmes
» à nous plaindre de son inconstance, lorsque
» nous étions ses alliés? la gloire seule vous a
» trouvé toujours fidèle. »

Comme ma repartie avait été provoquée par
ses malins sarcasmes, elle ne lui déplut pas. Au
contraire, il rit, et ses yeux bleus, qui étaient
tour à tour si malins, si pénétrans, et on dit
même quelquefois si sévères, prirent tout à coup
une singulière expression de douceur et de bienveillance.

J'examinais avec une vive curiosité cet homme, grand de génie, petit de stature, voûté et

comme courbé sous le poids de ses lauriers et de ses longs travaux. Son habit bleu, usé comme son corps, ses longues bottes qui montaient au-dessus de ses genoux, sa veste couverte de tabac, formaient un ensemble bizarre et cependant imposant : on voyait au feu de ses regards que l'âme n'avait pas vieilli ; malgré sa tenue d'invalide, on sentait qu'il pouvait encore combattre comme un jeune soldat ; en dépit de sa petite taille, l'esprit le voyait plus grand que tous les autres hommes.

« Savez-vous, me dit-il, que le règne de
» votre jeune roi commence bien ? Il a trompé
» mes craintes et passé mes espérances : j'avais
» eu peur que le fils du dauphin ne se laissât
» gouverner par des prêtres, par quelque car-
» dinal comme Fleury, et que les Welches
» (ainsi vous appelait Voltaire) ne s'affaissas-
» sent sous leur triste discipline ; mais il a osé
» prendre un ministre protestant que j'avais cru
» qu'il garderait plus long-temps ; il a suivi les
» conseils de tolérance de M. de Malesherbes ;
» il a profité des fautes des Anglais pour leur
» enlever treize provinces ; il vient récemment
» de protéger la Hollande, et d'opposer une
» digue aux projets de l'Autriche. Celle-ci n'est

» pas légère, et sa constance dans ses vues
» pourrait bien encore nous donner d'autres
» occupations. »

Je croyais, d'après cette dernière phrase, qu'il allait peut-être me parler de l'échange de la Bavière et des menaces de M. de Romanzoff; mais il s'arrêta, se tut encore, et, changeant subitement de conversation, il me demanda des nouvelles de notre littérature, me parla des ouvrages les plus marquans avec autant de justesse que d'esprit, traita assez mal l'abbé Raynal qu'il avait cependant accueilli avec faveur, me questionna sur ce que j'en pensais, et parut assez content en me voyant rendre justice aux bons principes consignés dans son livre, et blâmer les déclamations qui le déparent.

« Ces philosophes, reprit le roi, ont fait
» beaucoup de bien, et nous ont tirés de la bar-
» barie. Ils ont presque anéanti la sottise des
» préjugés et la honteuse folie des superstitions;
» mais ils connaissent peu les hommes, et croient
» à tort qu'on gouverne aussi facilement qu'on
» écrit. Ils ne conçoivent pas qu'un prince, phi-
» losophe par inclination, soit forcé d'être po-
» litique par devoir et guerrier par nécessité ;
» leur paix perpétuelle est un rêve comme la

» perfection. Leur chef est mort, c'est une
» grande perte; d'ici à long-temps, personne,
» chez vous ni ailleurs, ne remplacera Vol-
» taire. »

« Je suis charmé, sire, lui dis-je, pour la
» mémoire de cet immortel écrivain, que vous
» rendiez à son ombre une faveur qu'il avait
» peut-être mérité de perdre, mais qui lui
» avait laissé sûrement de douloureux regrets. »

« Oui, j'ai eu à m'en plaindre, répliqua le
» roi; mais nous nous étions réconciliés. J'ai
» oublié ses torts, je ne me souviens que du
» plaisir et du bien que m'ont fait ses ouvrages.
» Vous allez voir en Russie sa grande admira-
» trice; elle payait ses hommages un peu adu-
» lateurs et ses sarcasmes contre les Turcs par
» de douces et piquantes cajoleries. Elle ne m'a
» pas si bien traité, moi, et une seule visite de
» l'empereur m'a enlevé son amitié; au reste,
» j'aurais tort d'en être surpris : les femmes
» sont capricieuses comme la fortune, et d'ail-
» leurs celle-ci ne s'est jamais trop piquée de fi-
» délité; ce n'est point par cette vertu qu'elle
» est célèbre. »

Le voyant en si belle humeur, je hasardai
quelques mots sur l'ambition de cette prin-

cesse qui avait aimé, élevé, couronné, subjugué et dépouillé le roi de Pologne. Je sentis bien vite que, dans cet instant, je manquais un peu de tact : Frédéric avait ses raisons pour glisser légèrement sur la position de Stanislas et sur le démembrement de sa couronne ; mais il revint sur le compte de l'impératrice, et, comme il était très caustique contre les personnes dont il croyait avoir à se plaindre, il me raconta plusieurs anecdotes piquantes sur la santé de Catherine, sur sa cour et sur ses favoris.

Je lui dis que j'étais fort curieux de connaître une princesse si célèbre, à laquelle on ne pouvait refuser du génie, puisque, étant femme et étrangère, elle avait su régner tranquillement sur une cour féconde en orages, conquérir l'affection d'une population immense sortant à peine des ténèbres, étouffer sans cruauté plusieurs conjurations, triompher des Ottomans, brûler leur flotte près du Bosphore, et faire rechercher son alliance par les plus grands souverains de l'Europe. « Il est fâcheux, ajoutai-je,
» qu'un règne, si éclatant à beaucoup d'égards,
» ait commencé par une scène, par une catas-
» trophe si tragique. »

« Ah! me répondit le roi, sur ce point, quoi-
» que nous soyons à présent à peu près brouil-
» lés, je dois lui rendre justice : on est à ce
» sujet dans l'erreur; on ne peut imputer jus-
» tement à l'impératrice *ni l'honneur, ni le
» crime de cette révolution;* elle était jeune,
» faible, isolée, étrangère, à la veille d'être
» répudiée, enfermée. Les Orloff ont tout fait;
» la princesse d'Arshkoff n'a été là que la
» mouche vaniteuse du coche. Rulhière s'est
» trompé.

» Catherine ne pouvait encore rien conduire;
» elle s'est jetée dans les bras de ceux qui vou-
» laient la sauver. Leur conjuration était folle
» et mal ourdie; le manque de courage de
» Pierre III, malgré les conseils du brave Mu-
» nich, l'a perdu; il s'est laissé détrôner comme
» un enfant qu'on envoie coucher.

» Catherine, couronnée et libre, a cru, com-
» me une jeune femme sans expérience, que
» tout était fini; un ennemi si pusillanime ne
» lui paraissait pas dangereux. Mais les Orloff,
» plus audacieux et plus clairvoyans, ne vou-
» lant pas qu'on fît contr'eux de ce prince un
» étendard, l'ont abattu.

» L'impératrice ignorait ce forfait, et l'ap-

» prit avec un désespoir qui n'était pas feint;
» elle pressentait justement le jugement que
» tout le monde porte aujourd'hui contr'elle;
» car l'erreur de ce jugement est et doit être
» ineffaçable, puisque dans sa position elle a
» recueilli les fruits de cet attentat, et s'est
» vue obligée, pour avoir des appuis, non-seu-
» lement de ménager, mais même de conserver
» près d'elle les auteurs du crime, puisqu'eux
» seuls avaient pu la sauver.

» Je vous conseille, pour approfondir ce fait,
» de voir un vieillard très estimable qui est, je
» crois, à présent à Mittau; c'est M. de Kaiser-
» ling. Il a tout vu, tout su; il a été à cette
» époque l'intime confident des chagrins se-
» crets de l'impératrice. »

« Votre opinion, sire, lui dis-je, est d'un
» grand poids et me soulage; car il m'en coûtait
» d'admirer une souveraine montée au trône
» par des degrés si sanglans. On me l'a tant
» vantée; je voyais avec peine une telle tache
» dans *la lumière du Nord*, ainsi que l'appe-
» laient Voltaire et D'Alembert. »

« C'était une flagornerie un peu forte, reprit
» le roi, lorsqu'ils disaient *que c'était du Nord*
» *que nous venait aujourd'hui la lumière.* »

« Sire, répliquai-je, Berlin cependant est dans
» le Nord. » Il me fit une mine gracieuse et me
dit : « Quelle route prenez-vous pour aller à
» Pétersbourg? est-ce la plus courte? » « Non,
» sire, répondis-je; je veux passer par Varso-
» vie pour voir la Pologne. »

« C'est un pays curieux, ajouta le roi, pays
» libre où la nation est esclave, république
» avec un roi, vaste contrée presque sans po-
» pulation, aimant, faisant la guerre depuis
» plusieurs siècles avec gloire, sans places for-
» tes, et n'ayant pour armée qu'une pospolite
» ardente, mais indisciplinée, toujours divisée
» en factions, en confédérations, et tellement
» enthousiaste d'une liberté sans règle, que,
» dans leurs diètes, le *veto* d'un seul Polonais
» suffit pour paralyser la volonté générale. Les
» Polonais sont vaillans; leur humeur est che-
» valeresque; mais ils sont inconstans, légers, à
» peu d'exceptions près; les femmes y montrent
» seules une étonnante fermeté de caractère;
» ces femmes sont vraiment des hommes. »

A l'appui de ces dernières paroles, le roi me
raconta plusieurs traits surprenans de l'intrépidité, de la constance, de l'héroïsme de plusieurs dames polonaises. Ensuite il me fit un

signe de tête pour me congédier; mais, me rappelant bientôt, il me dit : « Je vous prie de
» vouloir bien vous charger d'un paquet pour
» mon ministre à Pétersbourg, le comte de
» Goërtz. » Je l'assurai que je m'acquitterais de sa commission avec exactitude.

« Écoutez, continua-t-il, je m'intéresse à vo-
» tre succès en Russie. L'impératrice est depuis
» long-temps assez mal avec votre cour, et vous
» rencontrerez dans votre mission des obstacles
» assez difficiles à aplanir. Il est de mon inté-
» rêt, et je désire que votre cabinet reprenne,
» comme il le souhaite, quelque influence à Pé-
» tersbourg, et y contre-balance celle de l'Au-
» triche ; sur ce point nos intérêts sont com-
» muns.

» Vous allez, je l'espère, former quelques
» liaisons avec mon ministre : le comte de
» Goërtz est un homme d'esprit, expérimenté,
» et qui me sert avec zèle depuis long-temps.
» Mais, comme c'est pendant sa mission que
» l'impératrice a changé de système, et que le
» crédit de l'empereur près d'elle a remplacé
» le mien, vous trouverez le comte de Goërtz,
» dont le caractère est très ardent, fort irrité,
» fort mécontent, et un peu trop disposé à adop-

» ter comme vraies toutes les nouvelles que lui
» débitent les frondeurs et tous ceux qui sont
» maltraités par l'impératrice. Tenez-vous en
» garde contre son exagération. C'est un con-
» seil que je trouve utile de vous donner pour
» votre direction, et qui importe au succès que
» je vous souhaite. »

Je le remerciai de cette preuve de bonté, qui me surprit, mais cependant beaucoup moins qu'on ne pourrait le croire; car, depuis l'affaire de Hollande, notre cabinet, refroidi pour celui de Vienne, tendait peu à peu à changer de système politique et à se rapprocher secrètement de la Prusse. J'avais même, dans mes instructions, l'ordre de vivre avec le comte de Cobentzel, ambassadeur d'Autriche, dans une intimité très grande en apparence, mais de montrer en secret une confiance plus réelle au ministre de Prusse.

Le roi, en me congédiant, me dit : « Adieu,
» monsieur de Ségur : je suis bien aise de vous
» avoir connu; et, lorsque après votre mission
» vous retournerez en France, si je vis encore,
» revenez par Berlin, restez-y plus long-temps;
» je vous reverrai avec un véritable plaisir. »

Cette longue audience me valut un redoublement d'obligeance de tous les grands personnages qui habitaient Berlin, où je restai encore plusieurs jours.

Le prince Henri, le prince Ferdinand, tous les ministres qui m'invitaient fréquemment, me parlaient sans cesse des menaces faites par M. de Romanzoff au duc de Deux-Ponts; tous paraissaient croire que non-seulement la cour de France avait été informée du projet d'échange, mais que même c'était de son consentement que la proposition en avait été faite au duc.

Mon silence ou mon ignorance sur ce point devaient les surprendre; mais le peu de paroles que je me permis à ce sujet durent plutôt augmenter leurs doutes qu'affermir une opinion qui ne me paraissait point vraisemblable; car je ne pouvais me persuader que nous voulussions ainsi abandonner les princes que nous devions protéger, et seconder une ambition qu'il nous importait de contenir.

Je n'étais point étonné que l'empereur voulût laisser vider à l'électeur palatin ses anciens débats relatifs à l'Escaut, et qu'il lui convînt, en concentrant ses possessions, de changer un territoire aussi éloigné de ses forces, contre un territoire si fort à sa portée.

Mais ce qui me semblait trop difficile à expliquer, c'est que Catherine II, sans consulter la France, eût chargé son ministre de presser aussi vivement M. le duc de Deux-Ponts de souscrire à un arrangement évidemment contraire aux traités dont l'impératrice elle-même avait garanti l'exécution. Il aurait été encore plus extraordinaire que le jeune Romanzoff eût impérieusement fait une semblable proposition sans y avoir été autorisé par sa cour.

D'ailleurs, ce qui devait me faire croire que le concert des cours impériales n'était pas une idée dénuée de fondement, c'était la fermentation produite à Pétersbourg par l'arrivée de deux courriers de l'empereur; du moins, c'est ce que m'assurait un des ministres du roi de Prusse : il me disait que le prince Potemkin avait donné des ordres aux officiers pour rejoindre leurs corps, et que tout annonçait un rassemblement de troupes destinées à imposer au cabinet de Berlin.

Il est vrai que cette inquiétude apparente du cabinet prussien pouvait avoir pour objet de nous déterminer à un rapprochement plus décidé que celui qui semblait se préparer entre nous.

Ce fut dans ce sens que j'écrivis à M. de Vergennes en lui rendant compte de tout ce que j'avais entendu aux Deux-Ponts, à Berlin et sur ma route, relativement à cette affaire, qui agitait alors tous les esprits.

J'avais beaucoup connu à Paris le prince Henri de Prusse, digne frère du grand Frédéric; il était arrivé en France, précédé par une glorieuse renommée que lui avaient méritée de brillans exploits.

Vaillant guerrier, habile général, profond politique, ami de la justice, des sciences, des lettres, des arts, protecteur des faibles, secourable aux infortunés, son nom inspirait un juste respect. La simplicité de ses manières, l'urbanité de son langage, l'aménité de son caractère lui attiraient l'affection. La petitesse de sa taille, l'irrégularité de ses yeux, les désagrémens de sa figure, qui choquaient au premier abord, s'oubliaient très vite en causant avec lui; l'esprit ennoblissait le corps, et bientôt on ne voyait plus en lui que le grand homme et l'homme aimable.

Pendant son séjour à Paris, il conquit des admirateurs dans toutes les classes de la société : les savans consultaient ses lumières, les artistes son goût, les politiques et les militaires son expérience; les poëtes briguaient son suffrage et lui prodiguaient leur encens.

Au nombre des personnes de la société la mieux choisie, il distingua particulièrement une femme très aimable, la comtesse de Sabran, et l'un de mes plus intimes amis, le célèbre chevalier de Boufflers, qui depuis, pendant les orages de la révolution, trouva un asile dans son palais, et lui resta dévoué toute sa vie.

Je me rappelle qu'un jour ce prince assistant à une représentation de l'opéra de *Castor et Pollux*, qu'on donnait pour lui, et se trouvant placé à côté de Boufflers et du jeune Elzéar de Sabran, dont on vantait alors l'esprit précoce, ce prince s'amusait à questionner cet enfant et lui disait : « Expliquez-moi donc ce que
» c'est que ce Castor et ce Pollux que vous re-
» gardez avec tant d'attention ? » « Ce sont,
» répondit Elzéar, deux frères jumeaux sortis
» d'un même œuf. » « Mais, vous-même, dit
» le prince, vous êtes sorti d'un œuf. » Alors l'enfant, surpris, mais doucement soufflé par Boufflers, répliqua par cet impromptu :

« Ma naissance n'a rien de neuf;
» J'ai suivi la commune règle.
» Mais c'est vous qui sortez d'un œuf,
» Car vous êtes un aigle. »

Ce prince, après ma présentation, daigna m'admettre dans sa plus familière intimité. Il me faisait presque tous les jours dîner chez lui, et se plaisait à me raconter tout ce qu'il avait vu et entendu en France. « Ce qui m'a le plus sur-
» pris, me dit-il une fois, c'est votre roi; je
» m'en étais fait une tout autre idée; on m'a-
» vait dit que son éducation avait été très né-
» gligée, qu'il ne savait rien, et qu'il avait
» peu d'esprit. Je fus tout étonné, en causant
» avec lui, de voir qu'il savait très bien l'his-
» toire, la géographie, qu'il avait des idées
» fort justes en politique, que le bonheur de
» son peuple l'occupait entièrement, et qu'il
» était rempli de sens, ce qui vaut mieux
» pour un prince que le bel-esprit; mais il m'a
» paru qu'il se défiait trop de lui-même, tan-
» dis qu'il est peut-être de tout son conseil ce-
» lui qu'il devrait le plus souvent consulter.
» S'il acquiert un peu de force, il sera un excel-
» lent roi. Quant à la reine, j'éviterai d'en par-
» ler, car elle ne m'a pas trop bien traité : on
» la dit aimable; mais Dieu veuille, pour la
» France et pour nous, qu'elle soit un peu moins
» Autrichienne. »

Je lui répondis qu'à cet égard il devait être

pleinement rassuré par la noble conduite que cette princesse venait de tenir récemment à l'occasion de l'affaire de Hollande.

Il me parla beaucoup ensuite de la Russie et de Catherine II. « Elle jette un grand éclat,
» me dit-il; on la vante, on l'immortalise de
» son vivant. Ailleurs elle brillerait sans doute
» beaucoup moins; mais dans son pays elle a
» plus d'esprit que tout ce qui l'entoure; on
» est grand à bon marché sur un pareil trône :
» elle n'a pour voisins que des Chinois dont un
» désert la sépare, des Tartares sans civilisa-
» tion, des Turcs imbéciles, un roi de Suède
» pauvre et qui n'a qu'une poignée de soldats
» à lui opposer, enfin des Polonais braves, mais
» divisés, et dont les troupes, comme le gou-
» vernement, sont en pleine anarchie. Diderot
» a dit que la Russie était un colosse aux pieds
» d'argile; mais ce colosse immense et qu'on ne
» peut attaquer parce qu'il est couvert d'une
» cuirasse de glace, a les bras bien longs. Il
» peut s'étendre et frapper où il veut. Ses
» moyens et ses forces, quand il les connaîtra
» bien et saura les employer, pourront être fu-
» nestes à l'Allemagne. »

« Il me paraît déjà, monseigneur, lui ré-

» pondis-je, que son ambition connaît peu
» de bornes : après avoir conquis la Livonie,
» détruit les Zaporaviens, chassé les Tartares
» de Crimée, enlevé un grand territoire aux
» Turcs, et partagé récemment la Pologne,
» il semble nous annoncer une nouvelle et fa-
» tale invasion des peuples du Nord dans l'Oc-
» cident. ».

« Ah ! pour le partage de la Pologne, répli-
» qua le prince, l'impératrice n'en a pas l'hon-
» neur, car je puis dire qu'il est mon ouvrage.
» J'avais été faire un voyage à Pétersbourg ;
» à mon retour, je dis au roi mon frère : *Ne*
» *seriez-vous pas bien étonné et bien content si*
» *je vous faisais tout à coup possesseur d'une*
» *grande partie de la Pologne ?*

» *Surpris, oui*, répondit mon frère, *mais*
» *content, point du tout ; car il me faudrait,*
» *pour faire cette conquête et pour la garder,*
» *soutenir encore une guerre terrible contre la*
» *Russie, contre l'Autriche et peut-être contre*
» *la France. J'ai risqué une fois cette grande*
» *lutte qui a failli me perdre. Tenons-nous-en*
» *là ; nous avons assez de gloire ; nous sommes*
» *vieux, et il nous faut du repos.*

» Alors, pour dissiper ses craintes, je lui ra-

» contai que, m'entretenant un jour avec Ca-
» therine II, comme elle me parlait de l'esprit
» turbulent des Polonais, de leur anarchie, de
» leurs factions qui tôt ou tard feraient de
» leur pays un théâtre de guerre où les puis-
» sances qui les entourent seraient inévitable-
» ment entraînées, je conçus et lui présentai
» l'idée d'un partage auquel l'Autriche devrait
» naturellement consentir sans peine, puisqu'il
» l'agrandirait.

» Ce projet frappa vivement l'impératrice :
» *C'est un trait de lumière*, dit-elle; *et, si le
» roi votre frère adopte ce projet, étant d'ac-
» cord tous deux, nous n'avons rien à crain-
» dre; ou l'Autriche coopèrera à ce partage,
» ou nous saurons sans peine la forcer à le
» souffrir.*

» *Ainsi*, ajoutai-je, *sire, vous voyez qu'un
» tel agrandissement ne dépend plus que de
» votre volonté.* Mon frère m'embrassa, me re-
» mercia, entra promptement en négociation
» avec Catherine et la cour de Vienne. L'em-
» pereur hésita, sonda les dispositions de la
» France; mais, voyant que la faiblesse du ca-
» binet de Louis XV ne lui laissait aucun es-
» poir de secours, il céda et prit doucement

» son lot. Ainsi, sans guerroyer, sans perdre
» de sang ni d'argent, grâce à moi, la Prusse
» s'agrandit et la Pologne fut partagée. »

Ce prince, voyant mon étonnement, crut que mon silence venait de mon admiration; mais, trop jeune et trop nouveau diplomate, je ne pus me permettre des louanges qui répugnaient à ma conscience. Je continuai à me taire, ne jugeant pas convenable de choquer sans nécessité, par ma désapprobation, un personnage si supérieur à moi par son rang et par son expérience.

Cependant le prince, lisant apparemment dans mes yeux une partie de ce que je pensais, me dit de parler à cœur ouvert, et de lui faire connaître franchement mon opinion sur ce qu'il venait de me raconter.

Je résistai et j'alléguai vainement mon âge, mon inexpérience, mon respect et la crainte de lui déplaire; mais, pressé de nouveau, je lui dis enfin : « Eh bien! monseigneur, vous voulez sa-
» voir absolument ce que je pense? le voici : La
» Pologne était indépendante, inoffensive; vous
» n'aviez aucun grief contr'elle; son seul tort
» a été sa faiblesse; ce démembrement est un
» grand et premier acte d'injustice dont les

» suites me semblent incalculables. Que ne
» doit-on pas craindre pour l'Europe et pour
» le bonheur de l'humanité, si désormais les
» souverains qui la gouvernent remplacent le
» droit des gens par le droit de convenance! »

Le prince sourit; mais ce sourire me semblait tant soit peu forcé. Il me congédia plutôt que de coutume; le jour suivant il ne me vit point. Mais le surlendemain, l'humeur du prince étant passée, la bienveillance du philosophe reparut. Il me fit venir de bonne heure chez lui, voulut me lire quelques-uns de ses ouvrages, et, par là, me mit à une épreuve non moins délicate que la première.

Nul ne doit sortir de sa sphère; souvent on se rapetisse en se déplaçant. Les muses n'avaient point comme la gloire prodigué leurs faveurs au prince Henri. J'entendis avec une sorte de souffrance la lecture qu'il me fit d'un opéra et d'une comédie. Ses plans étaient mal conçus, son style incorrect et lourd; on ne trouvait dans ses pièces nul intérêt, et, chose étrange, les idées en étaient très communes.

Cependant, moins candide que la première fois, et n'ignorant pas que l'amour-propre des auteurs est encore plus irascible que celui des princes et des conquérans, je me gardai bien de laisser voir l'ennui profond que j'avais éprouvé. Mais, comme il n'était pas en moi de dire ce qui était absolument contraire à ce que je pensais, au lieu de louanges, je m'étendis en vifs et prolongés remercîmens de l'extrême bonté du prince, qui l'avait porté à me faire jouir ainsi du fruit de ses loisirs.

Il m'écoutait avec l'air d'un homme qui attend encore autre chose, et mon trouble allait croissant; heureusement une visite mit fin à mon embarras, de manière que je sortis, sans trop de gaucherie, d'un pas si glissant et si difficile.

Deux jours après, ayant reçu le paquet dont le roi m'avait dit qu'il me chargerait, et qui était, ainsi que je l'appris depuis, un nouveau chiffre, je pris congé de la famille royale, et je partis pour Varsovie.

En traversant la partie orientale des États du roi de Prusse, il semble qu'on quitte le théâtre où règne une nature embellie par les efforts de l'art et d'une civilisation perfectionnée. L'œil est déjà attristé par des sables arides, par de vastes forêts.

Mais, dès qu'on entre en Pologne, on croit

sortir entièrement de l'Europe, et les regards sont frappés d'un spectacle nouveau : une immense contrée, presque totalement couverte de sapins toujours verts, mais toujours tristes, coupée à de grandes distances par quelques plaines cultivées, semblables aux îles éparses sur l'Océan; une population pauvre, esclave; de sales villages; des chaumières peu différentes des huttes sauvages; tout ferait penser qu'on a reculé de dix siècles, et qu'on se retrouve au milieu de ces hordes des Huns, des Scythes, des Venètes, des Slaves et des Sarmates, dont les flots, roulant sans cesse l'un sur l'autre, se répandaient successivement en Europe, en chassant devant eux les Bulgares, les Goths, les Scandinaves, les Bourguignons, et toutes ces tribus belliqueuses qui écrasèrent de leur poids les derniers débris de l'empire romain.

Cependant, au sein de ces froides et agrestes contrées, apparaissent quelques grandes villes, riches et populeuses, autour desquelles s'élèvent à de grandes distances des châteaux habités par une noblesse polie, belliqueuse, libre, fière et chevaleresque.

Là, les siècles féodaux revivent; là, retentissent les cris d'honneur, de liberté ; là, le voyageur, reçu avec une antique et généreuse hospitalité, trouve dans de vastes salles des preux courtois, des dames remplies de grâces, dont l'âme élevée et le caractère romanesque mêlent à leurs doux attraits je ne sais quoi d'héroïque. On dirait, à les voir et à les entendre, qu'elles vont tout à l'heure présider un tournois, soutenir un siége, animer leurs époux, leurs amans, les guider aux combats, les parer d'écharpes brillantes, et les couronner après la victoire, au chant des bardes, au son des harpes, ou bien aux doux accens des troubadours.

Tout est contraste dans ce pays : des déserts et des palais, l'esclavage des paysans, la turbulente liberté des nobles qui formaient seuls depuis long-temps la véritable nation polonaise, une grande richesse en blé, peu d'argent et presque point de commerce, si ce n'est par une foule active de juifs avides que le prince Potemkin nommait plaisamment *la navigation de la Pologne*.

Dans presque tous les châteaux, le luxe d'une grande fortune mal administrée et s'écroulant sous le poids de dettes usuraires ; un grand nombre de domestiques et de chevaux, et presque pas de meubles ; un luxe oriental et aucune des commodités de la vie ; une table somptueuse ouverte à tous les voyageurs, et point de lit dans les appartemens hors ceux du maître et de la maîtresse du logis ; une vie presque totalement employée en courses et en voyages, mais avec la triste nécessité de tout porter avec soi ; car sur toutes les routes, excepté dans quelques grandes villes, il n'existe point d'auberges ;

Une constante passion pour la guerre et l'aversion de la discipline, une crainte fondée et continuelle des puissans oppresseurs qui les entourent, aucuns soins et aucuns sacrifices pour garantir les frontières en les couvrant de forteresses ;

Les arts, l'esprit, la grâce, la littérature, tous les charmes de la vie sociale, rivalisant à Varsovie avec la sociabilité de Vienne, de Londres et de Paris ; mais, dans les provinces, des mœurs encore sarmates ; enfin un mélange inconcevable de siècles anciens et de siècles modernes, d'esprit monarchique et d'esprit républicain, d'orgueil féodal et d'égalité, de pauvreté et de richesses, de sages discours dans les diètes et de sabres tirés pour fermer la discussion, de patriotisme ardent et d'appels trop fréquens faits par l'esprit de faction à l'influence étrangère :

Telle était la Pologne, et telles étaient les réflexions qui m'occupaient lorsqu'en sortant de la solitude d'une vaste forêt de cyprès et de pins, où l'on pouvait se croire à l'extrémité du monde, Varsovie s'offrit à mes regards avec l'éclat de la capitale d'un grand royaume.

En y entrant j'y remarquai pourtant encore de singuliers contrastes : des hôtels magnifiques et des maisons mesquines, des palais et des baraques ; enfin, pour achever le tableau, je vis, en arrivant chez madame la princesse de Nassau, qui m'avait offert un logement, et dans une superbe position qui dominait la Vistule, une sorte de palais dont une moitié brillait d'une noble élégance, tandis que l'autre n'était qu'un amas de décombres et de ruines, triste reste d'un incendie.

Après avoir lu beaucoup de livres d'histoire et de voyages, il faudrait encore, pour se faire une idée juste des institutions d'un pays, de sa statistique, des mœurs de ses habitans, de leurs lois, de leur caractère national, un long séjour et des liaisons avec un grand nombre d'hommes de différentes classes et de différentes opinions. Autrement on tombe nécessairement dans l'erreur selon les diverses positions, préventions ou passions qui peuvent avoir dicté les renseignemens insuffisans qu'on a recueillis.

Mais, pour connaître seulement les usages, l'esprit, les mœurs de la société brillante d'une capitale, les intrigues, les faiblesses, les aventures des personnages le plus en vogue, il suffit de vivre quelques semaines dans l'intimité d'une femme aimable et spirituelle; cependant, quelque bonne foi qu'elle veuille y mettre, on court le risque de voir un peu exagérer les défauts des femmes qui sont jolies et le mérite de celles qui ne le sont pas.

En peu de jours la conversation de madame de Nassau m'instruisit à cet égard plus complétement qu'un long voyage n'aurait pu le faire, et la cour de Pologne me fut presque tout aussi connue que celle de Versailles.

Le surlendemain de mon arrivée, je fus présenté au roi en audience particulière par M. le comte de Stackelberg, ambassadeur de Russie. L'accueil que me fit ce monarque me parut non moins singulier qu'aimable. « Ah ! mon- » sieur de Ségur, me dit-il dès qu'il me vit, je

» puis vous assurer que c'est avec le plus grand
» plaisir que je vous *revois*. »

Ces paroles m'étonnèrent tellement que je crus avoir mal entendu; et, comme ma physionomie ainsi que mon silence peignaient assez ma surprise, le roi répéta : « Oui, je vous *revois*
» avec un vrai plaisir. » « Mais, sire, répondis-je,
» votre majesté doit trouver mon étonnement
» très naturel. Celui qui aurait eu le bonheur
» de vous voir une fois, ne pourrait assurément
» pas l'avoir oublié, et il est très certain que
» jamais jusqu'à ce jour je n'ai paru aux yeux
» de votre majesté. »

« Vous êtes dans l'erreur, reprit en souriant
» Stanislas, et je pourrais même vous accuser
» d'ingratitude; car le premier jour où je vous
» vis, je vous embrassai très cordialement et
» comme je le fais à présent. » A ces mots il me fit l'honneur d'approcher sa joue de la mienne.

« Sire, répliquai-je, je l'avoue, la plaisan-
» terie que me fait votre majesté, et qui est
» sans doute très obligeante, sera, tant que
» vous ne daignerez pas me l'expliquer, une
» véritable énigme pour moi. »

« Écoutez, me dit alors ce prince, vous

» savez que je n'ai pas toujours été roi de Po-
» logne ; il y a trente ans je me nommais Po-
» niatowski. J'ai voyagé, je suis resté assez
» long-temps en France. Votre père et la mar-
» quise sa femme me recevaient habituellement
» chez eux, je vivais dans leur intimité. Peu
» de jours avant mon départ de Paris, je venais
» dire adieu à votre père, je trouve sa porte
» fermée ; j'insiste pour qu'on l'ouvre ; on me
» répond que votre mère est accouchée dans la
» matinée, et que M. de Ségur est auprès
» d'elle. Je dis que c'est un motif de plus pour
» que je le voie et que je lui fasse mon compli-
» ment. J'entre; votre père me mène dans le
» cabinet où l'on vous avait porté, et j'em-
» brasse le nouveau-né. Vous voyez bien qu'il
» est très vrai que vous êtes pour moi une an-
» cienne connaissance, et qu'il est en même
» temps très naturel que cette connaissance n'ait
» pas laissé de traces dans votre souvenir; car
» depuis ce temps nous sommes tous les deux
» un peu changés. »

Après m'avoir questionné obligeamment sur ma famille et sur celles dont les noms restaient gravés dans sa mémoire, il me congédia; mais, depuis cette audience, je le vis presque tous les jours en société très peu nombreuse, tantôt dans son palais, tantôt chez madame de Cracovie sa sœur ; enfin chez madame de Nassau, où il vint plusieurs fois passer la soirée.

Je trouvai sa conversation instructive, agréable, légère et variée, heureuse en transitions ; il effleurait tout, n'approfondissait rien, soit pour ne pas embarrasser ses interlocuteurs, soit pour ne pas s'embarrasser lui-même, mais surtout pour plaire : car la conversation ne ressemble pas aux livres ; elle devient lourde et languissante dès qu'on s'y permet de graves réflexions et de longues tirades.

Plaire était le but constant, le mérite principal et le grand art de ce prince : ses entretiens, dans le petit cercle où je le voyais, roulèrent presque entièrement sur la littérature française. Il lut avec un vrai talent quelques morceaux des poëmes de notre Virgile français, l'abbé Delille, quelques scènes d'une tragédie nouvelle de La Harpe, et une ou deux fables de Florian.

Il exigea de moi la lecture de quelques-unes de mes faibles productions que l'indiscrétion de la princesse de Nassau lui avait fait sans doute connaître, et dont une spirituelle et belle dame polonaise, la comtesse Potocka, que j'avais vue plusieurs années en France, lui avait parlé avec plus de bienveillance que de justice.

Le roi me fit aussi beaucoup de questions sur la guerre d'Amérique et sur les caractères des personnages qui s'y étaient le plus distingués, tels que Washington, La Fayette et Rochambeau; mais en général il évita toute conversation politique.

Je regardai cette réserve comme une obligeance; car le cabinet de Versailles depuis 1773, abandonnant la Pologne à ses spoliateurs, et n'y pouvant plus exercer aucune influence, y rendait notre position presque embarrassante.

En admirant d'un côté les qualités personnelles d'un roi dont la société avait tant de charme, et en songeant d'une autre part aux fautes, aux malheurs et au sort futur de ce monarque dépouillé des deux tiers de ses États et dominé par ses puissans voisins, je me disais : Quelle méprise du sort, et pourquoi a-t-il voulu par un funeste caprice faire du particulier le plus aimable, de l'homme de cour le plus brillant, le plus infortuné des rois! La singularité de son éducation eut une grande influence sur la bizarrerie de sa destinée.

Poniatowski, père de Stanislas, était un noble

lithuanien : d'abord il suivit avec éclat les drapeaux du fameux roi de Suède, Charles XII ; après la mort de ce monarque, s'étant réconcilié avec le roi Auguste, il le servit avec la même fidélité qu'il avait précédemment montrée au héros suédois.

La mère de Stanislas était une princesse Czatorinska, dont l'origine illustre remontait aux Jagellons. Cette noble polonaise, fière, romanesque et superstitieuse, ayant fait tirer l'horoscope de son fils par un Italien, dont le charlatanisme passait à ses yeux pour une science profonde, l'astrologue lui prédit qu'un jour cet enfant parviendrait au trône.

Dès-lors elle éleva son fils pour le rôle brillant qui lui était promis, fit passer sa conviction dans son jeune esprit, exalta son imagination, et s'efforça de lui donner les talens et les vertus nécessaires au monarque d'un pays libre, qui devait à la fois se montrer, suivant les circonstances, sévère et conciliant, majestueux et populaire, orateur et guerrier; mais la nature ne seconda qu'en partie les vues de l'héroïne polonaise.

Poniatowski prit facilement et presque théâtralement le maintien, la marche, le ton, la dignité d'un prince; les progrès de son instruction furent rapides; il apprit promptement sept langues, qu'il parlait avec une égale facilité; il se distingua de tous ses compagnons par son adresse dans les exercices militaires. De bonne heure on remarqua en lui une éloquence naturelle, mais une éloquence plus touchante que forte et plus élégante qu'énergique.

La sévérité de sa mère ne pouvait vaincre ses penchans : elle voulait qu'il ne s'occupât que de politique; il était sans cesse entraîné par le plus vif amour pour les arts, pour les lettres et surtout pour la poésie.

Inutilement on avait prétendu l'astreindre à une grande sévérité de mœurs; les charmes de la beauté, et les succès qu'il dut bientôt aux agrémens de sa figure et de son esprit, le portèrent irrésistiblement à la galanterie.

Son père espérait en faire un sage austère et un homme d'État; il ne devint qu'un littérateur instruit, un courtisan spirituel, un orateur agréable et un brillant chevalier.

Il s'élevait au-dessus de presque tous ses compatriotes par la beauté de sa figure, la noblesse de sa taille, l'élégance de ses formes et la grâce de son esprit. Lorsque je le vis, il avait encore conservé une partie de sa beauté, une taille majestueuse, un regard rempli de finesse et de douceur, un son de voix qui allait à l'âme, et le sourire le plus attrayant.

Aimant à voyager comme la plupart de ses compatriotes, il parcourut l'Allemagne et séjourna long-temps en France. L'urbanité de ses manières, la culture soignée de son esprit, son amour pour les lettres et pour les arts, le firent également bien accueillir par les princes, par les personnes de la plus brillante société, par les poëtes, par les savans et par les artistes.

Comme il aimait beaucoup tous les plaisirs et ne possédait qu'une fortune médiocre, il contracta des dettes à Paris, et ses créanciers le firent mettre en prison ; il dut sa liberté à la générosité de la femme du chef opulent d'une manufacture de glaces.

C'était madame Geoffrin, qui devint depuis célèbre sans autres moyens qu'une bonne table, un noble caractère, un esprit naturel très piquant, caché sous une enveloppe simple et modeste, et par des liaisons intimes avec tout ce que la cour et la ville contenaient de personnages distingués. Sa maison était un rendez-vous où se réunissaient les Français et les étrangers les plus considérables par leur rang ou par leur réputation; ils venaient y recevoir des leçons de goût et entendre des vérités utiles, dites avec une franchise très originale.

La bienfaitrice du comte Poniatowski fut, quelques années après, fort étonnée d'apprendre que le captif qu'elle avait tiré de prison était devenu roi. Stanislas, pour acquitter la dette de Poniatowski, lui témoigna constamment la plus vive reconnaissance, entretint avec elle une correspondance habituelle, l'invita à venir le voir en Pologne, et l'accueillit avec la tendresse qu'il aurait pu montrer à une mère et à une amie.

Lorsqu'il avait quitté la France pour se rendre en Angleterre, il s'y était lié avec un noble anglais, qui, récemment nommé ambassadeur à Pétersbourg, lui proposa de l'accompagner en Russie. Sa beauté, son esprit et son audace lui valurent promptement une brillante conquête. Il plut à la grande-duchesse Catherine; la jalousie du grand-duc les sépara; mais, dès que cette princesse fut montée sur le trône, elle voulut donner celui de Pologne au jeune Polonais qui l'avait charmée.

Il aurait pu difficilement l'emporter sur ses

rivaux dans un temps ordinaire; mais les démarches actives de l'ambassadeur russe Kaiserling, et le voisinage de cinquante mille hommes commandés par le maréchal Romanzoff, triomphèrent de toute opposition, de sorte que Poniatowski se vit proclamer roi sous le nom de Stanislas-Auguste, par la diète de Wola, le 7 septembre 1764.

Sur un autre trône moins entouré d'orages, Stanislas-Auguste, par sa douceur, par sa prudence, par la bienveillance qui lui était naturelle et par son amour pour la justice, aurait régné paisiblement et joui de cette gloire pure, seule et noble ambition des bons rois; mais Stanislas savait plaire et ne savait pas commander; son caractère aimable et liant, auquel il devait comme particulier des succès brillans, devint, lorsqu'il fut couronné, la cause de ses malheurs.

Il vivait dans un temps de troubles, et gouvernait un peuple divisé en factions irréconciliables qu'il espéra vainement adoucir, tandis qu'il fallait les comprimer. Au lieu de parler aux passions le langage de l'autorité, il leur parlait celui de la raison, qu'elles n'entendent jamais. Une lettre touchante et élégamment écrite lui semblait plus propre à ramener des esprits aliénés et des caractères ardens, qu'une ordonnance ou qu'une loi sage et sévère.

Évitant avec soin la guerre même la plus juste, il ne saisit aucune des occasions que la fortune lui présenta pour acquérir par les armes une gloire nécessaire à un prince sorti du rang des citoyens, et qui veut imposer l'obéissance à des nobles fiers de leur illustration, et dont la plupart avaient été si long-temps non-seulement ses égaux, mais ses supérieurs.

Bientôt des troubles religieux éclatèrent ; on éloigna des diètes les dissidens. Ceux-ci, réclamant leurs droits de suffrage garantis par le traité d'Oliva, implorèrent l'appui de Catherine II, dont le roi de Pologne n'était à leurs yeux que le lieutenant couronné.

En 1766 une diète fut convoquée, et devint promptement orageuse. Les ministres d'Angleterre et de Prusse écrivirent et agirent en faveur des dissidens. Le roi inclinait pour eux. Dès que les évêques catholiques et leurs partisans s'en aperçurent; ils l'accusèrent de trahison et de complicité avec les ennemis de l'État.

L'approche d'une armée russe, qui parut sous les murs de Varsovie, donna des forces à cette accusation; elle exaspéra les esprits. Les catholiques prirent les armes et se formèrent en confédération sous l'étendard de la Vierge. Le douzième siècle et les sanglantes querelles des Albigeois semblaient renaître. La croix brillait sur les habits des confédérés.

Quatre de leurs chefs firent serment d'enlever ou de tuer Stanislas; à la tête de quarante dragons déguisés en paysans, ils osèrent tenter cette téméraire entreprise, et leur audace réussit. Au milieu de la nuit, embusqués dans une rue de Varsovie, ils attendirent, attaquèrent la voiture du roi et dispersèrent son escorte.

Ce prince voulait se sauver, mais les conjurés le saisirent. L'un d'eux lui tira un coup de pistolet, dont la flamme brûla ses cheveux; un autre lui fit d'un coup de sabre une profonde blessure sur la tête; et tous, l'ayant porté sur un cheval, l'entraînèrent rapidement hors de la capitale.

Le temps était orageux et l'obscurité profonde : ils s'égarèrent au point qu'après plusieurs heures de marche ils s'aperçurent, aux premiers rayons du jour, qu'ils étaient revenus près de Varsovie; la frayeur les saisit, ils s'enfuirent.

Un seul, nommé Kosinski, resta près de Stanislas; tous deux se trouvaient à pied, leurs chevaux étant accablés de lassitude. Voyant alors le visage du monarque inondé de sang, la pitié entra dans le cœur de ce conjuré. Le roi s'en aperçut, profita de son émotion avec une grande présence d'esprit; et, avec cette touchante éloquence qui était une de ses plus brillantes qualités, il lui reprocha doucement son attentat, lui prouva victorieusement qu'on ne pouvait être lié par un serment coupable, le conjura de réparer son crime par un noble et grand service; enfin il attendrit et fléchit ce fougueux caractère.

Cependant Kosinski lui dit : « Je me sens dis-
» posé à vous sauver la vie; mais si je cède à
» ce sentiment, si je vous ramène à Varsovie,
» ma mort ne sera-t-elle pas le châtiment de
» ma faiblesse? » Le roi lui jura sur son honneur qu'il le garantirait de tout péril, et son assassin, tombant à ses pieds, s'abandonna totalement à sa magnanimité.

Stanislas écrivit au gouverneur de Varsovie, qui bientôt lui envoya des gardes; sous leur escorte, il fut reconduit à son palais. Kosinski obtint sa grâce, et s'exila en Italie, où il jouit le reste de ses jours d'une pension annuelle que Stanislas lui avait assurée.

Les périls qu'avait courus ce prince, son courage et sa délivrance presque miraculeuse, lui rendirent pour quelque temps l'affection de ses sujets; mais les troubles se renouvelèrent, s'animèrent; les trois grandes puissances qui entouraient la Pologne en profitèrent pour satisfaire une injuste ambition.

Le roi aurait eu besoin, pour résister à des forces si colossales, d'une énergie héroïque qui lui manquait, et de ce génie qui peut seul trouver de grandes ressources dans un si grand péril. Le crime politique fut consommé, et le premier partage de la Pologne eut lieu en 1773.

Ainsi, lorsque j'arrivai à Varsovie, le roi ne régnait plus que sur un pays démembré et sur une nation humiliée, ou plutôt c'était Catherine qui régnait; son ambassadeur, le comte de Stackelberg, moins altier cependant que son prédécesseur le prince Repnin, dédaignait de couvrir d'un voile modeste sa toute-puissance. Stanislas n'avait plus que la décoration d'un roi; il obéissait aux ordres que son impérieuse protectrice lui dictait, et la cour de l'ambassadeur était plus brillante et plus nombreuse que la sienne.

L'indépendance était perdue, et le joug était trop pesant pour qu'aucun courage pût le secouer. Tous les braves Polonais laissaient voir sur leur visage la profonde indignation qui les pénétrait. De quelque rang qu'ils fussent, le nom d'un Russe prononcé devant eux les faisait rougir de honte, tressaillir de colère, et leur sang fermentait dans leurs veines.

Aussi, quelques années après, au premier rayon d'espoir qui parut luire à leurs yeux, tous coururent aux armes et attaquèrent intrépidement les redoutables armées de leurs puissans oppresseurs. Mais cet effort généreux ne fit briller que peu de momens le feu mourant de la liberté. Le nombre et la tactique triomphèrent d'un courage désespéré; c'était la seule des armes qui leur restât. La Pologne fut encore partagée, et Stanislas descendit du trône. Il aurait fallu pour sauver ce trône un héros des beaux temps de l'histoire, et Stanislas-Auguste n'était qu'un paladin brillant de l'époque de la chevalerie.

La cour et toute la société de Varsovie, au moment de mon arrivée, étaient très agitées, non par une grande querelle politique, mais par une intrigue trop petite et trop fastidieuse pour en parler avec détail : il s'agissait d'un complot pour empoisonner le prince Czatorinski.

Le roi de Prusse et ses ministres m'en avaient parlé comme d'une tentative ridicule, imaginée par des intrigans avec l'intention de compromettre dans cette affaire Stanislas-Auguste.

Ce bruit sans fondement avait pris quelque importance par la faute du roi, qui montra dans cette circonstance trop d'indécision et de faiblesse, et encore plus par la chaleur inconsidérée, par l'opiniâtreté déplacée du parti de l'opposition, qui employait indistinctement tous les moyens qui s'offraient à lui, pour aigrir l'esprit public contre le roi.

Il aurait fallu, dès le premier moment, chasser de la ville l'accusatrice et les deux accusés. En évitant ainsi les suites d'une querelle aussi indécente, on ne pouvait se tromper, puisque la punition n'aurait porté que sur une femme de mauvaise vie et sur deux hommes sans aveu; mais on en fit un procès qui devait être jugé prochainement. Depuis j'ai su que l'accusation avait paru dénuée non-seulement de toutes preuves, mais même de tous graves indices.

Les partisans des Potocki et des Czatorinski n'en avaient pas moins profité pour discréditer le roi dans l'esprit de sa nation, soit en faisant soupçonner sa vertu, soit en faisant mépriser sa faiblesse. L'empereur Joseph II voulait d'abord intervenir dans cette affaire, et inviter l'impératrice à se joindre à lui; mais le comte de Stackelberg l'en avait détourné, en lui remontrant combien les noms de deux grands souverains figureraient peu décemment dans cette misérable intrigue.

Il me parut utile, relativement aux succès que je désirais obtenir en Russie, de répondre avec empressement aux prévenances obligeantes que m'avait faites l'ambassadeur de Catherine à Varsovie. C'était un homme d'esprit et d'expérience. L'impératrice lui avait prouvé sa confiance en lui donnant une mission si importante, qui, sous le titre d'ambassadeur, le faisait réellement gouverneur de la Pologne.

Cependant, comme sous différens prétextes, redoutant ses talens et son influence, les ministres de sa souveraine le tenaient toujours éloigné d'elle, je le trouvai d'abord un peu animé contr'eux.

Il m'invitait sans cesse à venir chez lui, s'enfermait souvent plusieurs heures avec moi, et me montrait dans ses entretiens une confiance qui m'était fort profitable, mais dont l'étendue me surprenait singulièrement.

Je n'aurais pas espéré obtenir d'un ancien et intime ami des renseignemens plus détaillés et plus utiles que ceux qu'il me donna sur les personnages les plus distingués, les plus influens de la cour de Russie, et même sur le caractère de l'impératrice.

Il me fit particulièrement connaître les qualités, les défauts, les faiblesses du prince Potemkin, tout-puissant alors près de sa souveraine; et il me peignit tous les membres du ministère avec des traits piquans, originaux et propres à me faire croire que ces portraits étaient ressemblans, quoiqu'un peu chargés.

Tout ce qu'il me dit me prouva que je rencontrerais dans ma mission les obstacles que j'avais prévus, mais que j'y trouverais aussi des ressources auxquelles je ne m'attendais pas.

Cet ambassadeur me parla sans trop de déguisement du rôle qu'il jouait en Pologne, rôle peu différent de celui des maires du palais de nos anciens rois francs. Son autorité n'avait de bornes que celles que daignait y mettre la douceur de son caractère ; il n'écrasait pas cette malheureuse nation, mais il l'empêchait de se relever, maintenait son impuissance, fomentait ses divisions, et favorisait avec soin la prolongation de son anarchie.

Tel était le malheureux secret de sa mission, et le système constant des trois cours co-partageantes. C'était à cette seule condition que l'empereur et le roi de Prusse consentaient à laisser à l'impératrice l'honneur de gouverner la république, afin de la dédommager par là du lot trop faible qu'elle avait reçu dans le traité de partage.

Ainsi on encourageait la licence des Polonais pour enchaîner leur liberté ; on leur permettait de disputer contre une ombre de royauté, pourvu qu'ils se soumissent à la tyrannie qui était à leurs portes ; et cet infortuné pays, avec toutes les charges d'un grand royaume et toute la faiblesse d'une petite république, acquérant de jour en jour un nouveau degré de fermentation, et perdant à chaque instant quelques parties de son énergie, restait toujours, pour les trois puissances qui l'opprimaient, une proie aussi tentante que facile.

Ce système injuste devait nécessairement

dans la suite devenir un sujet de discorde entre la Russie, la Prusse et l'Autriche, ou plus vraisemblablement l'objet d'un nouveau et complet partage ; car, pour éviter l'un ou l'autre de ces dénouemens, il aurait fallu que les puissances qui avaient démembré la Pologne donnassent à ce qui restait de cette république quelque vie et quelque consistance ; par là elles auraient à la fois assuré leur repos et adouci ce qu'il y avait d'injuste et d'odieux dans leur usurpation.

L'ambassadeur avait trop d'esprit pour ne pas convenir avec moi qu'en ôtant tout moyen de défense à la république, les trois puissances laissaient à leur ambition un appât dont il leur serait bien difficile de se défendre, ce qu'elles avaient pris leur faisant désirer plus vivement ce qu'elles avaient encore à prendre.

Voyant que M. de Stackelberg, loin de s'envelopper dans ce voile mystérieux et diplomatique dont tant de pédans et d'hommes médiocres s'entourent avec soin pour cacher la petitesse et souvent la nullité de ce qu'il renferme, voyant, dis-je, que cet ambassadeur cherchait lui-même à prolonger nos entretiens et me répondait avec une franchise presque entière sur tous les points les plus délicats de la politique de cette époque, je hasardai de lui parler du projet d'échange de la Bavière contre les Pays-Bas.

« Je puis vous assurer, me répondit-il, qu'on
» regarde à Pétersbourg cet arrangement com-
» me inadmissible et chimérique; mais cepen-
» dant l'impératrice n'a pas cru pouvoir refuser
» à l'empereur son allié, et dont elle a beau-
» coup à se louer, un service plus apparent que
» réel, puisqu'il ne consiste qu'à sonder sur cet
» objet les intentions de la France et celles du
» duc de Deux-Ponts. Il est vrai que le jeune
» comte de Romanzoff a serré un peu préci-
» pitamment la mesure et dépassé de beaucoup
» ses instructions. De là cette inquiétude exa-
» gérée du duc, et naturelle à son caractère;
» de là les alarmes de la cour de Berlin, qui,
» toujours prompte à craindre et à s'irriter, avait
» reçu cette nouvelle avec une chaleur extraor-
» dinaire; mais l'impératrice s'est empressée de
» dissiper ses craintes. »

Peu de jours après, le chargé d'affaires de Berlin, M. Bucholtz, me parla dans le même sens de cet échange. Au reste, l'ambassadeur me laissa plus d'une fois entrevoir que, malgré l'amitié de Catherine II pour l'empereur Joseph, elle commençait à être tant soit peu lasse et embarrassée de la variété, de la multiplicité, de la succession rapide des projets et des prétentions de son allié.

D'un autre côté, l'empereur parlait quelquefois avec une ironie assez amère de l'administration et de la politique de Catherine; ainsi ces prétendus liens qu'on disait serrés indissolublement par une amitié réciproque et personnelle, n'étaient que politiques, et ne devaient avoir de durée que celle de l'intérêt commun, mais précaire, qui les avait fait contracter.

Tous les renseignemens que me donnèrent les Polonais distingués et les agens inférieurs que la France entretenait alors à Varsovie, se réunissaient pour me prouver que M. de Stackelberg avait été franc et sans déguisement avec moi.

Un de nos agens était M. Bonneau, homme de sens, estimé, mais peu répandu; l'autre, M. Auber, fréquentait les plus brillantes sociétés. Le roi le traitait à merveille, et partout j'entendais son éloge.

La cour de France, en tolérant honteusement le partage de la Pologne, s'y voyait nécessairement privée de toute influence, et ne pouvait décemment y envoyer des négociateurs revêtus d'un titre plus relevé que celui de chargé d'affaires, d'agent ou de consul.

Ceux-ci travaillaient à obtenir la liberté du passage des denrées de Pologne par le Dniester, pour favoriser les efforts d'un négociant distingué de Marseille, M. Anthoine, dont le noble et utile but était d'ouvrir à la France, à la Russie, à la Pologne un nouveau débouché, une nouvelle voie de commerce qui devait vivifier, multiplier nos relations, et enrichir les provinces méridionales de ces trois pays.

M. de Stackelberg se montrait favorable à leurs vues; j'excitai sa bienveillance, et, entrant alors dans mes idées, il m'indiqua les moyens de persuader au comte de Woronzoff d'adopter un système de commerce moins exclusif pour les Anglais, moins fiscal et plus éclairé.

Le service éminent que me rendait cet ambassadeur, par des confidences qui pouvaient si efficacement contribuer au succès de ma mission, me causait une surprise si vive, qu'il s'en aperçut un jour et me le dit en souriant.

« Je ne m'en cache point, monsieur le comte, » lui répondis-je, vous connaissant de réputa-

» tion, je m'attendais à une obligeante cour-
» toisie pour un Français chargé d'une mission
» importante près de votre cour; mais enfin,
» et même en vous supposant une prédilection
» particulière pour la France, je ne me serais
» jamais attendu à recevoir de vous tant de
» marques d'intérêt, tant de renseignemens et
» de conseils, qu'on ne peut ordinairement es-
» pérer et obtenir que d'un père, d'un frère
» ou d'un ami intime. Aussi, au moment même
» où vous vous êtes aperçu de mon étonnement,
» je cherchais à deviner le motif de tant de
» prévenance et de confiance. »

« Je me doutais, reprit l'ambassadeur, que
» tôt ou tard vous me feriez cette question. Vo-
» tre curiosité est bien naturelle, et je vais la
» satisfaire : sachez donc qu'à peine entré dans
» la carrière diplomatique, on me confia le
» poste important de ministre près la cour de
» Madrid. C'était trop pour mon début, et je
» pouvais m'y perdre, n'ayant aucune idée du
» gouvernement, des princes, des grands, du
» clergé, des lois, des mœurs, des intérêts de
» la nation espagnole; choses et personnes, tout
» était inconnu pour moi; jeune et sans expé-
» rience, je manquais de guide et de lumières

» pour me mettre au fait du pays et des hom-
» mes qui le gouvernaient.

» A l'instant où j'éprouvais cet embarras ex-
» trême, un homme instruit, expérimenté,
» bienveillant, le comte d'Ossun, ambassadeur
» de France à Madrid, se prit soudain d'affection
» pour moi, et me facilita un premier succès
» en me faisant partager les fruits de son expé-
» rience. Par lui, je connus aussi promptement
» tous les personnages les plus influens de la
» cour et de la société, que si j'avais habité
» vingt ans l'Espagne; ce qui me donna des
» moyens faciles de réussir dans toutes les né-
» gociations dont mon gouvernement m'avait
» chargé.

» Dans quelque carrière que ce soit, tout
» dépend souvent du premier pas : le mien fut
» heureux, grâce aux bontés de M. d'Ossun, et
» ce premier succès a sans doute depuis infini-
» ment contribué à la rapidité de mon avance-
» ment, à mon élévation aux places les plus
» importantes, et à la haute faveur dont ma
» souveraine m'a honoré.

» Or, conservant dans ma mémoire le souve-
» nir du service que m'avait rendu M. le comte
» d'Ossun, je me suis toujours dit que, si dans

» ma carrière le hasard me faisait rencontrer
» un jeune ministre français dont la position
» fût semblable à celle où je me trouvais à Ma-
» drid, j'acquitterais ma dette de reconnais-
» sance en me conduisant avec lui comme le
» comte d'Ossun s'était conduit avec moi.

» Voilà, monsieur le comte, indépendamment
» de l'attrait particulier que votre personne
» m'inspire, ce qui m'a porté à vous indiquer
» tout ce qui peut vous faciliter à Pétersbourg
» un succès qu'heureusement je peux vous sou-
» haiter sans aucun scrupule ; car vous apla-
» nir quelques obstacles n'est nullement con-
» traire aux intérêts de ma cour. La Russie et
» la France sont trop loin l'une de l'autre pour
» se nuire directement; mais leur bonne intel-
» ligence serait, dans mon opinion, très utile à
» l'un et à l'autre pays ; et, si par vos soins cette
» union s'opère, je regarderai ce rapproche-
» ment comme très heureux. »

Fort content d'avoir reçu de si bons et de si utiles avis, charmé de l'obligeance et des bontés du roi, sincèrement reconnaissant de l'aimable accueil que m'avait fait l'élite de la plus brillante société, j'avoue qu'il m'en coûta pour m'éloigner si promptement de Varsovie.

Ceux qui ont connu les princesses Czatorinska, Lubomirska, Sapiéha, les comtesses Potocka, Krasinska, Cossoscka, Tyszkiewiez, sœur de l'illustre et infortuné prince Joseph Poniatowski, enfin tant d'autres qu'on a vues briller successivement dans les cercles les plus élégans de Vienne et de Paris, sentiront combien il me serait facile, si je n'avais pas craint une digression trop longue, de composer ici une galerie de portraits dont on n'aurait peut-être plus voulu sortir pour me suivre dans mon voyage.

D'ailleurs la plupart de ceux qui me liront ont vu et voient encore assez de dames polonaises pour savoir que je n'exagère point en disant qu'il n'est pas de contrées en Europe où l'on puisse trouver réunies plus de femmes de noms historiques, joignant les plus nobles qualités de l'âme aux charmes de la figure et aux agrémens de l'esprit.

Entre mille faits différens qu'on m'avait cités du courage et du caractère héroïque des dames polonaises, je me bornerai à en rapporter deux : dans une des dernières guerres soutenues par les Polonais contre les Turcs et les Tartares, la ville de Trembowla était assaillie par ces Barbares; leur nombre, leur fureur répandaient l'épouvante dans la ville.

Après plusieurs assauts sanglans et au moment d'en subir un dernier d'autant plus effrayant que la brèche était ouverte, la garnison, faible et épuisée de fatigue, était près de mettre bas les armes, et de livrer ainsi les enfans à l'esclavage, les vieillards à la mort et les femmes aux plus horribles outrages, lorsqu'une intrépide Polonaise, nommée Kazanowska, paraît les armes à la main et suivie de quelques compagnes courageuses, rappelle les guerriers à l'honneur, les fait rougir de leur faiblesse, ranime l'espérance tantôt par des éloges, tantôt par des reproches éloquens, électrise les citoyens, donne de l'intrépidité aux plus timides, de la force aux plus faibles, et fait passer dans leurs âmes le feu héroïque que lancent ses regards.

A sa voix ce cri unanime, *victoire, liberté*, retentit dans les airs. Tous s'arment, tous se précipitent en foule sur les pas de l'héroïne et fondent sur les Barbares, qu'ils étonnent, ébranlent, enfoncent, dispersent et mettent en fuite après un affreux carnage.

Avec moins de gloire et non moins de fermeté, la princesse Lubomirska se tira par une rare présence d'esprit du péril le plus imminent : elle se promenait un jour en traîneau sous la voûte immense d'une sombre forêt ; au détour d'un sentier étroit, elle se trouve inopinément à la vue et à quelques pas d'un ours que la faim rendait furieux. A l'approche du monstre, le cheval bondit, s'effraie, s'emporte, et de son premier élan renverse le traîneau.

L'ours s'avance. L'heiduque de la princesse, se dévouant pour la sauver, se met entr'elle et son terrible ennemi ; il l'attaque, mais son sabre se brise. Une lutte bien inégale s'engage ; l'ours serre le Polonais dans ses bras gigantesques. Soudain, sans se troubler, la princesse saisit deux pistolets tombés du traîneau, s'avance derrière le terrible animal, lui tire dans les oreilles ses deux coups et l'étend mort à ses pieds. Ces femmes héroïques feraient croire vraies les fictions des romans de chevalerie.

Je formai aussi des liaisons avec plusieurs nobles Polonais, qui, par leur patriotisme, par leur fierté, par leur bravoure, par leurs talens, auraient pu relever leur pays et lui rendre son indépendance ainsi que son antique gloire, si leur nation, long-temps éclatante entre les nations héroïques, ne fût pas restée en arrière pour la tactique et pour les institutions, tandis que toute l'Europe, en s'éloignant des ténèbres féodales, faisait les pas les plus rapides dans la politique et dans l'art de la guerre. Ces âmes fortes me paraissaient les géans de la fable, s'efforçant en vain de soulever les montagnes qu'on avait entassées sur eux. Parmi les plus distingués de ces nobles Polonais, je conserverai toujours un tendre souvenir pour le comte Ignace Potocki, dont l'éloquence rapide et entraînante charmait dans les conversations particulières et tonnait à la tribune.

La sœur du roi, madame la comtesse de Cracovie, femme aussi distinguée par ses vertus que par l'aménité de son caractère, me conseillait et me pressait de retarder mon départ, parce qu'il tombait de la neige et qu'elle prévoyait que sous peu de jours les chemins seraient impraticables. « Attendez, me disait-elle, que
» le trainage soit établi; alors vous regagnerez
» promptement le temps que vous nous aurez
» donné. »

La nécessité d'arriver au terme de mon voyage après de si longs séjours à Mayence, à Berlin, à Varsovie, ne me permit point de suivre cet avis, dont je ne tardai pas à reconnaître la sagesse. Ma première journée se passa sans accidens; la seconde fut difficile; la troisième on ne voyait plus de routes; la terre était couverte de quatre pieds de neige.

Cette neige s'entassait dans les villages jusqu'à la hauteur des portes, de manière qu'on n'apercevait que les toits de ces hameaux qui de loin ressemblaient à des tentes éparses dans la plaine. Tous nos efforts parvenaient à peine à faire marcher de temps en temps au pas nos chevaux, et à les retirer des trous où ils tombaient fréquemment. Il fallut s'arrêter dans un très petit village et y laisser mes trois voitures.

J'achetai des traîneaux de paysan, et je déterminai à force d'argent un courrier russe, qui passait dans cet endroit, à me céder son kibitka. Malgré la légèreté de ces traîneaux, comme la neige ne s'affermissait pas, j'arrivai très difficilement à Bialystock.

Je m'établis de mon mieux dans une mauvaise auberge, où, suivant l'usage polonais, il ne manquait aux voyageurs que ce qui leur est le plus nécessaire pour la nourriture et pour le sommeil. Mais j'étais à peine depuis un quart d'heure dans ce triste réduit, lorsqu'un officier polonais entra dans ma chambre, et me dit que madame la comtesse de Cracovie, au service de laquelle il était attaché, lui avait envoyé l'ordre de m'inviter à loger dans son château, où elle avait tout fait préparer pour me recevoir.

Jamais plus obligeante invitation ne vint plus à propos. Je suivis mon guide et je me rendis dans cette demeure vraiment digne de la sœur d'un roi. Je trouvai ce château vaste, noble, complétement et magnifiquement meublé. Ma suite s'y logea; et, à ma grande surprise, je vis que, par l'attention la plus délicate, la comtesse y avait envoyé maître d'hôtel, cuisiniers, valets de chambre, et un grand nombre de domestiques qui vinrent prendre mes ordres.

Je reçus d'elle aussi une lettre par laquelle elle mettait son château à ma disposition, en me priant d'y séjourner tout le temps que je voudrais, et d'y donner l'hospitalité aux voyageurs que quelques accidens pourraient mettre dans le cas de s'y arrêter.

Me voilà donc transformé en magnat polonais, et jamais chevalier errant ne trouva dans ses aventures plus noble gîte et accueil plus courtois. Il n'y manquait que la dame du lieu, dont il m'était impossible de ne pas regretter vivement l'absence.

La neige continuait toujours à tomber en abondance et à rendre les chemins impraticables : ainsi je restai plusieurs jours à Bialystock, où vinrent se réfugier plusieurs seigneurs polonais et quelques dames, arrêtés comme moi par cette froide tourmente.

Averti de leur arrivée par le majordome de la comtesse, je remplis ses hospitalières intentions; je les invitai à venir au château, dont je leur fis de mon mieux les honneurs, de sorte que pendant une semaine, au lieu d'être en prison dans ma petite auberge enfumée, je vécus en magnifique palatin, tenant bonne table, avec une société aimable et polie, employant alternativement mes soirées à causer, à jouer, à faire de la musique et à danser.

Cependant un vent du nord très froid s'éleva; la neige s'affermit; le traînage commença à s'établir; ce fut pour moi le signal du départ; je remontai sur mes traîneaux, et je continuai mon voyage, emportant avec moi le souvenir ineffaçable du château de Bialystock, des bontés de madame la comtesse de Cracovie et de sa gracieuse hospitalité.

Le chemin n'était encore praticable que pour de légers traîneaux. Un de mes gens, resté avec mes voitures, devait, aussitôt qu'il le pourrait, me les ramener à Pétersbourg; mais il était écrit que je serais puni de n'avoir pas écouté les sages conseils qu'on m'avait donnés. La neige et le feu se réunirent pour m'infliger ce châtiment; l'une avait emprisonné mes voitures, l'autre les incendia dans le lieu où je les avais déposées; j'en reçus la nouvelle en Russie.

Rien ne m'arriva de remarquable jusqu'à Riga, ville forte, populeuse, commerçante, et qui ressemble plus à une ville allemande ou suédoise qu'à une ville moscovite; je n'y restai que quelques heures, et je parcourus avec rapidité les deux cents lieues qui la séparent de Pétersbourg.

Je trouvai une route superbe, traversant quelques jolies villes et de nombreux villages, partout des postes bien servies et des auberges très commodes. Sous un ciel âpre, malgré les rigueurs d'un froid qui s'élevait à vingt-cinq degrés, on reconnaissait à chaque pas les signes de la force, de la puissance, et les traces du génie de Pierre le Grand. Son heureuse audace, changeant ces froides contrées en riches provinces et triomphant de la nature, était parvenue à répandre sur ces glaces éternelles la chaleur fécondante de la civilisation.

Enfin j'aperçus avec autant de plaisir que d'admiration, aux lieux où l'on n'avait vu jadis que de vastes, incultes et fétides marais, les nobles édifices de cette cité dont Pierre avait posé les premiers fondemens, et qui, en moins d'un siècle, était devenue une des plus riches et des plus brillantes capitales de l'Europe.

J'arrivai le 10 mars 1785 dans l'hôtel que M. de La Colinière avait loué pour moi; je m'occupai avec lui, sans tarder, des démarches à faire pour hâter le moment où je verrais cette femme extraordinaire, cette célèbre Catherine que le prince de Ligne appelait, dans son style piquant et original, *Catherine le Grand*.

Après avoir demandé au vice-chancelier, M. le comte Ostermann, l'heure à laquelle il pourrait me recevoir, je lui portai une dépêche dont M. de Vergennes m'avait chargé pour lui, et je le priai d'obtenir de l'impératrice l'audience dans laquelle je devais présenter mes lettres de créance à sa majesté.

Cette princesse me fit dire que le surlendemain elle me recevrait; mais elle était alors souffrante; son indisposition se prolongea, et mon audience fut retardée de huit à dix jours : ainsi j'eus, plus que je ne le voulais, le temps de me reposer et de m'entretenir avec M. de La Colinière sur l'état des affaires et sur les différens personnages de ce grand théâtre où j'allais bientôt débuter.

Je reçus plusieurs lettres de M. le comte de Vergennes, qui me parlait en détail du projet d'échange de la Bavière et des démarches qu'avait faites le roi pour s'y opposer. Il me prescrivait de chercher à pénétrer les véritables intentions de l'impératrice relativement à cette affaire, et croyait ainsi que moi qu'elle en désirait faiblement le succès, quoique son ministre, M. de Romanzoff, eût agi en son nom avec tant de vivacité. Le but probable de cette princesse était de s'attacher de plus en plus l'empereur, mais en l'aidant moins par des efforts réels que par des paroles, des promesses et des annonces d'armement sans effets.

Je sus bientôt que la levée de quarante mille hommes, dont on avait fait tant de bruit, n'était que le remplacement des soldats qui manquaient au complet de l'armée, et la levée ordinaire d'un paysan sur cinq cents. Si on avait voulu la guerre, ce contingent aurait été doublé.

J'appris aussi que l'escadre armée à Cronstadt n'était destinée qu'à parader sur la mer Baltique, et à s'y exercer aux évolutions navales.

Ce qui causait avec raison plus de surprise à notre cabinet, c'était l'activité des démarches du ministère russe pour éloigner de nous l'empereur ainsi que la Hollande, et pour les rapprocher de l'Angleterre.

J'ai déjà dit que l'altercation survenue entre les Provinces-Unies et Joseph II ne fut définitivement terminée qu'à la fin de cette année 1785; mais les négociations étaient en train, notre intervention avait été acceptée, et cependant Catherine II s'efforçait de nous en enlever le fruit, et de se faire agréer comme seule médiatrice par la cour de Vienne et par les Hollandais.

Je ne partageais pas à cet égard l'étonnement de M. de Vergennes; il me semblait assez naturel alors que l'impératrice cherchât partout à affaiblir notre influence. Depuis plusieurs années une assez grande froideur régnait entre les cabinets de Versailles et de Pétersbourg. Le duc de Choiseul avait peu ménagé l'amour-propre de Catherine II. On croyait en Russie que l'ouvrage satirique de l'abbé Chappe avait été inspiré par ce ministre.

De plus nous nous étions montrés contraires en Pologne à l'élection du roi Stanislas-Auguste. Plus tard et à l'époque du premier partage de ce royaume, le ministère de Louis XV, bien que manquant d'énergie, avait manifesté des intentions hostiles contre la Russie.

Enfin, l'ambition de l'impératrice ayant pour but principal la destruction de l'empire ottoman, la protection ouverte que nous accordions au grand-seigneur blessait la passion la plus vive de cette princesse; le secret de sa politique se dévoilait suffisamment par cette passion, et c'était pour la satisfaire qu'abandonnant son ancienne alliance avec Frédéric, elle cherchait constamment à resserrer les liens qui l'unissaient à l'Angleterre et surtout à Joseph II, dont elle espérait obtenir un utile concours dans ses vastes projets.

M. de La Colinière m'apprit que l'incommodité dont se plaignait l'impératrice, et qui retardait mon audience, avait pour cause un vif chagrin; elle venait de perdre son aide de camp M. de Landskoy : de tous ses favoris, c'était peut-être celui qui lui avait inspiré le plus d'affection. Il la méritait, disait-on, par un sentiment sincère, fidèle et dégagé d'ambition; enfin il lui avait persuadé, malgré la distance des rangs et la différence des âges, que c'était Catherine et non l'impératrice qu'il aimait.

Ce que j'avais su des grandes qualités de cette princesse, ce que m'en avait dit Frédéric lui-même, redoublait mon désir de la connaître personnellement : cependant son premier pas pour monter au trône refroidissait parfois mon enthousiasme; mais, indépendamment de l'incertitude de plusieurs personnes dignes de foi, sur la part réelle que Catherine avait prise à la dernière scène de cette catastrophe, j'ai toujours pensé qu'on peut, sans blesser la morale, lorsqu'on juge les grands hommes et les monarques célèbres, mettre dans la balance où l'on pèse leurs actions le poids des circonstances dans lesquelles ils se trouvaient, et faire ainsi de leurs qualités et de leurs défauts une part convenable à leur époque, à leur position et aux mœurs des peuples qu'ils gouvernaient.

Or, personne n'ignore que non-seulement la Russie était restée plus long-temps que toutes les autres contrées de l'Europe plongée dans les ténèbres, mais que, pendant la durée du dix-septième siècle et même jusqu'au règne de

Pierre III, l'empreinte des mœurs barbares, loin d'être effacée, se lisait en caractères de sang sur les marches du trône des czars.

Ces princes, à peine sortis du joug des Tartares, devinrent, en brisant leurs chaînes, des despotes sanguinaires. Chacun d'eux semblait ne pouvoir monter au rang suprême qu'en foulant aux pieds le corps de son prédécesseur.

Ivan IV tua un de ses fils et mourut dans un cloître. Fœdor Ier ne régna qu'après avoir immolé Démétrius. Un faux Démétrius, le moine Otrépiew, étrangla et détrôna Fœdor II. Wassily, qui lui devait la vie, l'immola à son tour. Ce même Wassily finit ses jours dans un couvent.

Alors le sceptre des czars passa dans les mains de Michel Romanoff; ce prince, originaire de Prusse, fut la tige de la dynastie actuelle. Fœdor III, son petit-fils, laissa à ses fils, Ivan et Pierre, un trône qui excita entr'eux la discorde. Ivan ne conserva bientôt que le titre de czar, et céda le sceptre à son immortel frère Pierre Ier.

Ce monarque, puissant à la guerre, profond en politique, était doué d'un vaste génie. Mais, comme il le dit avec franchise, réformateur de son empire, il ne put se réformer lui-même. Cruel dans sa cour, barbare au sein de sa famille, il condamna à mort son fils Alexis; et, donnant l'ordre de massacrer huit mille strélitz qui composaient sa garde, il encouragea lui-même à cette boucherie, par son exemple, ses stupides bourreaux.

Pierre, ayant répudié sa première femme Eudoxie, épousa Catherine Ire, née dans la classe la plus inférieure, et sortie des bras de plusieurs amans; il mourut. Catherine, usurpant les droits du fils d'Alexis, s'empara du sceptre; elle le destinait, en mourant, à sa fille aînée. Mais Menzicoff plaça sur le trône le grand-duc, fils du malheureux Alexis, et qui prit le nom de Pierre II. Son règne fut court; Anne, duchesse de Courlande, lui succéda, et, dominée par son favori Biren, peupla les échafauds de victimes et la Sibérie d'exilés.

Dans ses derniers momens, elle avait légué son pouvoir à un enfant nommé Ivan, descendant du frère de Pierre le Grand par sa mère, la duchesse de Brunswick; mais une autre princesse descendante de Pierre le Grand, Élisabeth, arracha le jeune Ivan de son berceau, l'enferma dans une forteresse, et se fit proclamer impératrice.

Après vingt ans de règne, Élisabeth, au lieu de terminer les malheurs d'Ivan et de lui rendre le trône, y appela son neveu, le duc de Holstein-Gottorp, qui régna sous le nom de Pierre III, et fut bientôt renversé de ce trône par son épouse Catherine II, au moment où il voulait la répudier et la faire languir dans une captivité sans terme.

Après avoir tracé à regret ce rapide et terrible tableau, détournons-en nos regards pour voir par quelles grandes qualités, par quels talens, par quelle élévation de caractère et par quelle fortune Catherine II, législatrice de son empire, parvint à couvrir de palmes et de lauriers la première et triste page de son histoire.

En peu de mots essayons d'esquisser l'ensemble d'une vie si célèbre, qui n'a point manqué de censeurs austères, mais qui mérite aussi les justes éloges de la postérité; car la souveraine d'un grand empire, quelques reproches qu'on puisse faire à sa politique ambitieuse, est encore digne d'être louée lorsque la voix de tout un peuple proclame qu'elle est aimée.

Catherine, fill du prince d'Anhalt-Zerbst, portait dans son enfance les noms de Sophie-Auguste-Dorothée d'Anhalt. Elle prit celui de Catherine en embrassant la religion grecque, lorsqu'elle épousa son cousin Charles-Frédéric, duc de Holstein-Gottorp, que l'impératrice Élisabeth venait de désigner pour son héritier et de nommer grand-duc de Russie.

Jamais union ne fut plus mal assortie : la nature, avare de ses dons pour le jeune grand-duc, en avait été prodigue en faveur de Catherine. Il semblait que, par un étrange caprice, le sort eût voulu donner au mari la pusillanimité, l'inconséquence, la déraison d'un être destiné à servir, et à sa femme l'esprit, le courage et la fermeté d'un homme né pour gouverner. Aussi l'un se montra sur le trône et en disparut comme une ombre, tandis que l'autre s'y maintint avec éclat.

Le génie de Catherine était vaste, son esprit fin; on voyait en elle un mélange étonnant des qualités qu'on trouve le plus rarement réunies. Trop sensible aux plaisirs, et cependant assidue au travail, elle était naturelle dans sa vie privée, dissimulée dans sa politique; son ambition ne connaissait point de bornes, mais elle la dirigeait avec prudence. Constante non dans ses passions, mais dans ses amitiés, elle s'était fait en administration et en politique des principes fixes; jamais elle n'abandonna ni un ami ni un projet.

Majestueuse en public, bonne et même familière en société, sa gravité conservait de l'enjouement; sa gaité, de la décence. Avec une âme élevée, elle ne montrait qu'une imagination médiocre; sa conversation même semblait peu brillante, hors les cas très rares où elle se laissait aller à parler d'histoire et de politique : alors son caractère donnait de l'éclat à ses paroles; c'était une reine imposante et une particulière aimable.

La majesté de son front et le port de sa tête, ainsi que la fierté de son regard et la dignité de son maintien, paraissaient grandir sa taille naturellement peu élevée. Elle avait le nez aquilin, la bouche gracieuse, des yeux bleus et des sourcils noirs, un regard très doux quand elle le voulait, et un sourire attrayant.

Pour déguiser l'embonpoint que l'âge, qui efface toutes les grâces, avait amené, elle portait une robe ample avec de larges manches, habillement presque semblable à l'ancien habit moscovite. La blancheur et l'éclat de son teint furent les attraits qu'elle conserva le plus longtemps.

Trop entraînée par d'autres penchans, elle avait au moins la vertu de la sobriété, et quelques voyageurs satiriques ont commis une grossière erreur en affirmant qu'elle buvait beaucoup de vin ; ils ignoraient qu'habituellement la liqueur vermeille qui remplissait son verre n'était que de l'eau de groseilles.

Cette princesse ne soupait jamais ; elle se levait à six heures du matin, et faisait elle-même son feu. Elle travaillait d'abord avec son lieutenant de police et ensuite avec ses ministres.

Rarement à sa table, servie comme celle d'un particulier, on voyait plus de huit convives. Là, comme aux dîners de Frédéric, l'étiquette était proscrite et la liberté permise.

Philosophe par opinion, elle se montrait religieuse par politique ; jamais personne ne sut avec une aussi inconcevable facilité passer des plaisirs aux affaires ; jamais on ne la vit entraînée par les uns au-delà de sa volonté ou de ses intérêts, ni absorbée par les autres au point d'en paraître moins aimable. Dictant elle-même à ses ministres les dépêches les plus importantes, ils ne furent réellement que ses secrétaires, et son conseil n'était éclairé et dirigé que par elle.

Catherine, jeune, étrangère, soudainement transplantée dans un empire dont il lui fallait étudier à la fois la langue, les lois et les mœurs, avait vu l'aurore de sa destinée entourée des plus sombres nuages. Unie à un prince qui, loin de l'aimer, sentait avec jalousie sa supériorité ; dépendante d'une impératrice dont le caractère indolent, voluptueux et méfiant, ne lui offrait que des écueils au lieu de protection, elle ne voyait devant elle de perspective que la captivité, l'exil ou la mort; car la nature lui avait donné trop d'esprit, trop de talent et trop de fierté, pour qu'une tranquille obscurité dans la disgrâce pût être son partage.

La langueur où tomba Élisabeth, usée par de honteux excès, accrut bientôt les périls qui menaçaient Catherine. L'impératrice, prenant en aversion le grand-duc son neveu, et jalouse des charmes de la grande-duchesse, portait uniquement son affection sur l'enfant qui devait le jour à Pierre et à Catherine.

La cour était livrée aux intrigues : chaque jour voyait éclore quelques projets conçus par des ambitieux, dont les uns espéraient dominer en dirigeant l'esprit de l'héritier du trône, d'autres en s'emparant de celui de la grande-duchesse.

Enfin, un ministre habile et audacieux voulait

enlever le sceptre au grand-duc, le placer dans les mains de son fils, faible enfant, au nom duquel il pourrait gouverner l'empire, affranchir la noblesse, et changer ainsi l'autocratie moscovite en monarchie aristocratique et européenne.

La mourante Élisabeth, tour à tour assaillie par des conseils opposés, se réconcilia, avant d'expirer, avec Catherine et son époux. Elle mourut, et Pierre III lui succéda.

D'abord ce prince, effrayé d'un fardeau si disproportionné à ses forces, se rapprocha de Catherine, écouta ses conseils avec déférence, et parut déterminé à vaincre son indolence, comme ses penchans vicieux; mais bientôt son aversion secrète pour sa femme, les intrigues d'une maîtresse et la bassesse de quelques courtisans firent disparaître ces courtes lueurs d'une raison incompatible avec la mobilité de son caractère.

Il est vrai que la conduite de l'impératrice ne s'était pas trouvée à l'abri de justes reproches: des liaisons coupables l'avaient consolée des chagrins que lui causait l'indifférence de son époux. On aigrit facilement les blessures d'une jalousie fondée. Pierre passa rapidement du refroidissement à la haine; son lien lui pesait, il voulait en former un autre, et la perte de Catherine fut résolue.

Cependant cette princesse, au milieu de dangers si imminens, et forcée par eux, malgré les penchans de sa jeunesse, à faire des pas rapides dans la triste carrière de l'intrigue des cours et d'une politique ambitieuse, avait su se concilier de nombreux partisans.

Les grands étaient charmés de son attrayante aménité; le peuple, la voyant affable, douce, bienfaisante, assidue aux devoirs de la religion, l'aimait et la révérait. Tout le clergé croyait qu'il règnerait par son influence. La magnificence de ses dons lui assurait le zèle des militaires, auxquels elle prodiguait des éloges encourageans et des bienfaits.

Ainsi au moment où son faible et bizarre époux voulut la répudier et l'enfermer, afin de donner sa main et sa couronne à la comtesse de Woronzoff, ce fut lui qui se vit détrôné.

On prétendait que son dessein était de déclarer illégitime la naissance de Paul Petrowitz, son fils, qu'il regardait comme le fruit d'un commerce criminel. Cette violente résolution grossit le parti de Catherine en y joignant tous ceux qui, sans affection pour cette princesse, voulaient soutenir la cause d'un auguste enfant près de se voir sacrifié à la haine d'une maîtresse ambitieuse.

Pierre III s'était encore attiré de plus dangereux ennemis par ses injustes mépris pour l'armée russe, et par les serviles hommages qu'il rendait à l'armée prussienne et à son héroïque chef. Égaré par cet enthousiasme, il l'avait poussé au point d'accepter un grade dans les troupes de Frédéric, et de l'appeler souvent *son général et son maître.*

Cependant le vieux maréchal Munich et un assez grand nombre de soldats fidèles entouraient l'empereur. L'indiscrétion et l'étourderie de quelques jeunes officiers, conjurés dans le dessein de soustraire Catherine aux coups qui la menaçaient, avaient trahi leur complot mal concerté.

La moindre fermeté aurait dissipé cet orage : vainement la jeune impératrice, s'échappant la nuit du palais de Pétershoff, avait été enlevée par les Orloff, conduite à Pétersbourg et proclamée souveraine par quelques rebelles; Pierre, en marchant au devant d'elle, sous l'égide de Munich et à la tête de ses soldats, aurait facilement triomphé; mais sa pusillanimité le perdit.

Après avoir fui à Cronstadt, dont il trouva les portes fermées, il revint tremblant, indécis, changeant à chaque minute de desseins, passant rapidement de la colère au découragement, et des menaces aux prières. La fermeté de Munich ne put rallumer en lui une étincelle de courage.

Bientôt chacun l'abandonne; il renvoie lui-même les soldats prêts à combattre pour lui; il essaie tardivement de négocier, dépose ses faibles armes, se soumet, signe l'abdication d'une couronne qu'il se reconnaît incapable de porter, et se livre entre les mains des rebelles.

L'impératrice, qui avait refusé de le voir, l'envoya dans une maison de campagne : là, les conjurés, après six jours d'horrible méditation, et redoutant la lenteur d'un poison qu'ils lui avaient donné, l'étranglèrent.

Une proclamation, qui ne trompa personne, attribua cette mort violente aux décrets de la Providence et à une maladie dont cet infortuné prince, disait-on, avait éprouvé de fréquens accès.

Ce fut par ce concours étrange d'événemens que la fille d'un petit prince d'Allemagne devint la souveraine d'un grand empire. Catherine II, échappée au divorce, à la prison, et parvenue au trône par l'adresse d'un esprit délié, par les attentats de quelques conjurés audacieux, sut se maintenir sur ce trône périlleux, en y déployant la prudence d'un génie éclairé et la fermeté d'un grand caractère.

Son règne brilla d'un tel éclat que les taches en pâlirent. Si l'on déchire une page de sa vie, on concevra comment le prince de Ligne disait que Catherine, populaire et généreuse comme Henri IV, fière, tendre et victorieuse comme Louis XIV, réunit en elle les grandes qualités et les faiblesses de ces deux monarques.

Le grand Frédéric, avant son refroidissement pour cette princesse, se montra souvent son adulateur. « Si plusieurs reines, disait-il, ont
» acquis une grande célébrité, comme Sémi-
» ramis par les armes, Élisabeth d'Angleterre
» par son habileté politique, Marie-Thérèse
» par son étonnante fermeté dans les périls,
» Catherine seule a mérité le nom de légis-
» latrice. »

La vérité, dont l'histoire ne doit jamais s'écarter, veut que, sans déguiser ce que la morale condamne, on reconnaisse en même temps les grands talens, les grands succès, ainsi que les qualités nobles et généreuses qui firent en quelque sorte absoudre Catherine aux yeux du monde par l'affection de son peuple et par la gloire.

La nouvelle impératrice ne tarda point à prouver à ses sujets qu'elle s'élevait au-dessus de toutes craintes, moyen le plus sûr pour éloigner tout péril. Son administration fut calme et douce, comme si, née sur le trône, elle avait recueilli un paisible héritage.

Une seule révolte troubla momentanément la paix intérieure de la Russie : Pugatcheff, Cosaque du Don, audacieux brigand, prit les armes sous le faux nom de Pierre III, séduisit une foule aveugle de paysans, pendit un grand nombre de nobles, fut attaqué, battu, poursuivi et livré aux généraux de Catherine par ses propres soldats. On eut quelque peine à obtenir de l'impératrice l'ordre de son supplice, parce que la peine de mort était bannie de sa législation.

Comme elle n'était ni faible ni méfiante, et que chacun sous son règne gardait avec sécurité ses charges et ses emplois, l'intrigue n'avait à sa cour ni but ni activité. Aussi elle put se livrer sans inquiétude à la politique extérieure, et à l'exécution des vastes desseins de son ambitieux génie.

Bientôt elle sut enlever aux Saxons l'élection des ducs de Courlande. Habile dans l'art de lier l'ambition des autres monarques à la sienne, après avoir donné un roi à la Pologne, et voyant que ce prince n'était ni assez fort pour se défendre en roi, ni assez docile pour la servir comme lieutenant, elle partagea avec ses alliés ce malheureux pays, et agrandit ainsi son empire par d'injustes dépouilles. D'un autre côté, marchant avec éclat sur la ligne tracée par Pierre le Grand, elle vainquit les Ottomans, peuple barbare, jadis l'effroi de l'Europe, et dont la ruine inévitable ne fut alors et n'est encore retardée que par la déplorable rivalité des monarques chrétiens. Cinq cent mille Turcs l'avaient attaquée : Catherine en détruisit la moitié par de sanglantes victoires où s'illustrèrent Romanzoff et Repnin.

Au grand étonnement du monde, on vit des flottes russes déployer leurs voiles sur l'Océan, traverser la Méditerranée, ranimer les cendres de Sparte, annoncer aux Grecs le réveil futur de la liberté, et incendier l'armée navale des musulmans dans le golfe de Tschesmé ; enfin, le grand-visir ayant été cerné à Schumla par Romanzoff, l'ombre de Pierre le Grand fut vengée.

Le sultan, vaincu et forcé de conclure une paix honteuse, céda aux Russes la Nouvelle-Servie, Azoff, Taganrock, la libre navigation de la mer Noire, et reconnut l'indépendance de la Crimée. Plus tard Catherine enleva au kan Sahim-Gheray cette presqu'île, et conquit tout le Kuban, ainsi que l'île de Taman.

En marchant à ces conquêtes, ses troupes pénétrèrent par surprise dans le pays des Zaporaviens, peuple qui habitait les îles et les rives du Borysthène; c'était une république de Cosaques, ne vivant que de brigandage et de dépouilles enlevées tour à tour aux Turcs, aux Polonais et aux Tartares.

Les Cosaques pillaient même quelquefois les Russes, quoiqu'ils reconnussent pour la forme la suzeraineté de l'empire des czars, et que, depuis la fameuse révolte de Mazeppa leur chef, allié si fatal de Charles XII, ils eussent été contraints à recevoir pour prince un hetman nommé par les czars.

Dans cette singulière et belliqueuse république, on n'admettait aucune femme; les captives étrangères, fruits de leurs courses et gardées avec soin dans leurs camps, hors de leurs frontières, ne pouvaient franchir ces limites et entrer dans le territoire zaporavien. Quand ces infortunées victimes de leur violence mettaient au monde des enfans, les mâles entraient dans les îles avec leurs pères; les mères et les filles étaient chassées avec mépris.

Il était plus facile d'anéantir que de soumettre une telle république. Les Russes exterminèrent une partie de ces sauvages guerriers, et en enlevèrent soixante mille qu'ils dispersèrent sur les côtes de la mer Noire. On en fit des matelots pour armer les escadres créées par Catherine sur le Pont-Euxin.

Telles avaient été les guerres heureuses et les conquêtes croissantes de l'impératrice lorsque j'arrivai à sa cour. Depuis, et dans les dernières années de son règne, combattant de nouveau les Turcs, elle brûla leur flotte à l'embouchure du Borysthène, leur enleva Oczakoff, conquit la Géorgie, s'empara de Choczim, envahit la Moldavie, prit Bender, Ismaïl, et remporta plusieurs victoires où périrent plus de quarante mille Turcs.

La paix de Jassy, en 1792, donna aux Russes

le Dniester pour limite, la possession tranquille du Caucase; Catherine, maîtresse de la Géorgie, étendit ses domaines jusqu'aux frontières de la Perse.

La Pologne, une seconde fois démembrée par elle, perdit son indépendance et jusqu'à son nom. La Courlande devint une province russe.

Pendant cette longue série de triomphes et d'agrandissement, un seul et faible motif d'inquiétude put troubler quelques instans sa tranquillité. L'infortuné prince Ivan languissait toujours dans un fort où l'avait relégué l'usurpation d'Élisabeth.

Un officier russe, en garnison dans ce fort, marche à la tête de quelques soldats vers la prison du prince détrôné, en enfonce la porte, et veut rendre la liberté au captif qu'il proclame empereur.

Alors le commandant surpris exécute l'ancienne consigne donnée par Élisabeth, et tranche les jours d'Ivan. L'officier rebelle, déconcerté, fut désarmé, arrêté, jugé et condamné.

Cependant la mort du malheureux Ivan fut encore imputée à l'impératrice; mais tous les hommes dignes de foi, qui m'ont parlé en Russie de cet événement, traitaient cette accusation d'injustice et de calomnie.

Tandis que les généraux de Catherine étendaient sa gloire et son empire, elle s'occupait avec activité des plans qu'elle avait formés pour la réforme de son administration intérieure, et pour accélérer dans ses États les progrès de la civilisation, autant que les mœurs de son peuple le permettaient.

Les lois en Russie ne formaient qu'un chaos; chaque prince en avait publié de nouvelles sans abroger les anciennes; toutes se contredisaient; les juges, n'ayant pour guide et pour appui ni règles ni principes, ne pouvaient prononcer que des jugemens arbitraires. Catherine, cherchant à débrouiller ce chaos, organisa des tribunaux réguliers et s'efforça d'établir une jurisprudence uniforme.

Par un sentiment généreux et qui pour la première fois peut-être entra dans l'esprit d'un monarque absolu, l'impératrice convoqua dans Moscou les députés des différens peuples de son vaste empire, pour délibérer avec eux sur les lois qu'elle voulait leur donner.

On lut devant cette assemblée solennelle l'introduction du code que cette princesse projetait. Cet ouvrage, devenu célèbre, avait été traduit en russe ; mais l'original était tracé en français par la main de Catherine. On me l'a montré à la bibliothèque de Pétersbourg, et je vis avec surprise que c'était un résumé assez complet des maximes de notre immortel Montesquieu.

Cette assemblée d'états si nouvelle, si imprévue, ne répondit pas à l'espoir qu'on en avait conçu : lorsque, après avoir accueilli par des acclamations unanimes le discours qui annonçait les intentions impériales, la discussion s'ouvrit, une partie nombreuse des députés s'opposa au projet de l'affranchissement des paysans ; d'autres élevèrent des prétentions trop limitatives du pouvoir impérial, ou trop favorables à l'aristocratie.

Les députés des Samoïèdes, tribus sauvages, émirent un avis remarquable par sa franche naïveté : « Nous sommes, dirent-ils, des
» hommes simples ; notre vie est employée à
» faire paître nos rennes ; nous n'avons pas be-
» soin de code ; mais faites seulement pour les
» Russes nos voisins, et pour les gouverneurs
» que vous nous donnez, des lois qui les
» empêchent de nous opprimer. Nous serons

» contens, et il ne nous faut rien de plus. »

Cependant, au bruit de ces discussions, les serfs de quelques seigneurs, agités par l'espoir de la liberté, commençaient en plusieurs lieux à faire craindre des insurrections. L'assemblée fut dissoute, et l'impératrice se vit réduite à rédiger seule ses lois.

Elle en fit plusieurs relatives à la justice et à l'administration; mais elle ne put fonder aucune de ces grandes institutions qui exigent, pour donner quelque espoir de succès, un sol propice, des mœurs analogues aux vues du législateur, et un concours bien rare de circonstances favorables.

Souvent Catherine, avec la fierté d'un amour-propre satisfait, m'a parlé de deux ukases auxquels elle attachait beaucoup de prix : l'un était relatif à l'organisation de la noblesse et de ses assemblées, l'autre à l'abolition des duels. L'intention de ces deux lois était généreuse, politique et morale ; cependant la première laissait toujours les grands soumis au pouvoir arbitraire, et le préjugé du point d'honneur résista à la seconde.

L'impératrice érigea sur une place de Pétersbourg une statue en bronze à Pierre le Grand :

ce monument, dû au talent de Falconnet, a pour base une immense roche de granit qui lui sert de piédestal.

Cette princesse, dont l'activité était sans bornes, créa une académie ainsi que des banques publiques à Pétersbourg et même en Sibérie. La Russie lui doit des fabriques en acier, des tanneries, un grand nombre de manufactures, des fonderies, et l'introduction des vers à soie en Ukraine.

Donnant à ses peuples l'exemple de la raison et du courage, elle fit adopter l'inoculation en Russie, et s'y soumit la première.

Par son ordre ses ministres conclurent des traités de commerce avec toutes les puissances de l'Europe. Sous son règne, à l'extrémité de la Sibérie, la ville de Kiakta devint un marché où se réunirent les Russes et les Chinois.

A Pétersbourg, une école militaire et des écoles de marine formèrent aux sciences de la guerre une jeunesse belliqueuse. Un collége, fondé pour les Grecs, annonçait assez clairement les desseins et les espérances de l'impératrice.

Elle laissa dans ses États un asile aux jésuites, alors expulsés de tout le monde chrétien. Cette princesse croyait par leurs secours répandre plus rapidement l'instruction dans son pays, où l'établissement de cet ordre ne lui offrait aucun danger, parce qu'en même temps, dans son vaste empire, elle avait proclamé et maintenu la plus grande tolérance pour tous les cultes.

L'océan Pacifique, les côtes du Nord, celles de l'Asie et de l'Amérique furent explorés par ses navigateurs.

Aspirant à tous les genres de gloire, et voulant aussi cueillir quelques palmes sur le Parnasse, elle composa dans ses loisirs plusieurs comédies.

L'abbé Chappe, en publiant son *Voyage en Sibérie*, avait amèrement décrié les mœurs de la nation russe et le gouvernement de Catherine; elle le réfuta par un livre auquel elle donna le titre d'*Antidote*.

Il est peu de personnes qui n'aient lu avec plaisir les lettres spirituelles qu'elle écrivait à Voltaire et au prince de Ligne.

On vit avec un double étonnement cette fière autocratrice, invoquant la philosophie, appeler D'Alembert en Russie, pour lui confier l'éducation de l'héritier du trône, et le philosophe refuser cette occasion de propager ses principes par l'influence d'un tel élève.

Diderot, au contraire, vint avec orgueil à la cour de Catherine; elle admira son esprit, mais elle rejeta ses doctrines dont la théorie était spécieuse, et la pratique impossible.

L'impératrice, dirigeant elle-même avec soin l'éducation de ses petits-fils, Alexandre et Constantin, composa pour eux des *Contes moraux* et un *Abrégé de l'histoire des premiers temps de la Russie*, qui sera bientôt connu en France, traduit et inséré dans un ouvrage que mon fils, le général Philippe de Ségur, se propose de publier, et dans lequel il retracera ces époques reculées des annales russes.

Catherine, avant de terminer son règne, changea en villes plus de trois cents bourgs, et compléta l'organisation administrative et judiciaire de quarante provinces. Sa cour fut le rendez-vous de tous les princes et de tous les personnages célèbres de son siècle.

Avant elle Pétersbourg, dans son horizon de glace, était un point presque inaperçu et qui semblait tenir à l'Asie; sous son règne, la Russie devint européenne; Pétersbourg brilla entre les capitales du monde civilisé, et le trône des czars s'éleva au premier rang des trônes les plus puissans et les plus respectés.

Telle était l'illustre souveraine près de laquelle j'étais accrédité : il est facile de juger, d'après cette courte esquisse, de l'émotion avec laquelle j'attendais le jour où je devais être admis en présence d'une princesse si extraordinaire et d'une femme si célèbre.

Depuis peu de jours, je savais qu'on s'était efforcé de prévenir l'impératrice contre moi. M. de La Colinière allait habituellement chez madame la comtesse de Bruce, dont le mari était gouverneur de Pétersbourg. Madame de Bruce, tante du comte Nicolas de Romanzoff, s'était acquis assez de célébrité par les grâces de sa figure et de son esprit, et par la longue faveur dont l'impératrice l'avait honorée jusqu'au moment où un accès de jalousie refroidit pour elle cette princesse.

Madame de Bruce s'était plainte vivement à M. de La Colinière de mes procédés, à Mayence, à l'égard de son neveu. Celui-ci, dans ses lettres et ses dépêches, m'avait représenté comme un jeune Français arrogant, présomptueux et querelleur; il m'accusait de lui avoir enlevé très impoliment la place qu'il devait occuper à la table de l'électeur.

Le bruit de cette altercation s'était déjà répandu dans la ville. Le comte de Goërtz, ministre de Prusse, m'en avait parlé; il attribuait en partie le retard de mon audience à l'humeur que l'impératrice en avait ressentie.

Je vis combien il était nécessaire de faire cesser promptement ces plaintes mal fondées, et qui auraient pu laisser à Catherine des impressions fâcheuses contre moi.

M. de La Colinière revit à ce sujet madame de Bruce, et lui dit de ma part qu'en déclamant ainsi et en exagérant les faits, ce serait à son neveu seul qu'elle ferait tort. Comme il n'y avait point eu de querelles ni d'explications entre lui et moi, en supposer une était une tracasserie gratuite; et, dans le cas où il aurait existé quelque altercation, il était facile de sentir qu'on donnerait tout le tort à M. de Romanzoff, puisque, croyant, même sans sujet, avoir éprouvé de moi une impolitesse, il ne m'en avait point parlé.

La comtesse comprit avec son tact ordinaire la justesse de ces réflexions, et chercha promptement à faire tomber tous ces bruits un peu légèrement répandus.

Ce qui me servit encore mieux dans cette occasion, c'est que le prince Potemkin, en en parlant à l'impératrice, se montra mécontent de la dépêche du comte de Romanzoff, qui, disait-il, s'était formalisé sans sujet et aurait dû plutôt, pour une si petite affaire, s'expliquer avec moi que de se plaindre à sa cour.

J'obtins enfin mon audience, et peu s'en fallut que mon début ne devînt malencontreux : j'avais, conformément à l'usage, donné au vice-chancelier la copie du discours que je devais prononcer; arrivé au palais impérial, le comte de Cobentzel, ambassadeur d'Autriche, vint me trouver dans le cabinet où j'attendais le moment d'être présenté.

Sa conversation vive, animée, et l'importance de quelques affaires dont il me parla, m'occupèrent assez pour me distraire complétement, de sorte qu'à l'instant où l'on m'avertit que l'impératrice allait me recevoir, je m'aperçus que j'avais totalement oublié le discours que je devais lui adresser.

Je cherchais vainement à me le rappeler en traversant les appartemens, quand tout à coup on ouvrit la porte de celui où se tenait l'impératrice. Elle était richement parée et debout, la main appuyée sur une colonne; son air majestueux, la dignité de son maintien, la fierté de son regard, sa pose un peu théâtrale, en me frappant de surprise, achevèrent de troubler ma mémoire.

Heureusement, au lieu de tenter des efforts inutiles pour la réveiller, je pris soudainement le parti d'improviser un discours dans lequel il ne se trouvait peut-être pas deux mots de celui qui avait été communiqué à l'impératrice, et pour lequel elle avait préparé sa réponse.

Une légère surprise se peignit sur ses traits; ce qui ne l'empêcha pas de me répondre sur-le-champ avec autant d'affabilité que de grâce, en ajoutant même à sa réponse quelques paroles personnellement obligeantes pour moi.

Ayant ensuite reçu et remis au vice-chancelier ma lettre de créance, elle m'adressa différentes questions sur la cour de France et sur mon voyage à Berlin et à Varsovie. Elle me parla aussi de M. Grimm et de ses lettres, dans le dessein probable de me laisser entrevoir les dispositions favorables que cette correspondance lui avait inspirées, relativement au nouveau ministre de France accrédité près d'elle.

Depuis, lorsque cette princesse m'eut admis dans son intimité, elle me rappela cette audience. « Que vous est-il donc arrivé, me dit-
» elle, monsieur le comte, la première fois
» que je vous ai vu, et par quelle fantaisie
» avez-vous soudainement changé le discours
» que vous deviez m'adresser? ce qui m'a sur-
» prise et forcée à changer aussi ma réponse. »

Je lui avouai que je m'étais senti un moment troublé en présence de tant de gloire et de majesté. « Mais, madame, ajoutai-je, je pensai
» promptement que cet embarras, très simple
» pour un particulier, n'était nullement con-
» venable à un représentant du roi de France ;
» ce fut ce qui me décida, au lieu de tour-
» menter ma mémoire, à vous exprimer, dans
» les termes qui vinrent les premiers à mon es-
» prit, les sentimens de mon souverain pour
» votre majesté, et ceux que m'inspiraient vo-
» tre renommée et votre personne. »

« Vous avez bien fait, me répondit-elle; cha-
» cun a ses défauts; moi, je suis très sujette à
» prévention : je me souviens qu'un de vos pré-
» décesseurs, le jour qu'il me fut présenté, se
» troubla tellement qu'il ne put me dire que

» ces mots : *Le roi mon maître*..... J'attendais
» le reste; il redit encore : *Le roi mon maî-*
» *tre*..... et n'alla pas plus loin; enfin, la troi-
» sième fois, venant à son secours, je lui dis que
» depuis long-temps je connaissais l'amitié du
» roi son maître pour moi. Tout le monde m'a
» assuré que c'était un homme d'esprit, et ce-
» pendant sa timidité me laissa toujours contre
» lui une prévention injuste, et que je me re-
» proche, comme vous le voyez, un peu tardi-
» vement. »

Le même jour je fus présenté au grand-duc Paul Petrowitz, à la grande-duchesse et à leur fils le grand-duc Alexandre, depuis empereur, qui vient de mourir après un règne glorieux. C'était la première fois que ce prince, âgé de sept ans, recevait un ambassadeur et écoutait une harangue. J'ai toujours trouvé très ridicule l'usage d'adresser de graves paroles à un enfant; aussi je ne lui dis que quelques mots sur son éducation et sur les espérances qu'on en concevait.

Un de nos célèbres magistrats fit un jour beaucoup mieux; je crois que c'était M. de Malesherbes. Chargé à la tête d'une cour souveraine de haranguer un dauphin au berceau, et qui, loin de pouvoir entendre une parole, ne savait encore que crier et pleurer pour exprimer ses désirs et ses douleurs, il lui dit seulement : « Puisse, monseigneur, votre altesse » royale, pour le bonheur de la France et le » sien, se montrer toujours aussi insensible et » sourde au langage de la flatterie, qu'elle l'est » aujourd'hui au discours que j'ai l'honneur » de prononcer devant elle! »

L'accueil du grand-duc Paul et de la grande-duchesse fut obligeant pour moi. Les hommages qu'ils avaient reçus en France récemment les disposaient favorablement pour tout Français; et, lorsqu'ils m'admirent plus particulièrement dans leur société, je fus à portée de connaître toutes les qualités rares qui à cette époque leur méritaient l'affection générale.

J'ai dit leur société, parce qu'en effet, si l'on en excepte les jours de représentation, leur cercle, quoique assez nombreux, semblait, surtout à la campagne, plutôt une aimable société qu'une cour gênante. Jamais famille particulière ne fit avec plus d'aisance, de grâce, de simplicité, les honneurs de sa maison : dîners, bals, spectacles et fêtes, tout y était marqué à l'empreinte de la plus noble décence, du meilleur ton et du goût le plus délicat.

La grande-duchesse, majestueuse, affable et naturelle, belle sans coquetterie, aimable sans apprêt, donnait l'idée de la vertu parée. Paul cherchait à plaire; il était instruit; on remarquait en lui une grande vivacité d'esprit et une noble élévation dans le caractère.

Mais bientôt, et sans qu'il fût nécessaire d'une longue observation, on apercevait dans toute sa personne, et principalement lorsqu'il parlait de sa position présente et future, une inquiétude, une mobilité, une méfiance, une susceptibilité extrême, enfin ces bizarreries qui dans la suite furent les causes de ses fautes, de ses injustices et de ses malheurs.

Dans tout autre rang où ce prince se fût trouvé placé, il aurait pu faire des heureux et l'être lui-même; mais, pour un tel homme, le trône, et surtout celui de Russie, ne devait être qu'un écueil redoutable, sur lequel il ne pouvait monter sans s'attendre à en être bientôt et violemment précipité.

Sujet à l'engouement, il se passionnait pour quelqu'un avec une singulière promptitude, l'abandonnant et l'oubliant ensuite avec une égale facilité. L'histoire de tous les czars détrônés ou immolés était pour lui une idée fixe et toujours présente à sa pensée. Ce souvenir revenait comme un fantôme qui, l'assiégeant sans cesse, troublait les lumières de son esprit et offusquait sa raison.

Avant de commencer le cours de mes négociations, et n'ayant d'ailleurs pour le moment aucune affaire urgente à traiter, je m'appliquai exclusivement à connaître les personnages les plus influens de la cour, et à étudier les mœurs ainsi que les usages des habitans de cette capitale du Nord, si récemment créée, si peu connue encore par la plupart de mes compatriotes, et dans laquelle je me trouvais transplanté pour plusieurs années.

Assez de voyageurs et d'auteurs de dictionnaires ont décrit et détaillé les palais, les temples, les nombreux canaux, les riches édifices de cette cité, étonnant monument du triomphe remporté par un homme de génie sur la nature.

Tous ont dépeint la beauté de la Néva, la richesse de ses quais de granit, l'imposant coup d'œil du port de Cronstadt, la triste magnificence du palais et des jardins de Petershoff, situés sur les bords de la mer de Finlande, et qui inspirent aux voyageurs une double mélancolie, en les portant à méditer à la fois sur les orages d'une vaste mer remplie d'écueils, et sur ceux qui entourent un despotisme sans limites et un trône colossal sans barrière; car, malgré tous les prestiges du luxe et des arts, là où on ne voit aucune borne à l'autorité, il ne peut exister, de quelque beau nom qu'on les décore, qu'un maître et des esclaves.

Un grand et bon prince peut répandre sur un tel empire quelques rayons de lumière et de bonheur; mais ce prince, ainsi que le disait l'empereur Alexandre à madame de Staël, *n'est lui-même qu'un accident heureux.*

La route qui conduit de Petershoff à Pétersbourg offre un aspect plus riant; elle est bordée des deux côtés par d'élégantes maisons de plaisance, par de beaux jardins, où la noblesse de la capitale vient chaque année, pendant les chaleurs passagères d'un été trop court, se faire illusion sur les rigueurs de cet âpre climat, illusion favorisée par la verdure constante des arbres et des gazons, dont un sol primitivement marécageux entretient la fraîcheur, jusqu'au moment où l'impitoyable neige vient les ensevelir.

L'aspect de Pétersbourg frappe l'esprit d'un double étonnement : il y trouve réunis l'âge de la barbarie et celui de la civilisation, le dixième et le dix-huitième siècles, les mœurs de l'Asie et celles de l'Europe, des Scythes grossiers et des Européens polis, une noblesse brillante, fière, et un peuple plongé dans la servitude.

D'un côté des modes élégantes, des habits magnifiques, des repas somptueux, des fêtes splendides, des théâtres pareils à ceux qui embellissent et animent les sociétés choisies de Paris et de Londres; de l'autre des marchands en costume asiatique, des cochers, des domestiques, des paysans vêtus de peaux de mouton, et portant de longues barbes, des bonnets fourrés, de longs gants de peau sans doigts, et des haches suspendues à une large ceinture de cuir.

Cet habillement, et les épaisses bandes de laine qui forment autour de leurs pieds et de leurs jambes une espèce de cothurne grossier, font revivre à vos yeux ces Scythes, ces Daces, ces Roxolans, ces Goths, jadis l'effroi du monde romain. Toutes ces figures demi-sauvages que l'on voit à Rome sur les bas-reliefs de la colonne Trajane, semblent renaître et s'animer à vos regards.

On entend encore cette même langue, ces mêmes cris qui, tant de fois retentissant dans les échos du mont Hémus et dans ceux des Alpes, avaient fait souvent reculer les légions des Césars de Rome et de Byzance; mais en même temps, lorsqu'en conduisant leurs barques ou leurs voitures, ils frappent les airs de leur chant assez mélodieux, quoique monotone et presque plaintif, on s'aperçoit que ce n'est plus dans le pays des Scythes indépendans qu'on se promène, mais dans celui des Moscovites, dont une longue servitude, d'abord sous les Tartares et ensuite sous les boïards russes, a courbé la tête et abattu la fierté, sans cependant détruire leur vigueur antique et leur bravoure native.

Quand on entre dans leurs maisons, hors des villes, on reconnaît la simplicité des vieilles mœurs rustiques : l'agreste bâtiment est composé de troncs d'arbre couchés et croisés les uns sur les autres; une petite lucarne sert de fenêtre; un large poêle remplit la chambre étroite, qui n'a d'autres meubles que des bancs de bois.

En évidence se trouve l'image d'un saint bizarrement et grossièrement peinte ou sculptée au milieu d'un large cadre de métal : c'est à cette image qu'avant de saluer le maître du logis, on doit rendre un premier hommage.

Le gruau, quelques viandes rôties, voilà leurs mets habituels; l'hydromel ou un peu de farine fermentée dans l'eau avec de la menthe, telle est leur boisson; malheureusement ils y ajoutent trop souvent de grands gobelets d'eau-de-vie de grains, dont un palais européen ne pourrait soutenir l'âpreté.

Les marchands des villes, quand ils sont devenus riches, étalent quelquefois à leur table un luxe sans goût et sans mesure; ils vous servent d'effroyables piles de viande, de volailles, de poissons, d'œufs, de pâtisseries entassées sans ordre, offertes aux convives avec importunité, et capables par leur masse d'effrayer les estomacs les plus intrépides.

Le mobile qui aiguillonne et vivifie tout, l'amour-propre, le désir de s'élever et de s'enrichir pour multiplier leurs jouissances, manquant presque généralement à tous les serfs de ce vaste empire, rien n'est plus uniforme que leur vie, plus simple que leurs mœurs, plus borné que leurs besoins, plus constant que leurs habitudes.

Chez eux toujours le lendemain ressemble à la veille; rien ne varie : leurs femmes mêmes, avec leur parure orientale et le vermillon dont elles couvrent leurs joues, parce que chez eux le mot *krasnoy*, rouge, signifie *beauté*, portent encore aux jours de fêtes les mêmes voiles galonnés et les mêmes bonnets tissus en petites perles, dont elles ont hérité de leurs mères et qui paraient leurs bisaïeules.

Le peuple russe, végétant dans l'esclavage, ne connaît pas le bonheur moral; mais il jouit d'une sorte de bonheur matériel : car ces pauvres serfs, certains d'être toujours nourris, logés, chauffés par le produit de leur travail ou par leurs seigneurs, et étant à l'abri de tous besoins, n'éprouvent jamais le tourment de la misère ou l'effroi d'y tomber; funeste plaie des peuples policés, mille fois plus heureux cependant, parce qu'ils sont libres.

Les seigneurs en Russie ont sur leurs serfs une autorité de droit sans limites, mais il est juste de dire que de fait presque tous usent de ce pouvoir avec une extrême modération; par l'adoucissement graduel des mœurs, l'esclavage des paysans redevient peu à peu ce qu'était autrefois en Europe la servitude de la glèbe. Chacun paie une redevance modique pour la terre qu'on lui donne à cultiver, et la répartition de ce tribut est réglée dans chaque village par des vieillards choisis entre les pères de famille.

Si l'on cesse d'observer cette innombrable classe de la population moscovite, qui n'a point encore fait un pas hors des ténèbres du moyen âge, et si, franchissant plusieurs siècles, on tourne ses regards vers la partie noble, riche et polie de la nation russe, un tout autre spectacle frappe et fixe l'attention.

Ici je dois avertir que je trace l'esquisse de la société russe, telle qu'elle était il y a quarante ans. Depuis cette époque tout a changé ; les progrès en tout genre ont été rapides, et toute cette jeunesse que les armes et le désir de s'instruire ont poussée et répandue dans toutes les villes et les cours de l'Europe, prouve à quel point les arts, l'urbanité, le goût, les lettres se sont perfectionnés dans un empire qui passait encore, dans les premiers temps du règne de Louis XV, pour inculte et barbare.

Au moment où j'arrivais à Pétersbourg, il restait dans cette capitale, sous les formes extérieures d'une civilisation européenne, beaucoup de vestiges des temps antérieurs ; et, au milieu d'une élite peu nombreuse de seigneurs et de dames qui s'étaient instruits, qui avaient voyagé, et ne se montraient sur aucun point inférieurs aux personnes les plus aimables des cours les plus brillantes, on en voyait encore plusieurs, et c'étaient les plus âgés, dont l'accent, la physionomie, les habitudes, l'ignorance et l'entretien stérile tenaient plus à l'époque des boïards et des czars qu'à celle de Catherine II.

Cependant ce n'était qu'après quelque examen qu'on pouvait faire cette distinction; à la superficie cette différence n'était pas sensible : depuis un demi-siècle tous s'étaient habitués à copier les étrangers, à se vêtir, à se loger, à se meubler, à se nourrir, à s'aborder, à se saluer, à faire les honneurs d'un bal et d'un dîner comme les Français, les Anglais et les Allemands.

Tout ce qu'exigent la politesse et la décence était déjà parfaitement imité. La conversation seule et la connaissance de quelques détails intérieurs marquaient la séparation du Moscovite antique et du Russe moderne.

Les femmes avaient devancé les hommes dans cette marche progressive : on voyait déjà un grand nombre de dames élégantes, de jeunes filles remarquables par leurs grâces, parlant également bien sept ou huit langues, jouant de plusieurs instrumens, et familières avec les ouvrages des poëtes et des romanciers les plus célèbres en France, en Italie et en Angleterre; tandis que, hors une centaine d'hommes de la cour, tels que les Romanzoff, les Razoumowski, les Strogonoff, les Schouwaloff, les Woronzoff, les Kourakin, Gallitzin, Dolgorouki, etc., la plupart se montraient peu communicatifs, taciturnes, cependant polis, mais graves et froids, et, en apparence au moins, assez étrangers à tout ce qui existait hors de leur pays.

Au reste, les usages introduits par Catherine rendaient alors la vie de Pétersbourg et la société si agréables, qu'elles n'ont pu que perdre aux changemens amenés par le temps. Hors les jours de gala, les dîners, les bals, les cercles, loin de ressembler à ce qu'on appelle aujourd'hui des *raouts*, vrai chaos où siégent le désordre et l'ennui, étaient peu nombreux, bien choisis et sans mélange.

La parure, qui ressemblait à celle des personnes de la cour de Versailles, était à la vérité moins commode que les fracs, les bottes et les chapeaux ronds; mais elle contribuait à tenir la décence, la galanterie, la noblesse des manières et l'urbanité.

Comme les repas avaient lieu de bonne heure, les après-midi étaient consacrées à remplir des devoirs de société, et à entretenir par des visites régulières l'activité de petits cercles où l'esprit et le goût se formaient par une conversation douce, agréable et variée. Là, je reconnaissais en quelque sorte l'image de ceux où j'éprouvais tant de charme à Paris.

Ce qui me paraissait seulement trop magnifique et fatigant, c'était le grand nombre de fêtes obligées non-seulement à la cour, mais dans la société : l'usage était de célébrer le jour de naissance et le jour de patron de chaque individu que l'on connaissait; y manquer eût été une impolitesse; celui qu'on fêtait n'invitait personne, mais sa porte était ouverte, et tous ceux qui avaient quelques liaisons avec lui y accouraient en foule.

On voit par là combien, pour conserver un tel usage, il fallait que les grands seigneurs russes possédassent de richesses, étant presque contraints de tenir si souvent chez eux une sorte de cour plénière.

Un autre genre de luxe fort incommode pour la noblesse, et qui doit un jour la ruiner si elle n'y met ordre, c'est le nombre prodigieux de domestiques qu'elle nourrit. Ces domestiques, tirés de la classe des paysans, regardent le service de la maison comme une sorte d'élévation et de faveur; ainsi, par un étrange préjugé, car les serfs ont aussi les leurs, ils se croiraient punis et presque dégradés si on les renvoyait aux champs.

Or les hommes et les femmes de cette condition se marient dans la maison, et la peuplent tellement qu'il n'est pas rare de voir un grand seigneur chargé de quatre ou cinq cents domestiques de tout âge et de tout sexe, qu'il se croit obligé de garder, quoiqu'il ne puisse les occuper à rien.

Je ne fus pas moins surpris d'un autre usage introduit par la vanité : toute personne, au-dessus du rang de colonel, devait avoir, suivant son grade, sa voiture attelée de quatre ou six chevaux, conduite par un cocher à longue barbe et en robe, avec deux postillons.

Le premier jour que je m'y conformai, ayant à faire une visite chez une dame habitant l'hôtel qui touchait au mien, mon postillon était déjà entré sous sa porte, que ma voiture était encore sous la mienne.

L'hiver on ôte les roues des voitures; on place

celles-ci sur des patins égaux en hauteur aux roues; et, comme les rues sont larges, couvertes de trois ou quatre pieds de neige bien battue et ressemblant au sable le plus uni, le plus ferme et le plus fin, rien n'égale la rapidité avec laquelle on court ou plutôt on glisse, en parcourant cette belle ville.

J'ai déjà parlé de la modération avec laquelle les seigneurs russes exerçaient sur leurs paysans esclaves une autorité qui légalement n'a point de limites. Pendant mon long séjour en Russie, plusieurs exemples d'attachement de ces paysans à leurs seigneurs me prouvèrent qu'à cet égard on ne m'avait pas trompé.

Entre cent traits de ce genre dont je pourrais me servir, je me bornerai à citer celui-ci : le grand chambellan comte Schouwaloff, ayant contracté une dette assez considérable, se voyait obligé pour la payer de vendre une terre qu'il possédait à trois ou quatre cents werstes de la capitale.

Un matin, en se levant, il entend un grand bruit dans sa cour; une foule de paysans rassemblés causaient ce tumulte; il les fait venir et s'informe du motif qui les amène.

« On nous a appris, disent ces bonnes gens,

» que vous étiez dans la nécessité de vendre,
» pour rétablir vos affaires, la terre que nous
» habitons. Tranquilles et contens sous votre
» autorité, heureux par vous et reconnaissans,
» nous ne voulons pas perdre un si bon seigneur.
» Ainsi, après nous être cotisés, nous sommes
» venus avec empressement vous apporter la
» somme dont vous avez besoin et que nous
» vous supplions d'accepter. »

Le comte, après quelque résistance, reçut leur don et goûta la douce satisfaction de voir le bien qu'il avait fait récompensé par une si touchante gratitude.

Cependant ces peuples n'en sont pas moins à plaindre, puisque leur destinée dépend des chances capricieuses du sort, qui leur donne à son gré un bon ou mauvais maître. Cette vérité n'a pas besoin de preuves, et pourtant je ne puis m'empêcher de citer à cet égard une anecdote qui me fit douloureusement sentir à quel degré de malheur le pouvoir sans bornes d'un maître qui se livre à ses passions peut réduire l'innocence, la faiblesse et la vertu, qui ne trouvent aucun appui dans la loi.

Ce fait d'ailleurs fera connaître le danger que peuvent courir, dans un pays où la servitude est établie, les personnes mêmes qui, nées étrangères et libres, mais obscures, s'y trouvent, par des circonstances malheureuses, réduites à l'état de domesticité, et peuvent inopinément se voir confondues avec les esclaves les plus opprimés, sans que leur faible voix puisse faire entendre leurs plaintes à quelque protecteur puissant.

Marie-Félicité Le Riche, fille jeune, jolie et sensible, avait suivi en Russie son père, qu'un jeune seigneur russe y avait appelé pour le mettre à la tête d'une manufacture. Cette entreprise n'eut pas de succès; le vieillard ruiné se vit bientôt hors d'état de pourvoir à sa subsistance et à celle de sa fille.

Marie était devenue éprise d'un jeune ouvrier; mais en même temps elle avait inspiré une vive passion à l'officier russe dans la dépendance duquel elle se trouvait. Cet homme, n'écoutant que ses désirs, engagea facilement le père de Marie à refuser la main de sa fille à son amant qui ne possédait rien ; en même temps il dit à ce vieillard qu'une de ses parentes désirait avoir près d'elle une jeune personne, et que cette place avantageuse conviendrait à sa fille : l'infortuné père accepta cette offre avec reconnaissance.

Marie, séparée de son amant, partit pour Pétersbourg, et fut placée, sous la surveillance d'une vieille intrigante, dans un petit logement où on lui accordait tout ce qu'elle désirait, hors la liberté, la protection qu'elle avait espérée, et les moyens de voir son amant ou de correspondre avec lui.

Marie, à l'âge de l'espérance, se résignait et attendait tout du temps; mais il combla bientôt ses malheurs : son prétendu bienfaiteur arrive, cesse tout déguisement et ne laisse plus voir en lui qu'un vil corrupteur. Elle résiste avec la double force de l'amour et de la vertu.

Convaincu de l'inutilité de tous moyens de séduction, tant que la jeune fille conservera quelque espoir d'être un jour à ce qu'elle aime, le ravisseur la trompe en lui faisant parvenir la fausse nouvelle de la mort de son amant. Elle tombe dans la stupeur et le désespoir.

Son persécuteur en profite, l'outrage, consomme avec violence son crime et l'abandonne lâchement. L'infortunée succombe et perd la raison; la pitié de quelques voisins charitables la plaça dans un hospice.

Deux ans s'étaient passés depuis cet événement, lorsqu'on me fit voir cette déplorable victime du crime et de l'amour. Pâle, languissante, égarée, on reconnaissait encore en elle quelques traces de beauté; aucun son ne sortait de sa bouche; elle ne trouvait point d'accens pour exprimer sa douleur; toujours les yeux fixes, la main appuyée sur son cœur, elle restait dans la même consternation, dans la même surprise, dans le même silence, dans la même attitude qu'au moment où elle avait appris la mort de l'objet de son affection; son corps seul paraissait vivre, son âme cherchait ailleurs l'être qui aurait fait le charme de sa vie.

Jamais un si douloureux spectacle ne s'effacera de ma mémoire. M. D'Aguesseau, mon beau-frère, qui se trouvait à Pétersbourg, et qui fut attendri comme moi à la vue de cette jeune fille, traça l'esquisse de sa figure. Je possède encore ce dessin, qui me rappelle souvent la touchante Marie et ses infortunes.

L'habitude d'ordonner, sans formes, des châtimens, qui sont aussitôt infligés que commandés, pour des fautes condamnées sans examen et sans appel par un maître absolu, entraine de la part même des maîtres les moins durs d'étranges méprises.

En voici une dont le dénouement fut assez

ridicule, grâce au personnage qui s'en trouvait l'objet, quoique le commencement en eût été fort triste et presque cruel.

Un matin je vois arriver chez moi avec précipitation un homme troublé, agité à la fois par la crainte, par la douleur, par la colère; ses cheveux étaient hérissés, ses yeux rouges et remplis de larmes, sa voix tremblante, ses habits en désordre : c'était un Français.

Dès que je lui eus demandé la cause de son trouble et de son chagrin : « Monsieur le comte,
» me dit-il, j'implore la protection de votre ex-
» cellence contre un acte affreux d'injustice et
» de violence; on vient, par ordre d'un seigneur
» puissant, de m'outrager sans sujet, et de me
» faire donner cent coups de fouet. »

« Un tel traitement, lui dis-je, serait inex-
» cusable quand même une faute grave l'aurait
» attiré; s'il n'a pas de motif comme vous le
» prétendez, il est inexplicable et tout-à-fait
» invraisemblable; mais qui peut avoir donné
» un tel ordre? »

« C'est, me répondit le plaignant, son excel-
» lence M. le comte de Bruce, gouverneur de la
» ville. » « Vous êtes fou, repris-je; il est im-
» possible qu'un homme aussi estimable, aussi

» éclairé, aussi généralement estimé que l'est
» M. le comte de Bruce, se soit permis à l'égard
» d'un Français une telle violence, à moins que
» vous ne l'ayez personnellement attaqué et
» insulté. »

« Hélas! monsieur, répliqua le plaignant, je
» n'ai jamais connu M. le comte de Bruce : je suis
» cuisinier; ayant appris que monsieur le gou-
» verneur en voulait un, je me suis présenté à
» son hôtel; on m'a fait monter dans son apparte-
» ment. Dès qu'on m'a annoncé à son excellence,
» elle a ordonné qu'on me donnât cent coups de
» fouet, ce qui sur-le-champ a été exécuté. Mon
» aventure peut vous paraître invraisemblable;
» mais elle n'est que trop réelle, et mes épaules
» peuvent au besoin me servir de preuves. »

« Écoutez, lui dis-je enfin, si contre toute
» apparence vous avez dit vrai, j'obtiendrai
» réparation de votre injure, et je ne souffrirai
» pas qu'on traite ainsi mes compatriotes que
» mon devoir est de protéger. Mais, songez-y
» bien, si vous m'avez fait un conte, je saurai
» vous faire repentir de votre imposture. Por-
» tez vous-même au gouverneur la lettre que
» je vais lui écrire ; un de mes gens vous accom-
» pagnera. »

En effet, j'écrivis sur-le-champ au comte de Bruce pour l'informer de l'étrange dénonciation qui venait de m'être faite. Je lui disais que, bien qu'il me fût impossible d'y ajouter foi, l'obligation de protéger les Français me faisait un devoir de lui demander l'explication d'un fait si singulier, puisque enfin il était possible que quelque agent subalterne eût abusé indignement de son nom pour commettre cet acte de violence. Je le prévenais que j'attendais impatiemment sa réponse afin de prendre les mesures nécessaires pour punir le plaignant s'il avait menti, ou pour lui faire rendre une prompte justice si, contre toute apparence, il avait dit la vérité.

Deux heures se passèrent sans qu'aucune réponse me parvînt. Je commençais à m'impatienter ; je me disposais à sortir pour chercher moi-même l'éclaircissement que j'avais demandé, lorsque je vis soudain reparaître mon homme, qui véritablement ne semblait plus le même : son air était calme, sa bouche riante ; la gaité brillait dans ses yeux.

« Eh bien ! lui dis-je, m'apportez-vous une » réponse ? » « Non, monsieur ; son excellence » va bientôt vous la faire elle-même ; mais je

» n'ai plus aucun sujet de me plaindre ; je suis
» content, très content ; tout ceci n'est qu'un
» quiproquo : il ne me reste qu'à vous remer-
» cier de vos bontés. »

« Comment ! repris-je, est-ce que les cent
» coups de fouet ne vous restent plus ? » « Si
» fait, monsieur, ils restent sur mes épaules, et
» très bien gravés ; mais, ma foi, on les a par-
» faitement pansés, et de manière à me faire
» prendre mon parti assez doucement. Tout m'a
» été expliqué ; voici le fait : M. le comte de
» Bruce avait pour cuisinier un Russe né dans
» ses terres ; cet homme, peu de jours avant
» mon aventure, avait déserté et, dit-on, volé.
» Son excellence, en ordonnant de courir à sa
» recherche, s'était proposé de le faire châtier
» dès qu'on le lui ramènerait.

» Or, c'est dans ces circonstances que je me
» présentai pour occuper la place vacante. Quand
» on ouvrit la porte du cabinet de monsieur le
» gouverneur, il était assis à son bureau, très
» occupé et me tournant le dos. Le domestique
» qui me précédait dit en entrant : *Monsei-*
» *gneur, voilà le cuisinier.* A l'instant son ex-
» cellence, sans se retourner, répondit : *Eh*
» *bien, qu'on le mène dans la cour, et qu'on lui*

» *donne cent coups de fouet, comme je l'ai or-*
» *donné.* Aussitôt le domestique referme la
» porte, me saisit, m'entraîne et appelle ses
» camarades, qui sans pitié, comme je vous l'ai
» dit, appliquent sur le dos d'un pauvre cui-
» sinier français les coups destinés à celui du
» cuisinier russe déserteur.

» Son excellence, en me plaignant avec
» bonté, a bien voulu m'expliquer elle-même
» cette méprise, et a terminé ses paroles con-
» solantes par le don de cette grande bourse
» pleine d'or que voici. » Je congédiai le pauvre
diable, dont je ne pouvais m'empêcher de trouver la juste colère beaucoup trop facilement
apaisée.

Tous ces effets, tantôt cruels, tantôt bizarres,
et rarement plaisans, d'un pouvoir dont rien
n'arrête ou ne suspend au moins l'action, sont
les conséquences inévitables de l'absence de
toutes institutions et de toutes garanties. Dans un
pays où l'obéissance est passive et la remontran-
ce interdite, le prince ou le maître le plus juste
et le plus sage doit trembler des suites d'une
volonté irréfléchie ou d'un ordre donné avec
trop de précipitation.

En voici une preuve qui paraîtra peut-être un

peu folle ; mais c'est un fait que m'ont attesté plusieurs Russes, et qu'un de mes honorables collègues, qui siége aujourd'hui à la chambre des pairs, a souvent en Russie entendu raconter comme moi. Or, notez que ce fait s'est, disait-on, passé sous le règne de Catherine II, qui certes a été et est encore citée, par tous les habitans de son vaste empire, comme un modèle de raison, de prudence, de douceur et de bonté.

Un étranger très riche, nommé Suderland, était banquier de la cour et naturalisé en Russie ; il jouissait auprès de l'impératrice d'une assez grande faveur. Un matin on lui annonce que sa maison est entourée de gardes et que le maître de police demande à lui parler.

Cet officier, nommé Reliew, entre avec l'air consterné : « Monsieur Suderland, dit-il, je me
» vois, avec un vrai chagrin, chargé par ma
» gracieuse souveraine d'exécuter un ordre dont
» la sévérité m'effraie, m'afflige, et j'ignore
» par quelle faute ou par quel délit vous avez
» excité à ce point le ressentiment de sa ma-
» jesté.

» — Moi ! monsieur, répondit le banquier,
» je l'ignore autant et plus que vous; ma sur-

» prise surpasse la vôtre. Mais enfin, quel est cet
» ordre?

» — Monsieur, reprend l'officier, en vérité
» le courage me manque pour vous le faire
» connaître.

» — Eh quoi! aurais-je perdu la confiance
» de l'impératrice?

» — Si ce n'était que cela, vous ne me ver-
» riez pas si désolé. La confiance peut revenir;
» une place peut être rendue.

» — Eh bien! s'agit-il de me renvoyer dans
» mon pays?

» — Ce serait une contrariété; mais avec vos
» richesses on est bien partout.

» — Ah! mon Dieu! s'écrie Suderland trem-
» blant, est-il question de m'exiler en Sibérie?

» — Hélas! on en revient.

» — De me jeter en prison?

» — Si ce n'était que cela, on en sort.

» — Bonté divine! voudrait-on me *knouter?*

» — Ce supplice est affreux, mais il ne tue
» pas.

» — Eh quoi! dit le banquier en sanglo-
» tant, ma vie est-elle en péril? L'impératrice,
» si bonne, si clémente, qui me parlait si dou-
» cement encore il y a deux jours, elle vou-

» drait.... mais je ne puis le croire. Ah! de
» grâce, achevez; la mort serait moins cruelle
» que cette attente insupportable.

» — Eh bien! mon cher, dit enfin l'officier
» de police avec une voix lamentable, ma gra-
» cieuse souveraine m'a donné l'ordre de vous
» faire empailler.

» — Empailler! s'écrie Suderland en regar-
» dant fixement son interlocuteur; mais vous
» avez perdu la raison, ou l'impératrice n'aurait
» pas conservé la sienne; enfin vous n'auriez
» pas reçu un pareil ordre sans en faire sentir
» la barbarie et l'extravagance.

» — Hélas! mon pauvre ami, j'ai fait ce
» qu'ordinairement nous n'osons jamais tenter;
» j'ai marqué ma surprise, ma douleur; j'allais
» hasarder d'humbles remontrances; mais mon
» auguste souveraine, d'un ton irrité, en me
» reprochant mon hésitation, m'a commandé
» de sortir et d'exécuter sur-le-champ l'ordre
» qu'elle m'avait donné, en ajoutant ces paroles
» qui retentissent encore à mon oreille : *Allez,*
» *et n'oubliez pas que votre devoir est de vous*
» *acquitter, sans murmure, des commissions*
» *dont je daigne vous charger.* »

Il serait impossible de peindre l'étonnement,

la colère, le tremblement, le désespoir du pauvre banquier. Après avoir laissé quelque temps un libre cours à l'explosion de sa douleur, le maître de police lui dit qu'il lui donne un quart d'heure pour mettre ordre à ses affaires.

Alors Suderland le prie, le conjure, le presse long-temps en vain de lui laisser écrire un billet à l'impératrice pour implorer sa pitié. Le magistrat, vaincu par ses supplications, cède, en tremblant, à ses prières, se charge de son billet, sort, et, n'osant aller au palais, se rend précipitamment chez le comte de Bruce.

Celui-ci croit que le maître de police est devenu fou; il lui dit de le suivre, de l'attendre dans le palais, et court, sans tarder, chez l'impératrice. Introduit chez cette princesse, il lui expose le fait.

Catherine, en entendant cet étrange récit, s'écrie : « Juste ciel ! quelle horreur ! En vérité,
» Reliew a perdu la tête. Comte, partez, cou-
» rez, et ordonnez à cet insensé d'aller tout de
» suite délivrer mon pauvre banquier de ses
» folles terreurs et de le mettre en liberté. »

Le comte sort, exécute l'ordre, revient, et trouve avec surprise Catherine riant aux éclats. « Je vois à présent, dit-elle, la cause d'une

» scène aussi burlesque qu'inconcevable : j'a-
» vais depuis quelques années un joli chien que
» j'aimais beaucoup, et je lui avais donné le
» nom de *Suderland*, parce que c'était celui
» d'un Anglais qui m'en avait fait présent. Ce
» chien vient de mourir; j'ai ordonné à Reliew
» de le faire empailler; et, comme il hésitait,
» je me suis mise en colère contre lui, pensant
» que par une vanité sotte il croyait une telle
» commission au-dessous de sa dignité : voilà le
» mot de cette ridicule énigme. »

Ce fait ou ce conte paraîtra sans doute plaisant; mais ce qui ne l'est pas, c'est le sort des hommes qui peuvent se croire obligés d'obéir à une volonté absolue, quelque absurde que puisse être son objet.

Au reste, et je crois juste de le répéter, les mœurs publiques, les sages intentions de Catherine et celles de ses deux successeurs, ont déjà pour la civilisation fait la moitié de l'ouvrage qu'on aurait pu attendre d'une bonne législation.

Pendant un séjour de cinq ans en Russie, je n'ai pas entendu parler d'un trait de tyrannie et de cruauté. Les paysans à la vérité vivent esclaves; mais ils sont traités avec douceur. On ne rencontre dans l'empire aucun mendiant; si l'on en trouvait, ils seraient renvoyés à leurs seigneurs qui sont obligés de les nourrir ; et ces seigneurs eux-mêmes, quoique soumis à un pouvoir absolu, jouissent, par leur rang et par l'opinion, d'une considération peu différente de celle qui leur appartient dans les autres monarchies non constitutionnelles de l'Europe.

Ils doivent à Catherine une organisation qui régularise dans chaque province leurs assemblées, et leur donne même le droit d'élire leurs présidens et leurs juges. Tous les emplois civils et militaires sont dans leurs mains; mais ce qui leur manque seulement, c'est un ciment légal qui garantisse à la fois la sécurité du trône, les prérogatives de la noblesse et l'adoucissement graduel de l'existence du peuple.

Tous les étrangers, dans leurs récits, ont peint avec de vives couleurs les tristes effets du gouvernement despotique des Russes, et cependant il est juste d'avouer qu'à cette époque nous n'avions pas complétement le droit de déclamer ainsi contre le pouvoir arbitraire qui pesait sur la Moscovie. Ne voyait-on pas encore chez nous, dans ce temps, Vincennes, la Bastille, Pierre-en-Scize et les lettres de cachet? Sous Louis XVI on faisait peu d'usage de ces lettres; mais pendant le règne de Louis XV, chez son ministre le comte de Saint-Florentin, on les prodiguait et même on les vendait.

Voltaire s'était vu renfermé à la Bastille. M. de Maurepas avait subi un exil de vingt-cinq ans. Le moindre caprice d'un commis envoyait sans formes à Cayenne les citoyens qui lui déplaisaient. Je me rappelle à ce propos que dans mon enfance on m'a raconté la triste aventure d'une jeune bouquetière remarquable par sa beauté; elle s'appelait Jeanneton.

Un jour M. le chevalier de Coigny la rencontre éblouissante de fraîcheur et brillante de gaîté; il l'interroge sur la cause de cette vive satisfaction. « Je suis bien heureuse, dit-elle :
» mon mari est un grondeur, un brutal; il
» m'obsédait; j'ai été chez M. le comte de Saint-
» Florentin; madame S***, qui jouit de ses
» bonnes grâces, m'a fort bien accueillie, et
» pour dix louis je viens d'obtenir une lettre
» de cachet qui me délivre de mon jaloux. »

Deux ans après, M. de Coigny rencontre la même Jeanneton, mais triste, maigre, pâle, jaune, les yeux battus. « Eh! ma pauvre Jean-
» neton, lui dit-il, qu'êtes-vous donc devenue?
» on ne vous rencontre nulle part, et, ma foi,

» j'ai eu peine à vous reconnaître. Qu'avez-vous
» fait de cette fraîcheur et de cette joie qui me
» charmaient la dernière fois que je vous ai vue? »

« Hélas! monsieur, répondit-elle, j'étais bien
» sotte de me réjouir: mon vilain mari, ayant
» eu la même idée que moi, était allé de son
» côté chez le ministre, et le même jour, par
» la même entremise, avait acheté un ordre
» pour m'enfermer, de sorte qu'il en a coûté
» vingt louis à notre pauvre ménage pour nous
» faire réciproquement jeter en prison. »

La morale de ceci est qu'un voyageur, avant de critiquer avec trop d'amertume les abus qui le frappent dans les lieux qu'il parcourt, doit se retourner prudemment et regarder en arrière, pour voir s'il n'a pas laissé dans son propre pays des abus tout aussi déplorables ou ridicules que ceux qui le choquent ailleurs. En frondant les autres, songez, vous, Prussiens, à Spandaw; Autrichiens, au Mongatsch (en Hongrie) et à Olmutz; Romains, au château Saint-Ange; Espagnols, à l'inquisition; Hollandais, à Batavia; Français, à Cayenne, à la Bastille; vous-mêmes, Anglais, à la tyrannique presse des matelots; vous tous enfin à cette traite des nègres qu'après tant de révolutions, à la honte de l'humanité, il est encore si difficile d'abolir complétement.

La Russie a d'ailleurs un droit réel à la bienveillance des étrangers ; nulle part ils ne trouvent une plus courtoise hospitalité : jamais je n'oublierai l'accueil non-seulement obligeant, mais cordial, qu'on me fit dans les brillantes sociétés de Pétersbourg. En peu de temps les liaisons que je formai avec des hommes d'un vrai mérite et les femmes les plus aimables, purent me faire oublier que là j'étais un étranger.

Aussi, malgré le temps, la distance et les vicissitudes des événemens qui ont porté les armes françaises à Moscou et les armes russes à Paris, je ne puis penser aux jours heureux que j'ai passés dans ce pays, qu'avec une émotion qui tient un peu de celle qu'on éprouve quand on est éloigné de sa propre patrie.

Il était difficile de trouver plus de douceur et de raison que n'en montrait la comtesse Soltikoff ; rien ne surpassait en franche et naturelle bonté les comtesses Ostermann, Tchernicheff, Pouskin, madame Divoff ; à Paris on aurait admiré la grâce et les charmes de la princesse Dolgorouki et de sa mère, madame la princesse Bariatinski, de mademoiselle Tchernicheff, de la charmante comtesse Skawronski, qui aurait pu servir de modèle à un artiste pour peindre la tête de l'Amour.

Les jeunes Narischkin, la comtesse Razoumowski, plus âgée, un essaim de demoiselles d'honneur, ornement du palais de l'impératrice, attiraient les regards, les louanges et les hommages. On ne quittait pas sans regret les entretiens spirituels de la comtesse Schouwaloff, la conversation originale et piquante de madame Zagreski.

Les comtes Romanzoff, Soltikoff, Strogonoff; André Razoumowski, si célèbre par des succès brillans en politique et en galanterie; André Schouwaloff, que son *Épître à Ninon* a classé en France au rang de nos poëtes les plus gracieux; le comte de Woronzoff et son frère, habiles l'un en administration et l'autre en diplomatie; le comte Bezborodko, qui, sous une enveloppe assez épaisse, cachait l'esprit le plus délié; le prince Repnin, à la fois courtisan poli et brave général; le loyal Michelson, vainqueur de Pugatcheff; le maréchal Romanzoff, immortalisé par ses victoires; Souwaroff même, dont les lauriers nombreux couvraient les défauts bizarres, les manières grotesques et les caprices presque extravagans; enfin un grand nombre de jeunes colonels et de généraux, qui annonçaient déjà à la Russie que sa gloire et sa civilisation ne reculeraient plus, m'inspiraient tour à tour une juste estime et un attrait fort naturel.

J'aurais pu ajouter à cette liste beaucoup de noms, comme ceux de Gallitzin, Kourakin, Kacheloff, etc., si le cadre d'un récit trop rapide me le permettait; mais je ne passerai pas sous silence la vieille comtesse Romanzoff, mère du maréchal, et alors presque centenaire. Son corps paralysé marquait seul sa vieillesse; sa tête était pleine de vie; son esprit, de gaîté; son imagination, de jeunesse : comme elle avait beaucoup de mémoire, sa conversation était aussi attrayante et instructive qu'une histoire bien écrite. Elle avait vu poser la première pierre de Pétersbourg : ainsi ces mots *vieille comme les rues* n'auraient point été pour elle une locution exagérée.

Elle avait assisté, en France, au dîner de Louis XIV, et elle me dépeignait sa figure, ses manières, sa physionomie et l'habillement de madame de Maintenon, comme si elle venait de les voir la veille. Elle me donnait des détails curieux sur la vie du fameux duc de Marlborough, qu'elle avait visité dans son camp.

Un autre jour, elle me retraçait le tableau fidèle de la cour de la reine Anne d'Angleterre, qui l'avait comblée de faveurs ; enfin elle se plaisait dans ses récits à me faire entendre que Pierre le Grand avait été amoureux d'elle, et me laissait même douter si elle avait été rebelle à ses vœux.

Mais de tous les personnages, celui qui me frappa le plus et qu'il était le plus important pour moi de bien connaître, c'était le célèbre prince Potemkin, tout-puissant alors sur le cœur et l'esprit de l'impératrice. En traçant son portrait, on est certain qu'il ne pourra point être confondu avec d'autres ; car jamais peut-être on ne vit, dans une cour, dans un conseil et dans un camp, un courtisan plus fastueux et plus sauvage, un ministre plus entreprenant et moins laborieux, un général plus audacieux et plus indécis ; toute sa personne offrait l'ensemble le plus original par un inconcevable mélange de grandeur et de petitesse, de paresse et d'activité, d'audace et de timidité, d'ambition et d'insouciance.

Partout un tel homme eût été remarquable

par sa singularité; mais, hors de la Russie, et sans les circonstances extraordinaires qui lui concilièrent la bienveillance d'une grande souveraine, de Catherine II, non-seulement il n'aurait pu acquérir une grande renommée et parvenir aux éminentes dignités qui l'illustrèrent, mais il ne serait même peut-être jamais parvenu à un grade un peu avancé. Ses bizarreries et les inconséquences de son esprit l'auraient arrêté dès les premiers pas d'une carrière quelconque, soit militaire, soit civile.

La fortune des hommes célèbres tient plus qu'on ne pense au siècle, au pays, aux circonstances. Un défaut à certaine époque peut réussir mieux que certain mérite, tandis qu'une belle qualité déplacée nuit souvent autant qu'un défaut et même qu'un vice.

Le prince Potemkin avait dix-huit ans lorsque Catherine détrôna Pierre III : épris des charmes de cette princesse, il s'arma l'un des premiers pour sa défense; mais, comme il n'était alors que sous-officier, ce zèle pouvait n'être pas distingué dans la foule.

Un heureux hasard fixa sur lui l'attention : Catherine, tenant à la main une épée, voulait avoir une dragonne; Potemkin s'approche et lui offre la sienne; elle l'accepte : il veut respectueusement s'éloigner; mais son cheval, accoutumé à l'escadron, s'obstine à rester près du cheval de l'impératrice.

Cette opiniâtreté la fait sourire; elle examine avec plus d'intérêt le jeune guerrier, qui, malgré lui, se serre si près d'elle; elle lui parle. Sa figure, son maintien, son ardeur, son entretien lui plaisent également; elle s'informe de sa famille, l'élève au grade d'officier, et bientôt lui donne une place de gentilhomme de la chambre dans son palais.

Ainsi ce fut l'entêtement d'un cheval rétif qui le jeta dans la carrière des honneurs, de la richesse et du pouvoir. Il m'a raconté lui-même cette anecdote.

Potemkin joignait le don d'une heureuse mémoire à celui d'un esprit naturel, vif, prompt et mobile; mais en même temps le sort lui avait donné un caractère indolent et enclin au repos.

Ennemi de toute gêne, et cependant insatiable de voluptés, de pouvoir et d'opulence, voulant jouir de tous les genres de gloire, la fortune le fatiguait en l'entraînant; elle contrariait sa paresse, et pourtant jamais elle n'allait aussi vite et aussi loin que ses vagues et impatiens désirs le demandaient : on pouvait rendre un tel homme riche et puissant, mais il était impossible d'en faire un homme heureux.

Son cœur était bon, son esprit caustique; à la fois avare et magnifique, il prodiguait des bienfaits et payait rarement ses dettes. Le monde l'ennuyait; il y semblait déplacé, et se plaisait néanmoins à tenir une espèce de cour.

Caressant dans l'intimité, il se montrait, en public, hautain et presque inabordable; mais au fond il ne gênait les autres que parce qu'il était gêné lui-même. Il avait une sorte de timidité qu'il voulait déguiser ou vaincre par un ton froid et orgueilleux.

Le vrai secret pour gagner promptement son amitié était de ne pas le craindre, de l'aborder familièrement, de lui parler le premier et de lui éviter tout embarras en se mettant promptement à l'aise avec lui.

Quoiqu'il eût été élevé à l'université, il avait moins acquis de connaissances par les livres que par les hommes; sa paresse fuyait l'étude, et la curiosité lui faisait chercher partout des lumières.

C'était le plus grand questionneur qu'il y eût au monde : comme son autorité mettait à sa disposition des hommes de tout rang, de toute classe et de toute profession, il s'était tellement instruit en causant et en questionnant, que son esprit, riche de tout ce que sa mémoire avait retenu, étonnait souvent, quand on lui parlait, non-seulement les politiques et les militaires, mais les voyageurs, les savans, les littérateurs, les artistes et même les artisans.

Ce qu'il aimait surtout, c'était la théologie; car, bien qu'il fût mondain, ambitieux et voluptueux, il était non-seulement croyant, mais superstitieux. Je l'ai vu souvent passer une matinée à examiner des modèles de casques pour des dragons, des bonnets et des robes pour ses nièces, des mitres et des habits pontificaux pour des prêtres. On était certain de fixer son attention et de le distraire de toute autre occupation, en lui parlant des querelles de l'Église grecque et de l'Église latine, des conciles de Nicée, de Chalcédoine et de Florence.

Dans ses rêves pour l'avenir, il passait tour à tour du désir d'être duc de Courlande ou roi de Pologne, à celui d'être fondateur d'un ordre religieux, ou même simple moine. Ennuyé de ce qu'il possédait, envieux de ce qu'il ne pouvait obtenir, désirant tout et dégoûté de tout, c'était un vrai favori de la fortune, mobile, inconstant et capricieux comme elle.

Un usage singulier qui existe dans presque toutes les capitales de l'Europe, excepté Paris et Londres, c'est que les ambassadeurs et ministres étrangers, qu'on y appelle, je ne sais pourquoi, le *corps diplomatique*, puisque de tous les corps du monde c'est celui dont les membres sont le plus séparés, divisés entr'eux et sans aucun lien commun, c'est que, dis-je, ces étrangers font, pour ainsi dire, les honneurs de la ville où ils résident, et ordinairement ce sont eux, plus que les grands seigneurs du pays, qui animent la société par une représentation habituelle, par des repas splendides, des fêtes brillantes et des bals nombreux.

A l'époque où je me trouvais à Pétersbourg, le corps diplomatique était composé de personnes très distinguées par différens genres de mérite et d'esprit. Elles répandaient dans les cercles de Pétersbourg beaucoup d'activité et d'agrément.

L'ambassadeur d'Autriche, comte de Cobentzel, fort connu depuis à Paris sous le règne de Napoléon, faisait oublier une laideur peu commune par des manières obligeantes, une conversation vive et une gaîté inaltérable.

Le ministre de Prusse, le comte de Goërtz, plus sérieux, mais peut-être encore plus vif, se faisait estimer et aimer par sa franchise et par une ardeur qui empêchait sa profonde instruction de paraître pédante. Ses entretiens animés intéressaient toujours et ne languissaient jamais.

M. Fitz-Herbert, aujourd'hui lord Saint-Hélens, joignait à la mélancolie d'une âme sensible et aux distractions singulières d'un caractère vraiment britannique, tous les charmes de l'esprit le plus orné. Négociateur habile et fin, constant dans ses sentimens, loyal et généreux dans ses procédés, je n'ai point rencontré d'ami plus aimable et de rival plus redoutable. Politiquement nous avons tous deux cherché plusieurs années à nous contrecarrer; mais socialement nous vivions dans une union intime qui surprit également les Russes et ses compatriotes ainsi que les miens.

Le baron de Nolken, ministre de Suède, et M. de Saint-Saphorin, ministre de Danemarck, jouissaient aussi, par leur caractère doux, liant, et par des connaissances variées, d'une estime générale.

Le ministre de Naples, duc de Serra Capriola, nous plaisait à tous par sa bonhomie et sa vive gaîté; il avait une femme très belle que l'âpreté du climat lui enleva; pour lui, il le supporta mieux, et s'y habitua tellement, qu'il se fixa en Russie, où il épousa la fille du prince Wesemski, l'un des personnages les plus importans de la cour de Catherine.

Je ne dirai rien de l'ambassadeur de Hollande, du baron de Wassenaër : sa mission n'eut ni durée ni éclat, et finit par un mariage brusquement manqué, dont les circonstances furent passablement scandaleuses.

Je rencontrai encore, dès mon début à la cour de Russie, ces ennuyeuses difficultés d'étiquette qui m'avaient tant contrarié à Mayence. M. de Vergennes m'avait assuré que le pêle-mêle était établi à Pétersbourg. M. de la Colinière m'apprit qu'en effet l'impératrice l'avait ainsi décidé, mais que dans la réalité il n'existait pas.

Tous les dimanches cette princesse, en revenant de la messe, trouvait, en entrant dans ses appartemens, les membres du corps diplomatique rangés en haie et sur deux lignes. Or, soit par une ancienne habitude, soit par une singulière indifférence de la part de mes prédécesseurs, après les deux ambassadeurs d'Autriche et de Hollande, qui se plaçaient avec raison les premiers, constamment le ministre d'Angleterre occupait la première place, et celui de France la seconde.

Ne voulant pas laisser subsister cet usage inconvenant, et, d'un autre côté, craignant, d'après l'aventure de Mayence, de confirmer dans l'esprit de l'impératrice la fausse idée qu'on lui avait donnée de ma présomption et de ma susceptibilité, je ne vis, pour éviter ou de déplaire à une cour que je voulais rapprocher de la mienne, ou de montrer une condescendance déplacée, d'autre moyen que d'avoir recours à l'adresse.

En conséquence, le premier jour d'audience publique, j'eus soin de me rendre de très bonne heure au palais; mais je trouvai, malgré ma diligence, la première place déjà prise par M. Fitz-Herbert. Une très jolie et très aimable dame de Paris m'avait prié de lui remettre une lettre; je choisis ce moment pour m'acquitter de mon galant message. Au nom de la dame, il prit avec vivacité la lettre et s'éloigna pour la lire ; moi je pris alors sa place, qu'il ne me redemanda point, puisqu'il n'avait pour lui que l'usage et non le droit.

Le dimanche d'après je fus si diligent que je trouvai cette même place vide ; enfin le troisième jour d'audience, voyant que le ministre de Suède et plusieurs autres se rangeaient pour me laisser passer, je leur dis : « Non, mes-
» sieurs ; vous êtes arrivés avant moi, je ne me
» placerai qu'après vous ; il faut que le pêle-
» mêle soit établi comme on l'a ordonné, et il
» l'est aujourd'hui complétement. » Depuis ce moment aucune difficulté de ce genre ne vint entraver ma marche et m'ennuyer.

J'avais employé une quinzaine de jours à me mettre au fait des usages de la société de Pétersbourg, et à faire connaissance avec les personnes qui la composaient. Je commençai donc à m'occuper des affaires que j'étais chargé de traiter : elles n'étaient, dans ces premiers momens, ni très nombreuses ni très importantes. La froideur qui existait entre nos cours ne nous donnait alors aucune influence en Russie ; chacun connaissait les préventions de Catherine contre le cabinet de Versailles. Ses ministres, et les courtisans qui jouissaient de quelque faveur auprès d'elle, usaient avec moi, dans leurs relations et dans leurs entretiens, d'une réserve assez décourageante.

Pour juger notre situation politique dans ce pays, il suffira de donner une idée des instructions que j'avais reçues de M. le comte de Vergennes, au moment de mon départ : « En tra-
» vaillant, me disait ce ministre, à rédiger cette
» instruction, et en relisant celles qui avaient
» été données à vos deux derniers prédéces-
» seurs, j'ai vu avec peine qu'aucune de leurs
» dispositions ne peut s'appliquer au moment
» présent. Notre opposition aux projets de l'im-
» pératrice contre l'empire ottoman a changé
» totalement les relations du roi de France avec
» cette princesse.

» Tant que le comte Panin avait conservé
» quelque influence sur l'esprit de Catherine II,
» ce ministre sage et conciliant était parvenu
» à vaincre la répugnance que l'impératrice
» éprouvait pour la France : aussi, pendant
» son ministère, cherchant à nous rapprocher
» de la Russie, nous avions contribué à réta-
» blir la paix entr'elle et les Turcs. Catherine
» nous avait vus encourager l'établissement de
» son système de neutralité armée, titre de
» gloire pour elle. Déjà les Anglais perdaient à

» Pétersbourg de leur influence, et craignaient
» de ne pas y conserver long-temps leurs pri-
» viléges exclusifs de commerce.

» Mais, depuis la disgrâce et la mort du
» comte Panin, la direction des grandes affaires
» a été confiée au prince Potemkin : ce prince,
» ardent et ambitieux, s'est entièrement dévoué
» aux partis anglais et autrichien, dans l'espoir
» de triompher avec leur appui des obstacles
» que rencontraient les vues de l'impératrice
» contre l'empire ottoman.

» Nous sommes, il est vrai aussi, continuait
» M. de Vergennes, alliés de l'Autriche; mais
» vingt-huit ans d'expérience nous prouvent
» que notre alliance avec la cour de Vienne
» n'a jamais pu détourner les ministres autri-
» chiens de l'ancienne habitude de nous contre-
» carrer partout.

» Le comte de Cobentzel a suivi cet exem-
» ple jusqu'à l'indécence, favorisant en tout
» l'Angleterre et dissimulant ses torts les plus
» évidens; enfin, quoique Catherine ait aban-
» donné le roi de Prusse pour se lier à l'empe-
» reur notre allié, ce qui semblait devoir la
» rapprocher de nous, on voit les cabinets de
» Vienne et de Pétersbourg nous traiter aussi

» hostilement que si nous avions formé contre
» eux une alliance avec les Prussiens.

» Cependant le roi avait poussé la condes-
» cendance jusqu'au point de reconnaître peut-
» être trop facilement l'envahissement de la
» Crimée, enlevée aux musulmans, et sa ré-
» union à l'empire de Russie; mais cette com-
» plaisance ne nous a valu que quelques froids
» remercîmens, et nous n'avons pas pu même
» obtenir du cabinet russe une satisfaction
» long-temps réclamée pour des griefs assez im-
» portans dont nous demandons vainement une
» juste réparation.

» C'est dans ces dispositions, me disait le
» ministre, que vous trouverez Catherine II :
» on craint que, dans la querelle qui vient de
» s'élever entre la Hollande et Joseph II, elle
» ne prenne parti pour l'empereur. Son but
» probable est d'agir de sorte qu'en se con-
» certant avec l'Angleterre, les Hollandais se
» voient réduits à implorer sa protection, tan-
» dis que l'empereur croira lui devoir les sa-
» crifices qu'elle dictera à cette république.

» Enfin, je suis persuadé que toute démar-
» che pour nous concilier l'amitié de l'impé-
» ratrice serait inutile, et que, tant qu'elle

» existera, la conduite du roi vis-à-vis d'elle
» doit se borner à de simples égards.

» Cependant je vous invite à chercher les
» moyens de vous rendre personnellement agréa-
» ble à cette princesse et à ceux qui ont le plus
» d'influence sur elle.

» Nous n'entrevoyons aucun espoir de faire
» un traité de commerce avec la Russie ; mais
» si, contre toute probabilité, quelques circon-
» stances imprévues plus favorables se présen-
» taient, profitez de l'occasion qu'elles pour-
» raient faire naître, et attachez-vous surtout
» à prouver aux ministres russes combien le
» privilége accordé aux Anglais est onéreux à
» la Russie, tandis que nous, plus modérés
» dans nos désirs, nous ne demandons que l'é-
» galité de traitement avec toutes les autres
» puissances commerçantes. »

M. de Vergennes me conseillait de mettre beaucoup de réserve dans ma conduite à l'égard du grand-duc et de la grande-duchesse, afin de ne pas déplaire à l'impératrice et d'éviter tout ce qui pouvait compromettre ces princes. Il pensait que le seul objet important de ma mission serait de découvrir les vrais projets de Catherine, de connaître la nature, l'étendue de ses liaisons avec l'empereur et l'Angleterre, et de pénétrer ses dispositions à l'égard de la Suède, ainsi que ses démarches pour acquérir de l'influence à Naples. Je devais surtout distinguer avec soin les apparences des réalités, les menaces des actions, et les faux bruits des préparatifs véritables.

Le ministre, supposant que le but principal de l'impératrice était le renversement de la puissance ottomane et le rétablissement de l'empire grec, m'ordonnait, pour faire taire les échos de la flatterie qui lui prédisaient le rapide et facile succès d'une si colossale entreprise, d'employer tous les moyens qui me paraîtraient convenables pour prouver aux ministres russes que cette révolution rencontrerait de la part des grandes puissances européennes d'invincibles obstacles.

Passant à de moindres objets, le ministre me prescrivait de rendre politesses pour politesses à M. le comte de Cobentzel, mais sans confiance, tandis que je devais en montrer une réelle au ministre de Prusse. Au reste, il me recommandait de ménager soigneusement les ministres des puissances amies, et même de ne pas négliger l'occasion de former quelques liaisons avec ceux des puissances malveillantes. De plus il m'était enjoint de correspondre avec les ambassadeurs et ministres du roi à Constantinople, à Berlin, à Vienne, à Stockholm et à Copenhague, pour les informer de tout ce qui pouvait leur être utile.

On voit par l'esquisse de ces instructions, qu'elles me laissaient peu d'espoir de quelques succès marquans; mon rôle semblait devoir se borner à celui d'observateur attentif dans une cour sur laquelle nous n'avions aucune influence, et la seule affaire réelle dont je me trouvais chargé était d'obtenir, après plusieurs années de tentatives inutiles, une juste satisfaction pour des négocians de Marseille, dont les corsaires russes avaient pris et pillé les bâtimens pendant la guerre de Turquie.

Il ne me fut pas difficile de connaître les dispositions de la plupart des ministres : les comtes Bezborodko, Ostermann et Woronzoff ne dissimulaient pas leur penchant pour les Anglais; aussi mes soins pour former quelques liaisons avec eux ne me valurent qu'un accueil cérémonieux et des politesses froides.

D'ailleurs le désir et la nécessité de plaire à leur souveraine les avaient habitués à régler leur conduite sur la sienne, à lui prouver qu'en politique, comme en toute autre chose, ils partageaient ses préventions favorables ou contraires; et, comme les courtisans exagèrent presque toujours ce qu'ils imitent, leur bienveillance ou leur malveillance se manifestait d'une manière beaucoup plus prononcée que celle de l'impératrice.

Aussi, cette princesse traitant avec faveur l'ambassadeur d'Autriche et le ministre d'Angleterre, ces ministres vivaient avec eux dans une étroite intimité; et, comme ils n'ignoraient pas l'éloignement de Catherine II pour notre cour, et l'humeur que lui donnait la conduite du roi de Prusse et ses sarcasmes, nous les trouvions, M. le comte de Goërtz et moi, trop peu communicatifs, et beaucoup plus disposés à nous nuire qu'à nous obliger.

Une partie de la société suivait leur exemple. Cependant on trouvait à Pétersbourg un assez grand nombre de personnes, et surtout de dames, qui préféraient les Français aux autres étrangers, et qui désiraient un rapprochement entre la Russie et la France.

Cette disposition était pour moi plus agréable qu'utile; car sur ce point Pétersbourg était loin de ressembler à Paris. Jamais dans les salons on ne parlait politique, même pour louer le gouvernement. La crainte avait donné l'habitude de la prudence; les frondeurs de la capitale n'émettaient leurs opinions que dans les confidences d'une intime amitié ou d'une liaison plus tendre; ceux que cette contrainte gênait se retiraient à Moscou, que l'on ne pouvait pas appeler cependant le foyer de l'opposition, car il n'en existe pas dans un pays absolu, mais qui était réellement la capitale des mécontens.

De tous les ministres, celui dont il m'aurait été le plus utile de me rapprocher, c'était le prince Potemkin : par malheur il paraissait de tous le plus difficile à guérir de ses préventions contre la France.

Entièrement opposé au système du comte Panin, partageant et enflammant les désirs ambitieux de Catherine II, il nous regardait comme un obstacle à ses vues, et nous haïssait comme les protecteurs des Turcs, des Polonais et des Suédois.

Il ne négligeait aucun des moyens qui pouvaient, à nos dépens et à ceux de la Prusse, lui concilier la confiance, l'affection et l'appui des cabinets de Vienne et de Londres. Aussi toutes les froideurs étaient pour nous, et toutes les faveurs pour le comte Cobentzel et M. Fitz-Herbert, de même que pour les voyageurs et les négocians de leurs nations.

Ces obstacles ne me découragèrent point : on m'avait fait connaître à fond le caractère, les qualités et les défauts de ce ministre ; j'essayai de mettre cette connaissance à profit, et ce fut avec succès, quoique mes premières démarches près de lui semblassent devoir produire un effet tout contraire.

Ce prince, ministre de la guerre, chef de l'armée, gouverneur des nouvelles provinces méridionales conquises par les armes russes, supérieur en crédit à tous ses collègues, enfin tout-puissant par la confiance presque illimitée que lui accordait l'impératrice, était courtisé et flatté par toute la noblesse et même par les plus grands seigneurs, avec des formes qui ne se rencontrent que dans un pays soumis à un gouvernement absolu, où l'obéissance est passive et la déférence sans dignité.

Aussi, quoique le prince Potemkin affectât, en quelques occasions solennelles et les jours de fêtes, de se montrer richement paré, couvert de décorations, et de prendre le langage; le maintien, les manières d'un grand seigneur de la cour de Louis XIV, dans sa vie intérieure et habituelle, dépouillant tout masque, toute gêne, en véritable enfant gâté par la fortune, il recevait sans distinction tous ceux qui, venant le voir, le trouvaient avec une tenue et des formes asiatiques qu'on attribuait faussement à une hauteur excessive.

En le voyant les cheveux épars, vêtu d'une robe de chambre ou d'une fourrure et d'un pantalon, n'ayant pour chaussure que des pantoufles, enfin montrant son large cou tout nu, et restant indolemment étendu sur un sofa, on aurait cru être admis à l'audience d'un pacha de Perse ou de Turquie; mais, chacun le considérant comme le dispensateur de toutes les grâces, tous s'étaient accoutumés à se prêter à ses plus bizarres fantaisies.

La plupart des ministres étrangers, découragés par sa froideur, et le croyant inabordable, ne le voyaient que les jours où il se montrait en public; Fitz-Herbert et Cobentzel seuls étaient admis dans son intimité.

Le ministre anglais, accoutumé par les usages de son pays à ne jamais s'étonner de l'originalité, ne contrariait point les habitudes du prince; mais en même temps il savait avec un tact sûr et un esprit fin se rendre familier sans inconvenance, et conserver sa dignité là où elle semblait étrangère.

Il n'en était pas de même du comte de Cobentzel : quoique spirituel, et, malgré le caractère dont il était revêtu, croyant en politique tout moyen convenable pourvu qu'il réussît, il surpassait en complaisance et en déférence les courtisans les plus dociles et les plus dévoués.

Il m'aurait été difficile de l'imiter; et d'ailleurs, plus nous étions loin d'être considérés comme amis, plus il me semblait nécessaire de nous faire traiter avec de justes égards; car c'est des personnes dont on n'est point aimé qu'il importe le plus de se faire respecter : l'absence de toute gêne est ridicule quand elle n'est pas justifiée par l'intimité.

J'avais écrit au prince Potemkin pour lui demander une audience : le jour fixé, j'arrive à l'heure prescrite; je me fais annoncer, et je m'assieds dans un salon où se tenaient comme moi plusieurs seigneurs russes et le comte de Cobentzel.

J'attendais avec quelque impatience; mais au bout d'un quart d'heure, ne voyant point la porte s'ouvrir, je me fis annoncer de nouveau : comme on me dit que le prince ne pouvait pas encore me recevoir, je répondis que je n'avais pas le temps d'attendre; en même temps je sortis, à la grande surprise des personnes qui m'entouraient, et je rentrai tranquillement chez moi.

Le lendemain je reçus un billet du prince Potemkin, qui s'excusait de son inexactitude, et me priait d'accepter un autre rendez-vous. Je retournai donc chez·lui, et cette fois j'étais à peine arrivé que je vis le prince, paré, poudré et revêtu d'un habit brodé sur toutes les tailles, venir au devant de moi; il me conduisit dans son cabinet. Là, après les complimens d'usage et quelques questions insignifiantes qui décelaient assez sa gêne habituelle, comme je voulais me retirer, il me pria de rester. Ayant cherché quelques instans un sujet d'entretien, comme il était grand interrogateur, il me demanda avec un intérêt assez vif des détails sur la guerre d'Amérique, sur les principaux événemens de cette grande lutte, et sur ce qu'on devait penser des destinées futures de la nouvelle république des États-Unis.

Je vis qu'il ne croyait pas que des institutions républicaines pussent avoir une longue durée dans un pays si vaste; son esprit, accoutumé a la domination absolue, ne pouvait admettre la possibilité de l'union de l'ordre et de la liberté.

Son imagination mobile passait promptement des affaires les plus importantes aux objets du plus faible intérêt : aussi, comme il aimait beaucoup les décorations, ayant pris, regardé et retourné plusieurs fois celle de Cincinnatus que je portais, il voulut savoir si c'était un ordre, une association, une confrérie; par qui elle avait été fondée; quels étaient ses réglemens; et alors, se trouvant sur le terrain qu'il aimait, il me parla, je crois, pendant une heure à peu près, des différens ordres de Russie et d'une partie de ceux de l'Europe.

Cet entretien n'avait assurément rien d'important; mais la longueur de cette première audience était si contraire à ses habitudes, qu'on en parla beaucoup dans la ville, et surtout parmi les membres du corps diplomatique, dont la coutume est partout, à la moindre nouveauté, de s'épuiser en conjectures qui les trompent plus souvent qu'elles ne les éclairent. Au reste, ils ne tardèrent pas à trouver l'occasion d'en faire de plus justes et de mieux fondées.

Il existait alors dans Pétersbourg une maison

qui certes ne ressemblait à aucune autre ; c'était celle du grand-écuyer Narischkin, homme très riche, portant un nom illustré par des alliances avec la famille impériale. La nature l'avait doué d'un esprit médiocre, d'une très grande gaîté, d'une bonhomie sans égale, d'une santé ferme et d'une incomparable originalité.

Il était non pas en crédit, mais plutôt en grande faveur près de Catherine II : elle s'amusait de ses bizarreries, riait de ses bouffonnes plaisanteries et du décousu de sa vie ; comme il ne gênait personne et divertissait tout le monde, on lui passait tout, et il avait le droit de faire et de dire ce qui n'aurait jamais été permis à aucun autre.

Du matin au soir, on entendait dans sa maison les accens de la joie, les rires de la folie, les sons des instrumens, le bruit des festins ; on y mangeait, on y riait, on y chantait, on y dansait toute la journée ; on y accourait sans invitation, on en sortait sans compliment ; toute contrainte en était bannie. C'était le foyer de tous les plaisirs, et l'on pouvait même presque dire le rendez-vous de tous les amans ; car là, au milieu de la confusion d'une foule joyeuse et bruyante, les *aparté*, les entretiens secrets étaient cent fois plus faciles que dans les cercles et les bals, où régnait l'étiquette. Partout ailleurs chacun voyait l'attention des autres fixée sur lui; mais chez M. de Narischkin le bruit étourdissait la curiosité, endormait la critique, et la foule servait de voile au mystère.

J'allais très souvent dans cet amusant panorama, ainsi que les autres membres du corps diplomatique. Le prince Potemkin, qu'on ne voyait presque nulle part ailleurs, venait fréquemment chez le grand-écuyer, parce que c'était le seul endroit où il n'éprouvait point de gêne et n'en causait pas.

Un motif de plus l'y conduisait : il était épris de l'une des filles de M. Narischkin; sa singulière et familière assiduité ne permettait à personne d'en douter; car, au milieu de tout le monde, lui seul semblait toujours être en tête-à-tête. La publicité de cette liaison prouvait qu'il n'existait plus de sentiment de la même nature entre Catherine et lui.

De son côté cette princesse dissimulait peu son penchant pour un nouveau favori, M. Yermoloff; et, comme cependant le prince conservait le même crédit, et on pouvait presque dire le même empire sur l'esprit de sa souveraine, on croyait assez généralement qu'un lien secret d'un autre genre et plus indissoluble l'unissait à elle.

La table où s'asseyaient pour souper les convives très nombreux du grand-écuyer, ne pouvait convenir au prince Potemkin; aussi se faisait-il servir à part, dans un cabinet, un souper auquel il invitait cinq ou six personnes habituellement admises dans son intimité.

Je ne tardai pas à être de ce nombre; mais ce ne fut qu'au moment où nous nous fûmes dégagés tous deux des obstacles qu'opposaient à ce rapprochement, d'une part son habitude de manquer aux formes d'usage, et de l'autre le parti bien décidé que j'avais pris d'exiger tous les égards convenables au caractère dont j'étais revêtu.

Un jour, par exemple, il m'avait invité à un grand dîner : tous les convives s'y rendirent, ainsi que moi, en habit paré, tandis que lui, sans se gêner, nous reçut n'ayant pour vêtement qu'une redingote fourrée. Je ne parus pas m'en apercevoir, parce qu'à ma grande surprise personne ne s'en montra étonné. Mais peu de jours après, l'ayant à mon tour invité à dîner chez moi, je lui rendis la pareille, après avoir fait comprendre à mes convives bien choisis la cause de ce manque de formalité.

Le prince jugea facilement le motif qui me dictait cette conduite; aussi depuis il prit toujours avec moi le ton que je désirais. Son caractère m'était connu : la condescendance à ses caprices, tout en lui plaisant, excitait ses superbes dédains, tandis que, tout en le gênant, une résistance décente attirait son estime.

Avant un mois, la froideur que prolongeait entre nous cette nécessité d'égards réciproques se dissipa, et cette glace se fondit tout à coup. Un soir, se promenant avec moi dans les appartemens de M. Narischkin, je fis tomber la conversation sur deux sujets d'un genre très opposé, mais que je savais plus propres que tous autres à fixer son attention.

Je lui parlai d'abord des nouvelles conquêtes de l'impératrice, des provinces méridionales dont le gouvernement lui était confié, de la prospérité dont elles me semblaient susceptibles, et du noble dessein qu'on lui attribuait de rendre un jour le commerce du sud de l'empire aussi florissant que celui du nord. Comme c'était en effet alors un des principaux objets de son ambition, il se livra avec tant de feu à cet entretien qu'il le prolongea plus que je ne l'espérais.

Ensuite, venant naturellement à parler de la mer Noire, de l'Archipel, de la Grèce, il ne me fut pas difficile, en évitant toute question politique, de l'amener à son sujet favori, c'est-à-dire à la discussion des causes de la séparation des Églises grecque et latine; et alors, m'entraînant dans un cabinet où il s'assit avec moi, il se complut à me déployer sa vaste érudition sur les antiques et fameux débats des papes et des patriarches, des conciles partiels et des conciles œcuméniques, enfin sur toutes ces querelles tantôt graves, tantôt ridicules, et trop souvent sanglantes, auxquelles l'aveugle esprit des peuples s'était livré avec un tel fanatisme, que la chute même de l'empire grec et l'embrasement de Constantinople par les Turcs n'avaient pu les en distraire, et qu'elles éclataient encore au milieu du carnage et au bruit des murs écroulés de la capitale.

Cette conversation fut si longue qu'elle nous occupa une grande partie de la nuit. Dès cet instant le prince, dont j'avais saisi le faible, sembla ne pouvoir presque plus se passer de moi. Fréquemment il m'invitait à venir conférer avec lui sur divers objets, et le plus souvent sur des mémoires que lui adressaient quelques négocians français relàtivement aux communications commerciales possibles et utiles à établir entre Kerson et Marseille.

Résolu de bannir toute contrainte de nos entretiens, il m'écrivit un jour qu'il désirait me parler de quelques affaires, mais qu'il en était empêché par des douleurs qui ne lui permettaient ni de se lever ni de s'habiller. Je lui répondis que, sans tarder, j'irais chez lui, et que je le priais de ne se gêner en aucune manière pour cette entrevue.

En effet je le trouvai couché sur son lit, vêtu seulement d'une robe de chambre et d'un pantalon. Après m'avoir adressé quelques excuses, il me dit, sans préambule : « Mon cher comte,
» je me sens une vraie amitié pour vous; et,
» si vous en avez aussi un peu pour moi, met-
» tons de côté toute gêne, toute cérémonie, et
» vivons tous deux en amis. »

Alors je m'assis familièrement sur le pied de son lit, et je lui pris la main en lui disant :
« J'y consens de tout mon cœur, mon cher
» prince. Une nouvelle connaissance exige des
» formes; mais, une fois le mot d'amitié pro-
» noncé, il ne peut plus rien exister en parti-

» culier de ce qui gêne et de ce qui ennuie. »

L'intimité, la familiarité si imprévues, qui s'établissaient soudainement entre le principal ministre de Catherine et l'envoyé d'une cour contre laquelle ses préventions étaient connues, surprirent étrangement tout le monde.

Le corps diplomatique surtout ne savait que penser d'un tel rapprochement. L'inquiet et ardent comte de Goërtz s'efforçait vainement d'en deviner la cause et le but. En vain je lui dis franchement la vérité; il ne voulait pas me croire, ne pouvait se persuader que le schisme grec et quelques affaires de marchands pussent être les objets réels de conférences si longues et si fréquentes; enfin il s'obstinait à penser qu'il était question de quelques négociations importantes, et contraires aux intérêts de la Prusse, entre l'Autriche, la France et la Russie.

La surprise et les conjectures de tous ceux qui cherchaient un mystère là où il n'en existait pas, s'accrurent bientôt rapidement.

Le prince Potemkin avait probablement communiqué à l'impératrice l'opinion favorable qu'il s'était faite de moi. De jour en jour l'accueil que je reçus de cette princesse devint plus gracieux, plus aimable. La froideur de ses ministres à mon égard cessa; les courtisans les imitèrent; et, quoiqu'au fond l'éloignement politique du cabinet de Pétersbourg pour le nôtre restât le même, il était difficile que la société ne s'y trompât point, en voyant le ministre de France recherché, vanté, fêté autant que l'avaient été, jusqu'à ce jour exclusivement, les représentans des cours amies, MM. de Cobentzel et Fitz-Herbert.

Je ne tardai pas à éprouver l'effet de ce changement de dispositions, d'abord pour quelques petites affaires et ensuite pour de beaucoup plus importantes. Quelque temps avant mon arrivée en Russie, trois Français en avaient été brusquement chassés sans que le ministère en informât M. de La Colinière, alors chargé d'affaires; il s'était plaint, comme il le devait, de ce manque d'égards, mais cependant avec ménagement, parce qu'il n'ignorait pas les justes motifs qui avaient dicté cet acte de rigueur. La réponse des ministres avait été vague et peu satisfaisante; car alors, dans toutes les occasions, il semblait qu'on se fît un plaisir de nous désobliger.

Il est vrai que depuis très long-temps on voyait abonder en Russie un grand nombre de Français peu recommandables, parmi lesquels se trouvaient même des femmes galantes, des aventuriers, des femmes de chambre, des domestiques, déguisant leur ancien état avec adresse et leur ignorance sous les formes d'un langage assez poli; mais on ne pouvait en accuser notre gouvernement : tous ces gens-là, n'étant point recommandés, n'avaient d'autres papiers que des passe-ports que nulle part on ne refuse aux personnes des classes les plus inférieures quand elles ne sont accusées d'aucun délit, et que, sous prétexte de se livrer à quelques petites branches de commerce, elles ne sortent de leur pays que pour chercher ailleurs par leur travail des moyens d'existence.

Les Russes auraient dû plutôt s'accuser eux-mêmes de la facilité inconcevable avec laquelle ils accueillaient dans leurs maisons des individus dont aucune attestation recommandable ne leur garantissait les talens et la probité, et leur donnaient même des places de confiance.

C'était surtout une chose curieuse et souvent plaisante que de voir quels étranges personnages, dans plusieurs maisons à Pétersbourg, et principalement dans les provinces, on acceptait comme *outchitel*, c'est-à-dire gouverneurs et gouvernantes d'enfans.

Lorsque parfois on s'apercevait de ces méprises, et qu'ils étaient renvoyés, emprisonnés ou bannis, ils se seraient en vain adressés au ministre français, qui ne prenait ou ne devait prendre aucun intérêt à eux.

Mais il n'en était pas de même des trois Français qui venaient d'être récemment expulsés : tous trois étaient des hommes connus, recommandés, et l'un d'eux même, neveu du duc de G...., avait été présenté à la cour.

Un de ces Français, fort vif et fort étourdi, avait, dans un mouvement de colère, insulté et frappé un de ses compatriotes, qui s'en était bassement vengé par une délation tout-à-fait étrangère à la querelle, délation que l'homme de qualité dont je viens de parler avait eu la coupable faiblesse de signer.

L'impératrice, informée, par le maître de police, de la violence de l'un de ces étrangers et de la fausseté de la dénonciation signée par les deux autres, avait ordonné qu'on les renvoyât tous trois hors de la Russie.

Cette décision sévère était juste, et je n'aurais rien trouvé à dire si on n'eût pas refusé hautainement à M. de La Colinière de lui en expliquer les motifs. Je crus donc convenable de représenter aux ministres de Catherine l'inconvenance d'un pareil procédé, contraire aux égards réciproques que se devaient nos deux cours pour maintenir l'harmonie qui existait entr'elles, et j'exigeai que la note qui contenait ma plainte fût mise sous les yeux de l'impératrice.

Peu de jours après, cette princesse, me donnant une pleine satisfaction, ordonna au vice-chancelier de m'expliquer les raisons qui justifiaient sa rigueur, et de m'assurer que dorénavant on ne donnerait aucun ordre semblable, sans m'en prévenir. En effet, depuis ce moment, je n'eus qu'à me louer de l'exactitude avec laquelle l'assurance que je venais de recevoir fut réalisée.

A ce propos, pour donner une idée de l'imprudence avec laquelle les habitans de Pétersbourg, les plus hospitaliers du monde, recevaient sans examen les étrangers, je vais raconter une anecdote relative à un aventurier aussi adroit qu'effronté.

Ce hardi fripon avait pris, si ma mémoire ne me trompe pas, le nom de *comte de Verneuil*. Il paraissait assez riche, et voyageait depuis quelques années. N'ayant point eu d'abord, disait-il, le projet de venir en Russie, il n'était muni d'aucune lettre pour notre légation; il n'en montrait que d'insignifiantes, supposées ou écrites à lui par quelques dames allemandes ou polonaises.

Comme il s'exprimait bien, avait de la grâce, racontait avec gaîté, chantait et s'accompagnait agréablement, il trouva moyen à Pétersbourg, ainsi qu'on me l'a raconté, d'être admis dans plusieurs brillantes sociétés.

Pendant quelque temps tout lui réussit; ses succès allaient croissant; mais bientôt on s'aperçut, dans une maison, de la disparition de quelques couverts; dans d'autres, de plusieurs montres; ailleurs, de tabatières et de bijoux précieux.

Comme c'était précisément dans toutes les maisons où le galant escroc venait habituellement que ces différens objets disparaissaient successivement, les soupçons s'éveillèrent, se communiquèrent; notre homme fut dénoncé; on voulut l'arrêter, mais il était parti.

Or, il faut savoir qu'en Russie, dans ce pays soumis à un pouvoir absolu, on jouissait cependant d'une liberté refusée à beaucoup de nations libres : on n'y exigeait de passe-ports qu'aux frontières, pour entrer dans l'empire ou pour en sortir; mais, tant qu'on restait sur cet immense territoire moscovite, chacun pouvait à son gré, sans être retardé ou arrêté, voyager librement depuis les bords de la mer Baltique jusqu'à ceux de la mer Noire, et depuis le Borysthène et la Dwina jusqu'au fleuve Amour, qui sépare la Chine de la Russie, et jusqu'au Kamtschatka. Seulement, lorsqu'on voulait se rendre de Pétersbourg dans un pays étranger, il fallait demander huit jours d'avance un passe-port, afin que la demande de ce passe-port, étant affichée, avertît les créanciers pour les garantir de toute surprise.

On conçoit bien qu'il était impossible au prétendu comte de remplir ces formalités. Aussi s'en passa-t-il; et, sans trop savoir comment il se tirerait d'affaire, il arriva sans aucun papier à la frontière. Là, il se fait descendre dans une auberge, sort à pied, se promène dans la ville, et se rend intrépidement chez le gouverneur. Il se nomme et demande à lui parler.

Un valet de chambre lui dit que son excellence se lève, s'habille, et le prie d'attendre. Au bout de quelques minutes, le comte feint l'impatience et la colère, crie, jure, tempête contre l'impolitesse du gouverneur, et dit, dans les termes les plus injurieux, qu'il n'aurait pas quitté la Pologne s'il avait cru ne trouver en Russie qu'un peuple barbare, des valets insolens, et des gouverneurs de province sans éducation.

Le valet de chambre rentre précipitamment chez son excellence, l'informe de l'emportement de l'étranger, des injures qu'il lui prodigue. Le gouverneur, irrité, ordonne à ses gens de saisir l'insolent voyageur, de l'embarquer sur-le-champ dans un kibitka et de le jeter hors de la frontière sur ce territoire polonais qu'il regrettait tant.

L'ordre est exécuté ; mais, trois heures après, arrive, par un courrier, une dépêche de Pétersbourg qui ordonnait trop tard au gouverneur d'arrêter le subtil escroc.

Revenons à la politique. Je cherchais activement, comme on me l'avait ordonné, à m'assurer des vues réelles du gouvernement russe relativement aux affaires qui alors intéressaient le plus notre cour.

Tout ce que m'avait dit M. de Stackelberg à Varsovie se confirmait de point en point, et ce qui me revenait par les voies les plus sûres de différens côtés me prouvait que l'impératrice, malgré l'intérêt apparent qu'elle avait paru prendre à l'échange proposé de la Bavière, était loin de désirer pour l'Autriche un agrandissement qui l'empêcherait elle-même d'obtenir dans l'empire germanique l'influence qu'elle souhaitait.

Il n'en était pas de même de la querelle existante entre Joseph II et la Hollande : le prince Potemkin désirait sa prolongation, parce qu'il espérait qu'elle lui donnerait les moyens de réaliser ses projets de conquêtes en Turquie, prévoyant avec raison que la France, une fois en guerre avec l'empereur, ne pourrait plus s'opposer aux vues ambitieuses de Catherine sur l'Orient.

Bientôt on apprit que par ses ordres on armait, dans les ports de la mer Noire, cinq vaisseaux de ligne et dix-huit frégates. Cette princesse commençait à prendre quelque humeur contre les Anglais ; le cabinet britannique n'entrait pas dans son système politique, comme elle l'avait espéré ; M. Pitt montrait personnellement de fortes préventions contr'elle ; il n'était point disposé à souffrir la domination d'une grande puissance maritime dans le Levant; et d'ailleurs l'impératrice, par sa proclamation des principes de la neutralité armée, avait jeté des semences de discorde entre l'Angleterre et la Russie.

Déjà les Anglais manifestaient la crainte de ne pas conserver les priviléges de commerce dont ils jouissaient exclusivement dans l'empire russe. Pour éloigner ce danger, le ministre d'Angleterre redoublait d'activité; les nombreux négocians de cette nation, prodiguant d'un côté les présens, les actes de complaisance, trouvaient le moyen de faire grossir à Pétersbourg les tableaux d'exportation et d'atténuer ceux d'importation. D'un autre côté, ils menaçaient les ministres et les négocians russes, dans le cas où on prolongerait leurs inquiétudes, de ralentir leurs opérations, et de laisser ainsi sans débouchés les productions russes.

Le commerce anglais était véritablement devenu à Pétersbourg une colonie redoutable; les commerçans de cette nation, prodigieusement enrichis par leur industrie active, par leurs habiles spéculations, et secondés par la sagesse constante de leur gouvernement qui, loin d'être aveuglé par des intérêts privés, ne prend jamais pour guide et pour but que l'intérêt général, avaient tellement multiplié leurs établissemens et leurs maisons, qu'ils occupaient à Pétersbourg tout un quartier qu'on nommait *la ligne anglaise*.

Unis par un intérêt commun, ils avaient des assemblées régulières, des syndics, de sages réglemens, et en toute occasion se secouraient mutuellement; ils réglaient d'accord les opérations générales de l'année, fixaient le prix des marchandises et presque le cours du change; de plus ils accordaient aux Russes dix-huit mois de crédit pour tout ce qu'ils leur vendaient, et leur payaient comptant les chanvres, les mâtures, les suifs, les cires et les cuirs qu'ils leur achetaient.

Telle était la puissance que je devais combattre dans un pays où nous n'avions que quelques négocians isolés et une seule forte maison, celle de Raimbert, dont l'habileté laborieuse résistait péniblement à des attaques et à des entraves de tout genre.

Les Russes croyaient ne pouvoir se passer des Anglais pour consommer leurs productions, et trouvaient peu d'avantages dans des relations commerciales avec la France qui, leur achetant peu, leur vendait beaucoup et cher.

Voulant profiter de la suspension des achats de chanvres de nos rivaux, suspension qu'ils annonçaient dans le dessein d'effrayer la Russie, j'écrivis à nos ministres pour les engager à faire des demandes un peu considérables d'approvisionnemens; mais on ne suivit ce conseil que faiblement et tardivement.

Les négocians de la ligne anglaise nous attaquaient chez nous-mêmes: leurs offres officieuses séduisaient des maisons de Nantes et de Bordeaux, qui, effrayées des difficultés de la navigation et de celles des douanes, chargeaient les Anglais et les Hollandais de porter nos denrées en Russie sur leurs vaisseaux.

Nous fournissions presque seuls cet empire de café, de sucre et de vins; mais, par un effet de notre insouciance, les étrangers, nous enlevant une partie de ce gain que nous pouvions faire nous-mêmes et en entier, alimentaient ainsi une foule de matelots employés après contre nous. Ce commerce leur occupait annuellement deux mille navires, tandis que les ports de la Russie ne voyaient habituellement entrer dans leur enceinte qu'une vingtaine de navires français.

Les avantages de cette position rendaient l'Angleterre souvent si exigeante, que le comte

Woronzoff en montrait quelque humeur; plusieurs propos qui lui échappèrent me l'indiquaient; mais trop de liens l'arrêtaient encore : j'attendis d'autres circonstances pour l'attaquer sur ce point.

Il m'était plus facile d'aborder à cet égard le prince Potemkin, dont les Anglais contrariaient ouvertement les vues relativement au commerce qu'il voulait établir entre Kerson et Marseille.

Chaque jour l'impératrice me traitait de mieux en mieux : dans un grand bal chez le maréchal Razoumowski, après m'avoir admis à sa partie, elle me parla long-temps et me montra une bienveillance particulière.

Ainsi encouragé et marchant avec plus d'assurance, je me plaignis vivement aux comtes Bezborodko et Ostermann du retard inconvenant de la satisfaction due au pavillon français et aux négocians de Marseille; je développai de nouveau nos griefs en démontrant la justice de nos réclamations, et je m'attachai surtout à leur faire sentir que le refus d'une juste réparation, ou la prolongation d'un retard qui équivaudrait à un refus, démentiraient les nobles principes proclamés par l'impératrice à l'époque de la neutralité armée.

Les ministres me répondirent par des excuses vagues sur la distance des lieux, sur la difficulté d'obtenir des éclaircissemens exacts, des évaluations précises, et sur les obstacles suscités par des généraux négligens : ils finissaient cependant par des promesses d'un jugement prompt; promesses faites cent fois à mes prédécesseurs, et sans qu'aucun effet les eût suivies.

J'écrivis à M. de Vergennes et lui proposai, pour faire cesser ce déni de justice, de prendre des mesures vigoureuses et de menacer même de représailles, à moins que, pour compenser une si longue injustice, on ne consentît à nous dédommager par les avantages que pourrait nous offrir un traité de commerce.

J'eus même soin de faire entrevoir aux ministres russes, à cet égard, mon opinion personnelle, et depuis je sus que la fermeté de mon langage, loin de choquer l'impératrice, lui avait plu, ainsi que la connaissance du caractère de cette princesse me l'avait fait espérer.

Les rapports plus fréquens que ma nouvelle position me permettait d'établir entre les ministres russes et moi, ainsi que quelques liaisons formées avec des personnes qui jouissaient de leur confiance, me mirent à portée de connaître leurs sentimens, qu'ils prenaient grand soin de déguiser.

Ils ne partageaient pas les vues politiques du prince Potemkin, qu'ils n'aimaient point. Leurs vœux secrets étaient pour la paix ; la guerre et les conquêtes ne leur offraient aucun avantage personnel ; ils y voyaient chacun, au contraire, des embarras pour leurs départemens et des chances funestes pour l'empire.

Woronzoff craignait la stagnation du commerce, qui devait en être la suite ; Bezborodko, de nombreux obstacles dans sa marche diplomatique ; tous, un accroissement de pouvoir pour le prince Potemkin. La noblesse, peu tentée de la conquête de quelques déserts, redoutait les nouvelles charges que l'augmentation nécessaire de l'armée ferait peser sur elle. Quelques généraux et les jeunes militaires désiraient seuls une guerre qui leur promettait de la gloire et de l'avancement.

Cependant, hors ceux-ci, tous dissimulaient leurs opinions, dans la crainte de perdre la bienveillance de l'impératrice. Ce motif empêchait les conseillers de cette princesse de lui parler franchement sur les dangers où pouvait la précipiter le projet chimérique alors du rétablissement d'un empire grec.

Aussi je m'aperçus promptement que, tout en montrant extérieurement beaucoup plus de bienveillance à MM. de Cobentzel et Fitz-Herbert qu'à moi, les ministres voyaient sans peine mon intimité avec le prince Potemkin, étant persuadés que, suivant le système politique de ma cour, je ne profiterais de cette liaison que pour calmer son ardeur et le ramener, autant que je le pourrais, à des vues plus pacifiques, en ouvrant ses yeux sur les efforts réunis que plusieurs grandes puissances opposeraient à des desseins d'agrandissement qui compromettraient la tranquillité générale de l'Europe.

Le ministre de Prusse aurait dû me seconder, sinon par des démarches que sa position ne lui permettait pas, du moins par de sages conseils et d'utiles informations; mais son caractère me le rendait plus nuisible qu'utile : vérifiant par son ardeur et ses inquiétudes tout ce que Frédéric m'en avait dit, il adoptait sans examen les plus fausses nouvelles que lui débitaient les frondeurs et les mécontens; et, loin de voir avec plaisir mon intimité avec le prince Potemkin, il en concevait d'injustes soupçons, et se persuadait que nous allions sacrifier la Hollande à l'empereur, les Turcs à Catherine ; enfin il attendait à chaque instant le signal d'une guerre générale.

D'un autre côté, le prince Potemkin, interprétant trop favorablement pour ses desseins politiques le désir que je lui montrais d'un rapprochement entre la France et la Russie, concevait l'espoir de nous entraîner dans son système, et m'insinuait de temps à autre quelques idées de partage des vastes contrées possédées ou plutôt dévastées par les musulmans.

Un tel plan était trop contraire aux vues pacifiques du roi pour que j'y prêtasse l'oreille; et, au lieu de lui répondre sérieusement, je feignis de regarder ces demi-ouvertures comme des plaisanteries. Je détournai, mais sans le choquer, son attention et notre entretien sur un autre objet qui ne l'intéressait pas moins vivement, c'est-à-dire sur les moyens de donner la vie au commerce méridional de la Russie; car, devenu pour ainsi dire maître du sud de l'empire, il se montrait jaloux du nord, et ne se dissimulait pas une vérité incontestable : c'est que seuls nous pouvions ouvrir des débouchés aux productions de ce territoire immense, mais à peu près désert, que sa souveraine le chargeait de peupler, de civiliser, d'enrichir et d'administrer.

De jour en jour, il m'en parlait avec plus de feu, de confiance et d'abandon; enfin il me mit même bientôt à portée de conclure, si je l'avais voulu, une convention séparée relativement au commerce des provinces méridionales de la Russie et des nôtres.

Plus il m'y paraissait disposé, plus je persistais à refuser toute idée d'un traité partiel. M. de Vergennes était trop habile pour y consentir; car, si nous avions donné dans ce piége, nous nous serions ôté l'espoir d'un traité général.

Le prince, satisfait sur les intérêts de ses provinces, se serait peu soucié de celles du nord, m'aurait froidement secondé; et, privé de cet appui, il me serait devenu impossible de triompher des obstacles presque insurmontables que m'opposaient l'adresse de M. Fitz-Herbert et l'activité de la ligne anglaise. La France serait restée dans une très fausse position, écartée des mers du nord par les priviléges exclusifs des Anglais, et accueillie seulement dans le sud où tout était encore à naître.

Mais, en faisant au contraire dépendre l'accomplissement des vœux du prince pour ses gouvernemens d'un rapprochement entier avec nous et d'un traité de commerce complet, j'étais certain qu'à la première circonstance favorable il nous aiderait de tout son crédit.

« Puisque vous reconnaissez, lui disais-je, les
» avantages d'une concurrence universelle et
» les abus des priviléges exclusifs, ne souffrez
» pas plus long-temps que d'autres nations con-
» servent un monopole qui force la Russie,
» ainsi que nous, d'acheter de la seconde main
» ce que nous pouvons échanger directement.

» Nous ne souhaitons que l'établissement, par
» une convention formelle et générale, d'une
» égalité de droits et de traitemens qui encou-
» rage nos commerçans, en leur garantissant
» l'impartialité des jugemens, la punition des
» fraudes, la liberté de payer les droits en mon-
» naie du pays, et qui les délivre des entraves
» que leur oppose la supériorité funeste d'une
» nation exclusivement favorisée. »

« Mais comment voulez-vous, répondit le
» prince, que nous résistions aux représenta-
» tions nombreuses et constantes de nos négo-
» cians et de nos propriétaires? Les immenses

» consommations des Anglais et la rareté des
» vôtres, leur font croire qu'un traité avec la
» France est pour eux plus onéreux qu'utile, et
» qu'ils ne trouveraient plus de débouchés pour
» leurs productions, si nous rompions les nœuds
» qui nous unissent à l'Angleterre.

» Le gouvernement britannique protége, fa-
» vorise, vivifie son commerce et le nôtre; vo-
» tre cabinet, à cet égard, se montre inactif,
» insouciant; vos négocians sont timides, ils ne
» hasardent rien; vous n'avez ici qu'une mai-
» son un peu solide; notre peuple connait à
» peine vos commerçans. »

Je m'efforçai alors de lui prouver que cette
prétendue nullité de notre commerce en Russie
n'était que l'effet inévitable de la défaveur avec
laquelle il y était traité. « Il faudrait, ajoutai-
» je, que nos négocians fussent fous pour ha-
» sarder des opérations dans un pays dont le
» gouvernement assure à leurs rivaux, sur
» toutes les marchandises, dans ses tarifs, un
» avantage de douze et demi pour cent.

» Par cette injuste faveur qui vous nuit au-
» tant qu'à nous, vous imitez le Portugal, et
» vous vous placez vous-mêmes, vis-à-vis de l'An-
» gleterre, dans la position d'une colonie à l'é-

» gard de sa métropole. Les priviléges que vous
» lui accordez vous mettent tellement dans sa
» dépendance, que déjà vous convenez que vos
» propriétaires et vos négocians ne croient plus
» pouvoir se passer d'elle.

» Mais osez lever cette fatale barrière, et
» vous verrez bientôt quels avantages vous don-
» nera la concurrence de tous les peuples qui
» viendront acheter vos productions. Notre com-
» merce, que vous croyez à tort si indolent, se
» montre actif et florissant dans l'Inde, dans
» l'Amérique, dans l'Afrique, dans tous les ports
» de l'Europe, excepté dans les vôtres, où il
» ne languit que par l'effet de votre législation
» commerciale qui l'en écarte. »

Le prince parut piqué de cette réponse : il
était ébranlé, mais non pas encore convaincu;
cependant nous convînmes de conférer sur cet
objet plus amplement et secrètement, car les
circonstances n'étaient pas encore mûres; d'un
autre côté, je ne devais pas hasarder des démarches officielles qui auraient pu, en se trouvant
mal accueillies, compromettre la dignité du roi.

A tout événement j'écrivis à M. de Vergennes
les détails de ces entretiens, et, pour éviter, en
cas de succès, de me voir pris au dépourvu, je

lui demandai provisoirement de me faire connaître si, en supposant qu'on eût l'intention de faire un traité, le roi voudrait accéder à la neutralité armée, diminuer les droits sur les cuirs de Russie, affranchir le pavillon russe à Marseille du droit de vingt pour cent, faire annuellement un achat considérable de mâtures, de chanvres et de salaisons pour la marine royale; si nos fermiers-généraux consentiraient à prendre une certaine quantité de tabac d'Ukraine avec sûreté contre les fraudes; enfin si la stipulation entre les Russes et les Français de se traiter réciproquement comme les nations les plus favorisées, paraîtrait, à sa majesté, suffisante pour m'autoriser à conclure une convention qui n'était pas encore tout-à-fait probable, mais que je croyais pouvoir cesser de regarder comme impossible.

Vers la fin du mois d'avril 1785, je demandai à l'impératrice une audience pour lui présenter une lettre du roi qui lui faisait part de la naissance du duc de Normandie, enfant infortuné qui, né sur le second degré du trône, ne monta au premier, après la mort de son frère, que pour se voir promptement précipité dans une infâme prison, où la mort moissonna cette fleur à peine éclose. L'impératrice, dans cette audience, me donna de nouvelles marques de bonté, et m'honora d'un assez long entretien.

Peu de jours après, le vice-chancelier me dit de sa part qu'elle voulait que, dans son empire, les Français fussent traités comme ses propres sujets ; que c'était à regret qu'elle en avait puni trois avec rigueur, et que dorénavant, dans le cas où une si triste nécessité se représenterait, j'en serais immédiatement prévenu.

Dans le même temps on apprit que les Turcs venaient de faire, du côté de Silistrie, et aussi vers l'Ukraine, quelques mouvemens qui inquiétaient les Russes et excitaient les justes plaintes de l'Autriche.

Le comte Ostermann m'en parla avec un peu d'humeur, et me dit que l'activité de ces Barbares ne laissait que trop voir comment le ministère ottoman était *conseillé et aiguillonné*. Je l'assurai que la politique de notre gouvernement, loyale et modératrice, loin de vouloir *aiguillonner* personne, n'avait pour but que d'arrêter dans leur marche ceux qui voulaient s'agrandir et troubler par là le repos de l'Europe.

« Je veux le croire, répondit le vice-chance-
» lier; car nous ne pourrions pas comprendre
» pourquoi la France voudrait instruire, disci-
» pliner et rendre redoutable, en Europe, des
» Barbares qui en ont été si long-temps l'effroi. »

Je répliquai en riant que, dans leur état de faiblesse, nos vœux pour eux se bornaient à leur garantir un repos qu'on ne pourrait troubler sans exciter parmi les puissances européennes de fâcheuses discordes.

Les paroles du comte Ostermann n'avaient à la vérité pas plus de poids que son crédit; mais bientôt le prince Potemkin me tint le même langage : « Comment, me dit-il, vous autres
» Français si brillans, si polis, si aimables,
» persistez-vous à vous déclarer les protecteurs
» de la barbarie et de la peste? Qu'en pensez-
» vous vous-même? Si vous aviez de pareils
» voisins qui chaque année vous menaçassent
» de leurs incursions, de leur contagion, de
» leurs pillages et de l'enlèvement de quelques
» centaines de chrétiens qu'ils font esclaves,
» trouveriez-vous bon que notre gouvernement
» vous empêchât de les chasser? »

Cherchant alors à concilier mes devoirs et mon opinion personnelle, je lui répondis qu'il

serait certainement désirable qu'on pût, sur tout le globe, dissiper les ténèbres, anéantir la barbarie et répandre la civilisation. « Mais l'i-
» gnorance et la peste, ajoutai-je, ne sont pas
» les seuls fléaux du monde; j'en connais deux
» non moins dangereux, c'est l'ambition et la
» soif des conquêtes. Si toutes les grandes puis-
» sances européennes voulaient d'un commun
» accord, et sans qu'aucune tendît à s'agrandir,
» marcher à un but moral et rendre à l'ancienne
» civilisation les côtes d'Afrique, les repaires
» de Tunis et d'Alger, les contrées, si florissan-
» tes autrefois, que dévastent et stérilisent au-
» jourd'hui, en Asie et en Europe, les farouches
» mahométans, rien assurément ne serait plus
» digne d'éloges; mais il n'en est pas ainsi : la
» paix perpétuelle de l'abbé de Saint-Pierre
» n'est pas plus chimérique qu'un tel accord,
» et ce n'est que pour ne pas exposer l'équilibre
» européen aux plus funestes commotions, que
» mon gouvernement travaille à garantir le re-
» pos des Turcs. »

« Qu'ils se tiennent donc tranquilles, reprit
» le prince; mon système à moi, quand je vois
» des voisins inquiets faire des préparatifs me-
» naçans, est de les prévenir, de les attaquer

» et de les affaiblir au moins pour vingt ans. »

La réplique m'aurait paru bonne si elle eût été sincère; mais n'oublions pas qu'à cette époque, non contens d'être maîtres de la Crimée, les Russes, franchissant le Caucase et paraissant vouloir tourner l'empire turc par la Géorgie, donnaient des inquiétudes très fondées au ministère ottoman.

Au reste, comme on reçut bientôt par Vienne la nouvelle des conférences tenues à Paris pour conclure la paix entre la Hollande et l'Autriche, la probabilité de la guerre cessant d'exister, d'un côté les inquiétudes du roi de Prusse se calmèrent, et de l'autre l'espérance que pouvait concevoir Catherine d'exécuter sans obstacles ses vues de conquêtes sur les Turcs se dissipa ou s'éloigna.

Depuis ce moment, dans nos entretiens qui se répétaient fréquemment, le prince Potemkin me montrait plus de crainte que de désir de la guerre. Il m'avait dit que l'armée russe s'élevait à deux cent trente mille hommes de troupes régulières et à trois cent mille d'irrégulières; mais je savais par des voies assez sûres que cette armée se trouvait loin d'être complète; la discipline et l'instruction y étaient négligées; l'indolence du prince permettait aux colonels de s'enrichir : ceux-ci ne prenaient même pas grand soin de s'en cacher, et le chef d'un régiment de cavalerie trouvait très naturel et très légitime un gain annuel de vingt ou vingt-cinq mille roubles.

Un autre obstacle semblait devoir calmer l'ambition de Catherine : le commerce et l'agriculture n'étant pas encore en grande activité, les revenus de l'impératrice se trouvaient peu considérables, et cette année même la Russie ouvrit en Hollande un emprunt qui ne fut pas rempli.

Sur ces entrefaites, M. le maréchal de Castries m'annonça l'arrivée prochaine à Cronstadt d'une frégate et de plusieurs gabarres royales chargées d'acheter en Russie et de transporter en France des approvisionnemens maritimes.

C'était pour moi un nouveau sujet de discussions et de difficultés; car l'année précédente d'autres gabarres, étant venues à Riga, avaient refusé d'acquitter les droits exigés, et étaient parties fièrement sans les payer; mais, malgré la résistance du consul, on avait contraint les négocians français à solder cette dette.

Les autres nations ne chargent des marchandises que sur des vaisseaux marchands. Nous prétendions à tort que nos gabarres, qui en portaient, pussent jouir des exemptions qui n'appartiennent réellement qu'aux bâtimens de guerre.

M. de Vergennes, par des motifs qui tenaient aux circonstances, me recommandait d'éviter, autant que je le pourrais, d'avoir avec le prince Potemkin des entretiens relatifs à la politique; il désirait qu'ils n'eussent pour objet que les intérêts de commerce; mais il était impossible de m'arrêter dans cette étroite limite : un de ces sujets me conduisait inévitablement à l'autre.

En effet, me plaignant un jour au prince de la froideur que les autres ministres me montraient relativement à nos affaires de commerce : « Cette froideur, me dit-il, vient de
» leur incertitude sur la sincérité de votre désir
» d'un rapprochement avec nous; car ils pré-
» tendent savoir positivement que vous excitez
» les Turcs à la guerre. »

« Nous ne les excitons pas, répondis-je; mais
» nous perdrions toute influence si, connais-
» sant vos mouvemens du côté du Caucase et
» de la Géorgie, ainsi que l'activité de vos arme-
» mens et le langage hostile de vos consuls dans

» l'Archipel, nous conseillions à la Porte de ne
» point songer à sa défense et de s'en reposer
» aveuglément sur vos assurances pacifiques. »

« Les projets qu'on nous suppose, reprit le
» prince, sont des chimères; je sais qu'on ré-
» pand de faux bruits sur un nouvel empire
» grec, sur le nom et la destinée future du
» jeune Constantin. On me croit affamé de con-
» quêtes, instigateur continuel de guerre, enfin
» un vrai boute-feu; il n'en est rien.

» Je n'ignore pas qu'une révolution, telle que
» la destruction de l'empire ottoman, ébranle-
» rait l'Europe et serait insensée. D'ailleurs, si
» nous la projetions, ne chercherions-nous pas
» à nous entendre sur ce point avec la France?
» Mais, soyez-en certain, nous ne voulons à pré-
» sent que la paix. Pouvez-vous en dire autant,
» vous qui donnez des secours aux Turcs avant
» qu'on les attaque? N'avez-vous pas récem-
» ment envoyé à Constantinople un ingénieur
» et des officiers français dont le langage ne
» respire que la guerre? »

« Les alarmes, répliquai-je, que répandent
» vos établissemens en Crimée, et l'armement
» d'une escadre qui, en trente-six heures, pour-
» rait paraître devant Constantinople, ainsi que

» vos entreprises en Asie, placent naturelle-
» ment un roi allié des Turcs dans la nécessité
» de leur conseiller des mesures qui les met-
» tent sur un pied défensif et respectable. »

« Eh bien, me dit le prince, je suis prêt à
» vous signer, si vous le voulez, que nous n'at-
» taquerons pas les Turcs; mais, songez-y bien,
» s'ils nous attaquent, nous pousserons la guerre
» et nos armes aussi loin que possible. »

« Alors, repris-je, si la paix est votre seul
» but, vous avez un moyen certain de l'assurer
» en vous rapprochant de nous; car le poids de
» nos deux empires serait suffisant pour main-
» tenir constamment l'Europe en repos. »

Tandis que je m'efforçais, suivant mes instructions, de faire entrevoir aux ministres de
Catherine les obstacles insurmontables que cette
princesse rencontrerait avant de s'emparer de
Constantinople, le prince Potemkin, tout en
m'assurant que sa souveraine ne désirait pas la
guerre, cherchait à me prouver que, si elle était
contrainte à la faire, ses succès seraient aussi
rapides que faciles.

« Vous voulez, me disait-il, protéger un
» empire à l'agonie, un faible colosse qui tombe
» en ruines. Les Turcs, corrompus, amollis,

» peuvent assassiner, piller, mais ils ne savent
» plus combattre; nous n'avons plus besoin
» d'art pour les vaincre; depuis quarante ans,
» dans chaque guerre, ils répètent les mêmes
» fautes suivies des mêmes revers. Le passé n'a
» point de lumières pour eux; leur superstitieux
» orgueil attribue constamment nos victoires au
» démon, dont nous recevons, disent-ils, notre
» science, nos inventions, notre tactique, et
» Allah seul, qui punit leurs péchés, est, à leur
» avis, la cause de leurs défaites.

» Au signal de la guerre, nous les voyons
» accourir en foule d'Asie, marchant sans ordre
» et consommant en un mois les subsistances et
» approvisionnemens amassés pour six. Couvrant
» la terre de cinq cent mille combattans, ils
» s'avancent comme un torrent débordé; nous
» marchons contr'eux avec une armée de qua-
» rante ou cinquante mille soldats partagés en
» trois ou quatre carrés hérissés de canons, et
» dont notre cavalerie remplit les intervalles.

» Ces Barbares font retentir l'air de leurs
» cris; ils fondent sur nous en formant une es-
» pèce de triangle dont la pointe se compose
» des plus braves d'entr'eux enivrés d'opium;
» les autres rangs, jusqu'à la base, sont garnis

» par les moins intrépides et graduellement par
» les plus pusillanimes.

» Nous les laissons approcher à portée de fu-
» sil; alors quelques décharges à mitraille por-
» tent le désordre et la terreur dans cette masse
» informe; leurs preneurs d'opium, fanatiques
» dévoués à la mort, viennent seuls sabrer nos
» canons et périr sous nos baïonnettes.

» Dès qu'ils sont tombés, le reste fuit et se
» disperse. Notre cavalerie s'élance, les pour-
» suit, en fait un affreux carnage, entre pêle-
» mêle avec eux dans leur camp et s'en empare.
» Leurs débris épouvantés se sauvent derrière
» les murs de leurs villes, où la peste les attend
» et souvent les décime avant que nous pre-
» nions d'assaut ces forteresses.

» Le tableau d'une seule campagne suffit
» pour les décrire toutes; car dans toutes ils
» montrent la même pusillanimité, la même
» ignorance, et nous en triomphons par les mê-
» mes manœuvres. Ils ne sont réellement braves
» qu'à l'abri de leurs remparts; mais encore,
» que de sottises ne commettent-ils pas pendant
» la durée d'un siége! Ils font de fréquentes
» sorties; et, au lieu de chercher les moyens
» de nous tromper, leur stupidité nous sert

» d'espion et nous instruit de tous leurs projets.

» D'abord nous sommes certains que, suivant
» leur routine, ils nous attaqueront à minuit;
» de plus, pendant le jour, ils ont grand soin
» de placer sur la muraille, du côté de la porte
» par laquelle ils doivent sortir, autant de queues
» de cheval qu'il y aura de détachemens com-
» mandés pour la sortie. Ainsi nous savons d'a-
» vance l'heure de leur attaque, le nombre de
» leurs combattans, la porte par laquelle ils
» passeront, le chemin qu'ils doivent suivre
» pour nous attaquer et pour nous surprendre. »

Il y avait sans doute quelque exagération dans ce récit dénigrant; mais le fond en était vrai. L'ingénieur Lafitte, envoyé à Constantinople par mon père pour donner quelque instruction et quelques moyens de défense aux Turcs, racontait, en m'écrivant, des traits fort étranges de leur imbécilité.

Envoyé par les ministres de la Porte sur les bords de la mer Noire pour les mettre à l'abri d'un débarquement sur les points où ce débarquement aurait été le plus facile, M. Lafitte voulait avec raison placer convenablement ses batteries au sommet d'une pente qui s'étendait jusqu'au rivage; jamais il ne put y faire consentir le pacha qui commandait dans ce poste.

Ce pacha, ignorant et entêté, devant, suivant l'usage des Turcs, faire sur ses propres fonds la dépense de ces travaux, et voulant économiser le plus possible les frais de transport, ordonna impérieusement à M. Lafitte de construire ses redoutes et de placer ses batteries fort loin de la mer, sur un terrain plat d'où l'on ne découvrait rien.

Vainement l'officier français lui fit remarquer que les ennemis débarqueraient sans être aperçus, et marcheraient contre lui à l'abri de toute atteinte, garantis par le rideau qui les couvrait. « Allez toujours, lui dit le pacha fataliste; pla-
» cez vos canons comme je vous le prescris;
» tout dépend d'Allah, et, s'il le veut, votre
» artillerie tuera tout aussi bien l'ennemi d'ici
» que d'un autre endroit. »

L'impératrice, encouragée par la faiblesse stupide de tels ennemis, n'était retenue dans ses projets de conquête que par la crainte d'attirer sur elle les armes de la Prusse, de la Suède, les escadres de la France et probablement celles de l'Angleterre : ainsi je la crus de bonne foi, au moins pour le moment, dans ses démonstrations pacifiques.

Ce fut à cette époque, dans le mois de mai 1785, qu'elle publia sa fameuse ordonnance sur la noblesse. Je ralentirais trop ma marche, si je plaçais ici l'analyse de cette loi; ce que j'y trouvai de plus extraordinaire, c'est que, l'ukase divisant cet ordre en six classes, la noblesse ancienne se trouvait rangée dans la sixième; celle des provinces conquises, dans la quatrième; la noblesse donnée par diplôme, dans la première et la seconde classe, pour prouver apparemment que l'illustration acquise par des actions était préférée à l'ancienneté des titres.

La même ordonnance permettait aux nobles de commercer, d'établir des fabriques; elle les autorisait à se former en assemblées et à adresser des représentations au souverain.

Vers ce même temps je reçus de l'impératrice une marque de faveur à laquelle j'étais loin de m'attendre : elle me proposa de l'accompagner dans un voyage qu'elle voulait faire immédiatement dans l'intérieur de l'empire, pour visiter les travaux ordonnés par elle afin de surmonter les obstacles que des cataractes opposaient à la navigation d'un canal qui joint la mer Caspienne à la mer Baltique par le lac Ladoga, le Wolchoff, le lac Ilmen, la Mista, la Tuerza et le Wolga.

Sa majesté me dit que toute étiquette serait proscrite dans ce voyage, où peu de personnes devaient être admises à l'honneur de la suivre.

Je chargeai M. de La Colinière, qui restait à Pétersbourg, de me remplacer près des ministres, et d'envoyer régulièrement ses dépêches à notre cabinet.

Avant de partir, je reçus de M. de Vergennes une lettre d'autant plus satisfaisante qu'elle me prescrivait exactement les mêmes réponses que j'avais cru devoir faire au prince Potemkin relativement aux Turcs, à notre commerce et à notre système politique.

Je m'aperçus promptement du changement de langage que dictait aux ministres russes la bienveillance marquée de l'impératrice pour moi, et, dans leurs entretiens, ils commencèrent à me parler les premiers de l'utilité d'un rapprochement plus intime entre nos cours.

Je me rendis à Czarskozelo. Catherine II eut l'extrême bonté de me montrer elle-même toutes les beautés de cette magnifique maison de plaisance, dont les eaux limpides, les frais bocages, les pavillons élégans, la noble architecture, les meubles précieux, les cabinets lambrissés en porphyre, en lapis-lazuli, en malaquite, avaient un air de féerie et rappelaient aux voyageurs qui les admiraient, le palais et les jardins d'Armide.

L'impératrice me dit qu'ayant appris que M. de La Peyrouse était chargé par notre gouvernement de compléter les observations commencées par le célèbre Cook sur les côtes russes de l'océan Pacifique, et prévoyant qu'en s'élevant vers le nord, il pourrait y rencontrer un capitaine de la marine russe auquel elle avait ordonné de chercher à doubler le cap Tschuski et de mieux reconnaître les côtes septentrionales de l'Amérique, elle venait de prescrire à celui-ci de traiter les bâtimens du roi, s'il les rencontrait, avec tous les égards que se doivent deux souverains amis.

Je l'assurai de la réciprocité des ordres que recevrait certainement M. de La Peyrouse, relativement aux bâtimens impériaux. « Il est
» heureux et facile, madame, lui dis-je, de
» prévoir combien l'union de deux souverains si
» puissans pourra contribuer à la gloire de leur
» siècle. Il me paraît désormais impossible que,
» voyant tous deux du même œil les objets qui

» intéressent le bonheur de l'humanité, il
» n'existe pas de jour en jour le plus grand
» rapprochement entr'eux, ainsi que dans leur
» système politique. »

La liberté complète, la gaîté de la conversation, l'absence de tout ennui et de toute gêne, auraient pu me faire croire, en détournant mes regards de la majesté imposante du palais de Czarskozelo, que j'étais à la campagne chez la particulière la plus aimable.

M. de Cobentzel y montrait la plus intarissable gaîté; M. Fitz-Herbert, un esprit fin et orné; le prince Potemkin, une originalité qui le rendait toujours nouveau, même dans ses fréquens momens d'humeur et de rêverie.

L'impératrice causait familièrement sur toutes sortes de sujets, hors la politique; elle aimait à entendre des contes, se plaisait elle-même à en faire; et, si par hasard la conversation languissait un peu, le grand-écuyer Narischkin, par des folies un peu bouffonnes, rappelait inévitablement le rire et la saillie.

Catherine travaillait presque toute la matinée, et chacun de nous était libre alors d'écrire, de lire, de se promener et de faire enfin tout ce qui lui convenait. Le dîner, peu nombreux en mets et en convives, était bon, simple, sans faste ; l'après-dinée était employée à jouer, à causer ; le soir, l'impératrice se retirait de bonne heure, et nous nous réunissions alors, Cobentzel, Fitz-Herbert et moi, ou chez l'un de nous, ou dans l'appartement du prince Potemkin.

Je me rappelle qu'un jour l'impératrice, m'ayant dit qu'elle avait perdu une petite levrette nommée Zémire et qu'elle aimait beaucoup, me pria de faire son épitaphe. Je lui répondis qu'il m'était impossible de chanter Zémire sans connaître son origine, son caractère, ses qualités et ses défauts.

« Il vous suffira, j'espère, reprit cette prin-
» cesse, de savoir qu'elle était fille de deux
» chiens anglais dont voici les noms, qu'elle
» avait toutes sortes de grâces, un peu gâtées
» seulement quelquefois par la colère. »

Je n'en demandai pas davantage ; j'obéis et j'écrivis ces vers, qu'elle loua bien plus sans doute qu'ils ne le méritaient.

ÉPITAPHE DE ZÉMIRE.

Ici mourut Zémire, et les grâces en deuil
   Doivent jeter des fleurs sur son cercueil.
Comme Tom, son aïeul, comme Lady, sa mère,
Constante dans ses goûts, à la course légère,

Son seul défaut était un peu d'humeur;
Mais ce défaut venait d'un si bon cœur!
Quand on aime, on craint tant! Zémire aimait tant celle
Que tout le monde aime comme elle!
Voulez-vous qu'on vive en repos,
Ayant cent peuples pour rivaux?
Les dieux, témoins de sa tendresse,
Devaient à sa fidélité
Le don de l'immortalité,
Pour qu'elle fût toujours auprès de sa maîtresse.

L'impératrice fit graver cette épitaphe sur une pierre qu'elle plaça dans les jardins de Czarskozelo.

Le 3 juin nous nous mîmes en voyage : une vingtaine de voitures composaient le cortége de Catherine ; alternativement elle admettait dans la sienne le prince Potemkin et le comte Cobentzel, ou M. Fitz-Herbert et moi. Les personnes qui jouissaient constamment de cet honneur, étaient mademoiselle Protasoff, sa compagne fidèle, tante de la comtesse Rostopsin dont on a pu apprécier, à Paris, l'instruction, l'esprit et la vertu, et M. Yermoloff, aide de camp et favori de sa souveraine; souvent on y appelait aussi le grand-écuyer.

L'impératrice, ayant été plusieurs fois trompée par la légèreté ou la rivalité de quelques grandes dames honorées de sa confiance, n'en admettait plus d'autres dans son intimité que mademoiselle Protasoff, chargée de la surveillance des demoiselles d'honneur. Elle admettait encore près d'elle, de temps en temps, une nièce du prince Potemkin, la comtesse Skawronski.

Catherine n'était escortée par aucune garde, rappelant ainsi ce vers de Voltaire, en parlant de Laïus :

Comme il était sans crainte, il marchait sans défense.

Nous partions le matin à huit heures ; vers les deux heures, on s'arrêtait pour dîner, dans une ville ou dans un bourg, où tout était préparé d'avance, pour que l'impératrice s'y trouvât aussi bien servie et presque aussi commodément logée qu'à Pétersbourg. Nous dînions toujours avec elle. Notre course se terminait à huit heures du soir, et l'impératrice employait la soirée, suivant sa coutume, aux amusemens du jeu et de la conversation. Chaque matin, après une heure de travail et avant de partir, Catherine recevait les hommages des magistrats, des nobles et des marchands du lieu où elle se trouvait ; elle donnait à tous sa main à baiser et embrassait toutes les femmes ; ce qui l'obligeait après à une sorte de seconde toilette : car, à la fin de ses audiences, comme l'usage du fard était universel dans les provinces chez toutes les femmes, même celles des bourgeois et des paysans, le visage de l'impératrice se trouvait couvert de rouge et de blanc.

Son premier soin, en arrivant dans chaque ville, était de descendre dans l'église et d'y remplir ses devoirs religieux, dont la négligence aurait éloigné d'elle l'affection d'un peuple non-seulement croyant, mais ardent et superstitieux à tel point qu'il adore saint Nicolas presque autant que Dieu lui-même : ce n'était que dans les lieux où l'impératrice s'arrêtait, qu'une garde établie annonçait la présence du souverain.

En quatre ou cinq jours nous arrivâmes par une pente insensible à Wischney-Wolotschok, point le plus élevé de ce vaste territoire qui s'étend de la mer du Nord au Pont-Euxin, et que ne coupe aucune montagne transversale.

Là, sur ce point culminant, nous vîmes les fameuses écluses qui retiennent les eaux de plusieurs rivières réunies, et les rejettent soit dans le canal de la Tuerza, soit dans celui de la Mista, pour naviguer vers la mer Caspienne par le Wolga, ou pour transporter à Pétersbourg les productions du sud; navigation qui féconde et enrichit d'immenses contrées.

Les travaux entrepris pour établir ces écluses paraissent dignes de l'ingénieur le plus habile ; cependant ils ont été conçus et exécutés sous le règne de Pierre I*er*, par un simple paysan nommé Surtikoff, qui n'avait jamais voyagé ni rien appris ; il savait à peine lire et écrire : l'esprit est en grande partie un don de l'éducation; mais le génie est inné.

Les successeurs de Pierre le Grand avaient négligé de perfectionner ce grand et utile ouvrage ; l'impératrice s'en occupait activement : elle fit revêtir en pierre ce qui était en bois, réunit au canal les eaux de plusieurs nouvelles sources, et conçut le projet de faire creuser deux autres canaux qui joindront un jour la mer Caspienne à la mer Noire, et celle-ci à la mer Baltique par le Borysthène, dont on établirait la communication avec la Dwina.

Sur notre route, nous voyions partout d'antiques marais desséchés, des villages naissans, des villes fondées ou repeuplées : aussi, partout, le peuple, jouissant de ces conquêtes sur la nature, les seules qui ne coûtent point de sang ni de larmes, s'empressait de donner à sa souveraine les éclatans témoignages d'une sincère affection.

Les paysans en foule, agenouillés d'abord comme serfs, malgré les ordres de leur souveraine, se relevaient promptement pour approcher de Catherine qu'ils appelaient *matushka* (leur mère), et causaient familièrement avec elle; la crainte du maître disparaissait; ils semblaient ne plus voir dans l'impératrice que leur protectrice et leur appui.

Après un court séjour, nous croyions partir pour longer les cataractes qui gênent le cours de la Mista jusqu'à Borowitz, où nous devions nous embarquer; mais Catherine nous avait ménagé une surprise : sans avoir prévenu personne ni donné d'avance aucun ordre, nous changeâmes de route et nous fîmes une course jusqu'à Moscou. Le gouverneur n'en fut instruit que quelques heures avant notre arrivée.

L'aspect de cette grande ville, la vaste plaine au milieu de laquelle elle est située, son immense enceinte, ses milliers de clochers dorés, la variété des couleurs de ses dômes qui éblouissent les regards en réfléchissant, comme un prisme, les rayons du soleil, ce mélange des cabanes du peuple, des riches maisons des marchands, des magnifiques palais d'une noblesse aussi nombreuse que fière, cette tourbillonnante population représentant à la fois des mœurs opposées, des siècles différens, des peuples sauvages et des peuples civilisés, des sociétés européennes, des bazars asiatiques, nous frappaient d'étonnement et d'admiration ; cependant je ne pus, dans ce premier voyage, qu'entrevoir cette antique capitale ; nous n'y restâmes que trois jours.

Catherine nous fit voir son palais de Petroski, ses maisons de plaisance de Kolominski et de Tzarizina, les jardins publics de Moscou, le bel aqueduc qu'elle avait ordonné de construire ; nous repartîmes ensuite pour Borowitz, en traversant Twer, Tarjowest et Wischney-Wolotschok.

L'impératrice, voulant laisser quelques traces généreuses de sa courte apparition, fit don à la ville de Moscou d'une rente de cinquante mille francs et d'une somme considérable destinée à remplacer, par un bel hôpital, ce redoutable bâtiment où se tenait, sous les règnes d'Anne et d'Élisabeth, la sanguinaire inquisition d'État.

La ville de Twer eut aussi part aux bienfaits de sa présence. Cette ville est très jolie ; les bonnets de perles, les longs voiles blancs, galonnés d'or, des femmes qui habitaient cette ville ou les fertiles campagnes qui l'entourent, leurs riches ceintures, leurs anneaux et leurs boucles dorées, auraient pu faire croire, en voyant leur foule réunie, qu'on se trouvait présent à quelque ancienne fête de l'Asie.

Nous nous embarquâmes à Borowitz, sur de jolies galères. L'impératrice en montait une magnifique. Celle qui était destinée à M. de Cobentzel, à M. Fitz-Herbert et à moi, contenait trois chambres élégamment meublées, et portait des musiciens qui nous éveillaient et nous endormaient au son d'une douce harmonie.

Avant cet embarquement, et lorsque nos voitures longeaient encore la rivière, le prince Potemkin et moi, sans en demander la permission à l'impératrice, nous hasardâmes par curiosité de traverser et de descendre quelques cataractes sur un petit bateau. On disait ce passage dangereux; plusieurs bateaux y avaient été submergés. L'impératrice nous gronda un peu sévèrement de notre imprudence, et cependant cette étourderie plut à Catherine.

Entrés dans le lac Ilmen que nous devions traverser pour arriver à Novogorod, nous jouîmes d'un spectacle nouveau pour nous. Cette espèce de mer calme et limpide était couverte d'une immense quantité de bateaux de toute grandeur, ornés de voiles coloriées et de guirlandes de fleurs.

Les nombreuses troupes de mariniers, de paysans et de paysannes qui les montaient, cherchaient à l'envi à s'approcher de notre flottille brillante, en faisant retentir les airs du son de leurs instrumens, de leurs vives acclamations, et, lorsque le jour finissait, de leurs chants mélodieux, mais agrestes et un peu mélancoliques.

Ce fut pendant le cours de cette navigation que, profitant d'une circonstance imprévue, je hasardai une démarche qui devint décisive pour moi, et qui réalisa le léger espoir que jusque-là j'avais à peine conçu, celui de faire avec la Russie un avantageux traité de commerce, traité vingt fois inutilement projeté par nous depuis quarante ans.

Un jour, en sortant de la galère sur laquelle nous venions de dîner avec l'impératrice, et un peu surpris de l'humeur sombre et silencieuse que cette princesse, contre sa coutume, nous avait montrée pendant le repas, je suivis le prince Potemkin, qui paraissait non moins taciturne, et j'entrai avec lui dans la galère particulière qu'il occupait.

Après quelques minutes d'entretien mal suivi, durant lequel ses sourcils froncés, son ton sec et bref marquaient assez son agitation intérieure, je lui dis : « Mon cher prince, vous
» êtes bien moins aimable qu'à votre ordinaire ;
» vous rêvez; vous êtes distrait ; je crois réelle-
» ment que vous me boudez. Ne puis-je savoir
» la cause de ce changement que j'ai remarqué
» aussi dans le maintien froid de l'impératrice?
» N'y a-t-il pas là-dessous quelques tracasseries
» de cour? »

« Il est vrai, me répondit-il, que l'impéra-
» trice a beaucoup d'humeur aujourd'hui, et
» que je la partage; mais ce n'est pas vous
» ni votre gouvernement qui nous la donnez,
» c'est le ministère anglais, dont l'égoïsme et la
» conduite démentent toutes les protestations
» amicales et contrarient toutes nos vues. Je l'ai
» dit, il y a long-temps, à l'impératrice; elle ne
» voulait pas me croire : M. Pitt ne l'aime pas;
» il s'attache personnellement à lui susciter des
» ennemis, des obstacles en Allemagne, en Po-
» logne et en Turquie.

» Le roi de Prusse, à qui tout fait ombrage,

» et qui ne nous pardonne pas d'avoir quitté
» son incommode alliance pour l'alliance beau-
» coup plus utile de Joseph II, s'inquiète, s'a-
» gite et forme avec d'autres électeurs une con-
» fédération assez menaçante contre l'Autriche.
» Il prépare ainsi une nouvelle guerre au cen-
» tre de l'Europe, qu'il est de notre intérêt de
» maintenir en paix.

» Agissant de concert avec l'empereur, notre
» allié, cette agitation prussienne ne nous cau-
» sait qu'une légère inquiétude ; mais nous
» apprenons dans ce moment, par une voie
» très sûre, que le roi d'Angleterre, sur lequel
» l'impératrice et l'empereur croyaient pouvoir
» compter, vient, sans aucun motif excusable,
» de se montrer hostile contre nous, et que,
» en sa qualité d'électeur d'Hanovre, entrant
» dans le système politique de Frédéric, il
» donne son accession à la ligue électorale. Ce
» contre-temps dérange toutes nos combinai-
» sons.

» C'est un tour perfide que les Anglais nous
» jouent; pour ma part j'en suis furieux, et je
» ne sais ce que je ne donnerais pas pour leur
» rendre la pareille et pour nous venger d'eux. »

Voyant que son irritation le portait à me

montrer ainsi sans voile le fond de sa pensée, je saisis la balle au bond et je lui dis : « Si vous
» voulez vous venger, il en est un moyen prompt
» et facile autant que juste : ne leur laissez pas
» plus long-temps en Russie des priviléges ex-
» clusifs qui réellement blessent les autres na-
» tions et nuisent à vos propres intérêts. »

« Je vous entends, reprit-il aussitôt en se dé-
» ridant et en souriant; tenez, je vais vous
» parler en véritable ami : votre cour désire
» depuis long-temps faire avec nous un traité
» de commerce; le moment est favorable; sai-
» sissez-le; vous trouverez l'impératrice dis-
» traite de ses vieilles préventions contre la
» France; son humeur se jette à présent sur
» l'Angleterre; ne perdez pas une occasion pré-
» cieuse; faites-lui une proposition de rappro-
» chement et de traité bien motivée, et je vous
» jure sur ma parole que je vous seconderai de
» tout mon pouvoir. »

« Je suivrais volontiers, répliquai-je, votre
» conseil; mais il existe, et depuis long-temps,
» une telle froideur entre nos cabinets, qu'on
» n'a pas cru devoir m'autoriser à faire officiel-
» lement une telle démarche dont le succès
» plairait sans doute, mais que, dans l'incerti-

» tude de ce succès, je me garderais bien de
» hasarder ; je craindrais trop, par une avance
» faite ainsi au nom du roi, de compromettre
» sa dignité. »

Le prince se tut alors quelques instans ; puis
il me dit : « Votre crainte est mal fondée ; ce-
» pendant, pour ménager vos scrupules, suivez
» mon avis : nous avons souvent parlé ensemble
» de commerce ; supposez que j'aie peu de mé-
» moire ; écrivez-moi ce que vous m'avez sou-
» vent dit comme votre opinion personnelle ;
» rédigez seulement cet écrit en forme de note
» confidentielle ; ne la signez même pas ; vous
» ne risquez rien ; vous pouvez compter sur l'u-
» sage discret que j'en ferai, et vous devez être
» sûr qu'elle ne sera connue des autres ministres
» que lorsque vous aurez acquis la certitude d'une
» réponse telle que vous pourrez, sans aucun
» inconvénient, la leur présenter officiellement,
» revêtue de toutes les formes usitées : par là
» vous êtes certain que vous aurez connu la ré-
» ponse avant d'avoir fait la demande ; mais, je
» vous le répète, battez le fer pendant qu'il est
» chaud ; allez vite vous mettre à l'ouvrage ; je
» voudrais déjà que cela fût fait. »

Je sortis sans lui répondre et je regagnai

promptement ma galère, pensant qu'il était urgent de profiter d'un épanchement d'amitié dont je ne devais probablement la vivacité qu'à la colère, et qu'il fallait ne pas laisser refroidir.

J'entre dans ma chambre; je cherche mon écritoire; mais elle était enfermée dans une commode dont mon valet de chambre, qui faisait alors une promenade en bateau, avait emporté la clef.

Impatienté de ce contre-temps, j'entrai dans la chambre de M. Fitz-Herbert, où M. de Cobentzel jouait, je crois, au trictrac avec lui. Je leur dis qu'ayant l'intention de profiter du moment où notre flottille était à l'ancre pour écrire quelques lettres, je me trouvais, par l'absence de mon valet de chambre, sans plumes ni papier; alors M. Fitz-Herbert m'offrit obligeamment son écritoire, que j'emportai chez moi.

Je ne sais pourquoi quelques personnes, à qui j'avais raconté les détails de mon voyage, ont depuis rendu publique cette anecdote assez insignifiante, attribuant à une sorte d'espièglerie ce qui n'était que l'effet d'un pur hasard.

J'aurais été véritablement contrarié si la publicité de cette anecdote avait pu déplaire un moment à M. Fitz-Herbert, dont j'ai toujours fait profession d'admirer l'esprit, les talens, et qui m'honorait d'une amitié que j'ai payée de retour et que je lui conserverai toute ma vie.

Le fait est que des esprits légers ont trouvé piquant de dire que j'avais signé mon traité de commerce avec la plume du ministre d'Angleterre, tandis qu'elle ne m'a servi qu'à écrire une simple note.

En deux heures de temps, je rédigeai la note suivante et la portai au prince Potemkin. Je crois devoir faire connaître ici cette pièce improvisée, puisque, par un heureux hasard, elle eut une si grande influence sur le succès de mes négociations.

NOTE CONFIDENTIELLE.

Si deux États ont jamais dû s'unir par un traité de commerce, ce sont la Russie et la France : leur position le prouve; leurs productions le demandent; leurs intérêts l'exigent. Elles se trouvent placées trop loin l'une de l'autre pour se nuire, et pour qu'il puisse naître entr'elles aucun sujet de guerre ou d'inimitié. Leur population et leurs richesses les rendraient les arbitres de l'Europe, si elles unissaient leurs vues politiques.

Tandis que les pays immenses qui les séparent leur ôtent la possibilité de s'inquiéter, la mer Méditerranée, la mer Noire, l'Océan et la Baltique, en les rapprochant pour le commerce, les invitent à ouvrir de nouveaux débouchés à leurs productions.

Cependant, par des obstacles trop longs à détailler, ce commerce a toujours été languissant, et a pris jusqu'à présent une route détournée, au lieu de suivre la route naturelle qui était si clairement indiquée par la position et tracée par l'intérêt des deux empires.

Les Français ont été obligés de recevoir les marchandises des Russes, et de leur envoyer celles de la France, par des intermédiaires plus favorisés, qui faisaient un double profit aux dépens des deux nations, et qui s'assuraient de plus en plus les avantages dont ils jouissaient en paraissant consommateurs nécessaires; ils devaient même paraître consommateurs presque uniques, puisque la différence dans le paiement des droits, ajoutée à quelques autres priviléges, écartait nécessairement toute concurrence.

L'impératrice actuelle, dont le règne est l'époque mémorable des progrès des lumières en tout genre et de la destruction de tous les préjugés nuisibles, paraît vouloir rendre la vie au commerce en le livrant à la concurrence, en supprimant les priviléges exclusifs, en reconnaissant que la base d'un commerce avantageux est la liberté et l'égalité.

Les principes du roi sont trop conformes à ceux de sa majesté impériale pour ne pas croire que le moment est enfin arrivé, où les obstacles qui s'opposaient à un traité de commerce doivent être levés. Il devient doublement nécessaire aux deux puissances, depuis que l'impératrice a des ports sur la mer Noire.

Nous sommes dans la position la plus favorable pour ouvrir des débouchés à ses provinces du sud, dont les productions avaient pris jusqu'à présent un cours lent et forcé vers les ports de la Baltique.

Les ports que la France possède dans l'Océan resteront liés par leur situation avec Riga, Archangel et Pétersbourg; les ports qu'elle a dans la mer Méditerranée peuvent former avec celui de Kherson le commerce le plus florissant.

La Russie aura toujours la plus grande part à la consommation des vins de France, du sucre et du café de ses colonies.

La France, ayant à entretenir une marine

nombreuse, aimera toujours mieux recevoir ses mâtures de la Russie que de les faire venir de l'Amérique septentrionale. Elle consommera toujours une grande partie de son chanvre, quoiqu'elle en produise elle-même. Les viandes salées qu'elle tirerait des provinces du sud lui conviendraient mieux que celles de l'Irlande.

Les cuirs verts, les suifs, les cires, le salpêtre que la nature a prodigués à l'Ukraine et à plusieurs contrées du midi, mille autres productions qu'offre un si vaste empire et qu'il serait trop long de détailler, viendraient augmenter ses riches exportations, et lui assureraient une balance avantageuse qui ne le serait pas moins pour cela à la France, parce qu'elle ferait passer directement, et par conséquent avec avantage, à la Russie, les sommes considérables qu'elle paie aux autres nations pour les productions de cet empire.

L'échange de ces productions réciproques est si nécessaire à la France et à la Russie, que leurs ports seront remplis des vaisseaux de leurs négocians respectifs, dès qu'on lèvera les obstacles qui empêchent les capitalistes prudens d'embrasser un commerce dans lequel ils auraient à craindre des concurrens plus favorisés.

La cessation même de ces préférences et l'établissement d'une concurrence générale ne suffiraient pas aux négocians, sans un traité entre les deux nations, pour donner l'essor à leur commerce.

Que leur motif soit réel ou d'opinion, il est certain qu'un traité de commerce, en leur assurant la protection du gouvernement, peut seul exciter en eux cette confiance qui porte aux spéculations les plus étendues.

Tant que ces motifs d'encouragement manquent à nos négocians, ils dirigent leurs vues vers le commerce de nos colonies, celui des Indes, du Levant et des puissances avec lesquelles nous avons des traités. Ils tirent les productions de la Russie par des mains tierces qui en augmentent le prix et en diminuent par là la consommation, au désavantage de son commerce et du nôtre.

Quelques marchands français, sans fortune et sans crédit, s'établissent à Pétersbourg, et, loin de resserrer les liaisons de commerce des deux puissances, les affaiblissent par leurs malheurs ou leur inconduite.

Mais, dès qu'un traité de commerce aurait établi la concurrence, l'égalité, et rassuré les esprits, on verrait des négocians solides s'établir ici, des compagnies respectables se former, et les profits respectifs du commerce s'accroître avec les consommations.

C'est dans le moment où l'on a pensé que ces vérités étaient senties à Pétersbourg comme à Versailles, qu'il paraît opportun de faire à ce sujet des ouvertures plus formelles au ministère de l'impératrice, avec l'espoir fondé qu'un arrangement aussi désirable rencontrera peu d'obstacles, et que les deux cours, pour hâter son succès, se feront part de leurs dispositions sur un point si important. Ce que je puis d'avance affirmer, c'est que les principes du roi, dans tous ses traités de commerce, sont de n'accorder ni de demander aucun privilége exclusif.

Pour qu'un traité entre la Russie et la France soit durable, il est nécessaire de lui donner pour base l'égalité : ainsi, en partant de ce principe, les Russes seraient traités en France pour le présent et à l'avenir comme la nation la plus favorisée ; leurs causes seraient jugées aux mêmes tribunaux ; chacune de leurs productions taxée aux mêmes droits, et ces droits acquittés avec la même monnaie que la nation qui jouit en France de la plus grande faveur.

Telles sont en général les intentions que sa majesté m'a permis de manifester, si des circonstances heureuses me donnaient l'occasion de les développer.

Comme la disposition du prince Potemkin n'était pas changée, après avoir lu cette note, il la loua avec enthousiasme, et ne voulut pas me la rendre. Je l'en priai vainement. « Je l'em-
» porte, dit-il en riant; je ne la montrerai qu'à
» une seule personne, à l'impératrice, et je
» vous jure de vous la rendre immédiatement
» après. »

En effet, le lendemain, dès qu'il me vit, il me la remit. « Je suis chargé, dit-il, d'une ré-
» ponse qui vous sera sûrement agréable; sa
» majesté vous la répètera bientôt elle-même;
» elle m'ordonne de vous dire qu'elle a lu avec
» plaisir votre note, qu'elle trouve vos obser-
» vations justes, que votre confiance lui plait
» et la touche, qu'elle est très disposée à former
» le lien que vous souhaitez, qu'en arrivant à
» Pétersbourg elle donnera à ses ministres de
» tels ordres que vous pourrez agir officielle-
» ment et en toute sûreté, puisque déjà elle
» vous garantit que votre proposition sera par-
» faitement accueillie. »

Le prince avait été sincère et exact en tout point; car, lorsque je me trouvai chez l'impératrice, cette princesse, me prenant à part, me dit : « Vous savez déjà ma réponse ; les témoi-
» gnages récens d'amitié que j'ai reçus du roi
» votre maître me portent à former volontiers
» un lien qui me rapproche de lui : votre con-
» fiance m'a touchée ; je vous vois avec un
» grand plaisir près de moi, et je serai fort aise
» qu'une négociation si importante pour les
» deux États soit suivie et terminée par votre
» entremise. »

Il est facile de concevoir la vive satisfaction que j'éprouvai en voyant ma démarche, un peu hasardeuse, couronnée par un succès si complet.

Peu de jours après, étant entrés dans le canal de Ladoga, nous arrivâmes à Pétersbourg le 28 juin, ayant ainsi terminé en moins d'un mois le voyage le plus curieux et le plus agréable.

Je reçus des lettres de M. de Vergennes qui me prescrivait de profiter de la confiance que me témoignait le comte de Goërtz, pour calmer l'inquiétude de son cabinet, et lui prouver que la ligue électorale et les mouvemens du roi de Prusse pour la fortifier, n'auraient d'autre effet que de resserrer les liens déjà existans entre la Russie et l'Autriche.

L'impératrice, qui me permettait alors souvent de lui faire ma cour à Czarskozelo, me parla vivement et avec chaleur des fausses nouvelles répandues en Europe sur son ambition, des épigrammes dont elle était l'objet, des contes ridicules que l'on faisait sur la pénurie de ses finances, et même sur le dépérissement de sa santé.

« Je n'accuse point votre cour, me dit-elle,
» de propager toutes ces impostures; elles vien-
» nent du roi de Prusse qui me hait; mais je
» vous reproche d'en croire une partie. Vous
» autres Français, malgré mes protestations pa-
» cifiques, vous me supposez toujours des pro-
» jets d'envahissemens, tandis que j'ai renoncé
» de bonne foi, et pour de puissantes raisons,
» à tout agrandissement. Je ne veux que la paix,
» et je ne reprendrai les armes que si l'on m'y
» force. Le repos de l'Europe n'est menacé que
» par la turbulence des Turcs et des Prussiens;
» cependant c'est moi dont on se méfie, et ce
» sont eux que l'on protége. »

Je lui répondis avec plus de politesse que de conviction; car, bien que le prince Potemkin me tint le même langage, de temps en temps il me laissait entrevoir que ces desseins ambitieux étaient plutôt ajournés qu'abandonnés.

Un jour, entr'autres, comme il me parlait avec irritation des pillages commis par les Tartares du Kuban et des cruautés exercées par le grand-visir, il me dit : « Convenez que l'exis-
» tence des musulmans est un véritable fléau
» pour l'humanité. Cependant, si trois ou qua-
» tre grandes puissances voulaient se concerter,
» rien ne serait plus facile que de rejeter ces
» féroces Turcs en Asie, et de délivrer ainsi de
» cette peste l'Égypte, l'Archipel, la Grèce et
» toute l'Europe.

» N'est-il pas vrai qu'une telle entreprise se-
» rait à la fois juste, utile, religieuse, morale,
» et héroïque? Et puis, ajouta-t-il en souriant,
» si vous pouviez contribuer personnellement à
» un si désirable accord, et que la France, pour
» son lot, eût Candie ou l'Égypte, n'en seriez-
» vous pas honorablement récompensé s'il arri-
» vait que vous fussiez nommé gouverneur de
» l'un ou l'autre de ces pays conquis? »

Je lui répliquai que cet appât offert à ma vanité me touchait peu. La vérité est que cette insinuation peu adroite, qui me choqua, me rendit quelque fermeté pour mieux remplir dans ce moment un devoir qui était en contradiction avec mes sentimens et mon opinion personnelle.

En effet, je n'ai jamais compris et je ne conçois pas encore cet étrange et immoral système politique qui s'opiniâtre à soutenir des barbares, des brigands, des fanatiques, dépeuplant, dévastant, inondant de sang les vastes contrées qu'ils possèdent en Asie et en Europe.

Est-il croyable que tous les princes de la chrétienté prodiguent leurs secours, leurs présens, et, pour ainsi dire, leurs hommages à un gouvernement barbare, stupide, orgueilleux, qui méprise nous, notre religion, nos lois, nos mœurs, nos rois, et qui journellement, nous appelant *chiens de chrétiens,* nous accable d'humiliations et d'outrages? Mais j'étais ministre; je devais obéir à mes instructions, et je m'y conformai ponctuellement.

Feignant de regarder les paroles du prince comme une boutade qu'il était impossible de concilier avec les assurances pacifiques qu'il me donnait si fréquemment, je lui dis : « Mon cher » prince, je ne vous répondrai pas sérieuse- » ment; car tout ceci n'est qu'un jeu de votre

» imagination. Vous êtes trop sage et trop éclairé
» pour ne pas sentir que, ne pouvant renverser
» un empire tel que l'empire ottoman, sans le
» partager, nous froisserions tous les intérêts
» commerciaux, nous détruirions tout l'équili-
» bre de l'Europe; la discorde remplacerait une
» harmonie si lentement établie après des guer-
» res longues et cruelles qu'excitèrent et nour-
» rirent si long-temps le fanatisme des guerres
» religieuses, la domination intolérable de Char-
» les-Quint, ses invasions en Italie, la rivalité
» de la France et de l'Angleterre, les conquêtes
» de Louis XIV, et l'ambition permanente de
» la maison d'Autriche en Allemagne. Il est aussi
» impossible de s'entendre pour un tel partage,
» que de trouver la pierre philosophale.

» Constantinople seule est un point qui suffi-
» rait pour diviser toutes ces puissances que
» vous voudriez faire agir de concert; et,
» croyez-moi, votre plus cher allié, l'empe-
» reur Joseph, ne consentirait jamais à vous
» voir maître de la Turquie d'Europe; je crois
» même qu'il a dit en propres termes, *que, ne*
» *pouvant oublier les périls que plusieurs fois*
» *les turbans venus de Constantinople ont fait*
» *éprouver à Vienne, il craindrait encore plus*

» *d'avoir pour voisins des guerriers en casques*
» *et en chapeaux.* »

Le prince ne put s'empêcher de s'écrier :
« Vous avez raison, mais c'est notre faute à
» tous ; nous savons trop constamment nous
» entendre pour faire le mal, et jamais pour
» faire le bien de l'humanité. »

Sans donner tous ces détails à ma cour, j'instruisis M. de Vergennes de mes entretiens sur ce sujet avec le prince et les autres ministres de Catherine. Il m'approuva complétement d'avoir réussi à prouver aux Russes combien d'obstacles rencontrerait la destruction des Turcs, et en même temps d'être parvenu à dissiper les préventions de Catherine, qui ne nous croyait occupés qu'à fomenter chez elle des troubles intérieurs et à lui susciter des ennemis.

Les occasions où l'impératrice me permettait de me rapprocher d'elle se multipliaient de jour en jour : je la vis à la campagne chez le grand-échanson et chez le grand-écuyer. Là, elle me proposa de la suivre dans une course qu'elle voulait faire pour visiter la manufacture d'armes de Sisterbeck.

Je me rappelle que, pendant cette promenade, elle me fit beaucoup de plaisanteries sur ce qu'on lui avait raconté des dépenses excessives de notre cour, et du désordre qui régnait dans les comptes de la maison du roi.

Voulant un peu défendre cette cause, quoiqu'au vrai elle ne fût pas trop bonne à plaider, et préférant la riposte à la défense, je lui répondis « que tel était le sort des grands monar-
» ques qui s'occupaient plus des affaires de
» l'État que des leurs, et n'étaient pas dans la
» nécessité d'imiter Charlemagne, qu'on admi-
» rait, parce qu'il comptait lui-même les pro-
» duits de ses fermes, les gerbes de ses champs,
» les foins de ses prés, enfin jusqu'aux légumes
» de son potager et aux œufs de sa basse-cour;
» mais, n'ayant pas d'autres revenus que ceux
» de ses domaines, ce prince ne pouvait payer
» ses dépenses sur des impôts qu'alors les Francs
» ne connaissaient pas. Nos monarques, il est
» vrai, sont tous trompés; mais vous-même, ma-
» dame, ajoutai-je, permettez-moi de vous le dire,
» vous êtes quelquefois, si je m'en rapporte à
» ce qu'on m'a dit, assez fréquemment volée :
» ce qui ne m'étonne pas; car les détails de
» cuisine, d'écurie et d'office, sont de trop petits
» objets pour que votre majesté puisse les aper-
» cevoir et les surveiller. »

«Vous avez tort et raison tout à la fois, monsieur
» le comte, reprit-elle; je suis volée comme une
» autre, j'en conviens; je m'en suis quelquefois
» convaincue moi-même par mes propres yeux,
» en voyant de ma fenêtre, au point du jour ou
» le soir, sortir furtivement de mon palais d'é-
» normes paniers qui certes n'étaient pas vides.

» Je me rappelle aussi qu'il y a quelques an-
» nées, ayant été faire un petit voyage sur les
» bords du Wolga, je demandai aux habitans
» qui bordaient ses rives s'ils étaient contens de
» leur sort. La plupart étaient pêcheurs. *Nous*
» *serions*, me répondirent-ils, *très satisfaits du*
» *fruit de nos travaux et surtout de la pêche du*
» *sterlet* *, *si l'on ne nous obligeait pas à per-*
» *dre une partie de notre gain, en envoyant an-*
» *nuellement à vos écuries une assez grande*
» *provision de ces sterlets qui se vendent très*
» *cher : c'est un lourd tribut qui nous coûte à*
» *peu près deux mille roubles par an.*

» — *Vous faites fort bien de m'en avertir*, leur
» dis-je en riant; *je ne savais pas que mes che-*
» *vaux mangeassent du sterlet.* Ce ridicule abus

---

* Sorte d'esturgeon très recherché en Russie; à Pétersbourg il coûtait depuis dix louis jusqu'à vingt-cinq.

» fût supprimé. Mais, ce que je prétends vous
» prouver, c'est la différence qui existe entre
» ce désordre apparent qui vous frappe ici et le
» désordre réel et bien plus dangereux qui rè-
» gne chez vous.

» Le roi de France ne sait jamais au juste ce
» qu'il dépense; rien n'est réglé ni fixé d'a-
» vance; voici au contraire ce que je fais : je
» fixe une somme annuelle, et toujours la mê-
» me, pour la dépense de ma table, de mon
» ameublement, pour celle de mes spectacles,
» de mes écuries, enfin de toute ma maison;
» j'ordonne que les différentes tables de mon
» palais soient servies de telle quantité de vins,
» de tel nombre de plats. Il en est de même
» dans toutes les autres branches de cette ad-
» ministration.

» Tant qu'on me fournit exactement, en
» quantité et en qualité, ce que j'ai ordonné,
» et que personne ne se plaint de négligence à
» cet égard, je suis contente; il m'est fort égal
» que sur la somme fixée on me vole avec plus
» ou moins de ruse ou d'économie; ce qui m'im-
» porte, c'est que jamais cette somme ne soit
» dépassée : ainsi je suis toujours certaine de ce
» que je dépense; c'est un avantage dont peu

» de princes et même de riches particuliers
» puissent se vanter. »

Un autre jour, comme elle me demandait ce qui m'avait le plus frappé depuis que j'étais à sa cour, je profitai de la familière bonté dont elle m'honorait, et je hasardai de lui dire : « Ce qui me surprend le plus, madame, c'est
» l'imperturbable repos dont votre majesté jouit
» depuis tant d'années sur un trône qu'on avait
» toujours vu entouré d'orages. Il est difficile
» de concevoir par quel secret, par quel moyen,
» arrivée jeune, étrangère et femme, dans un
» empire si fécond en complots et en révolu-
» tions, vous régnez si paisiblement sans ren-
» contrer jamais de mutins à réprimer, d'en-
» nemis intérieurs à combattre et d'obstacles à
» surmonter. »

« Ce moyen, me répondit-elle, est bien sim-
» ple : je me suis fait des principes, un plan de
» gouvernement et de conduite dont je ne m'é-
» carte jamais; ma volonté une fois émise ne
» varie pas. Ici tout est constant ; chaque
» jour ressemble à ceux qui l'ont précédé.
» Comme on sait sur quoi compter, personne
» ne s'inquiète. Dès que j'ai donné une place à
» quelqu'un, il est sûr, à moins de commettre

» un crime, de la conserver. Par là j'ôte tout
» aliment aux tracasseries, aux délations, aux
» querelles, aux rivalités; aussi vous ne voyez
» point d'intrigues chez moi ; comme le but
» des intrigans ne pourrait être que de faire
» chasser des hommes revêtus d'emplois pour
» se mettre eux-mêmes à leur place, sous mon
» gouvernement ces tracasseries seraient sans
» objet. »

« Je conviens, madame, lui répliquai-je,
» qu'un système si sage doit être suivi des plus
» heureux résultats; cependant permettez-moi
» une simple observation : il est impossible,
» quelque génie qu'on ait, de ne pas se trom-
» per quelquefois dans ses choix. Que ferait
» votre majesté, si par hasard elle s'apercevait,
» je le suppose, qu'elle a nommé un ministre
» qui se trouve inhabile en administration et
» incapable de répondre à sa confiance ? »

« Eh bien, monsieur, reprit cette princesse,
» je le garderais; ce serait ma faute et non la
» sienne, puisque c'est moi qui l'aurais choisi ;
» seulement je travaillerais avec un de ses agens
» secondaires; mais, pour lui, il garderait son
» titre et sa place.

» Tenez, en voici un exemple : j'avais nom-

» mé un ministre qui ne manquait pas d'esprit,
» mais qui était dépourvu de la science et du
» caractère nécessaires pour bien régir une
» grande administration; enfin on aurait trouvé
» difficilement, dans quelque cour que ce fût,
» un ministre moins habile. Qu'est-il arrivé ?
» Il a conservé sa place. Il est vrai que je ne lui
» ai laissé que les plus minutieux détails de son
» département; j'avais confié tout ce qui était
» important à l'un de ses subordonnés.

» Je me souviens qu'une nuit, recevant un
» courrier qui m'annonçait la fameuse victoire
» de Tchesmé et l'incendie de la flotte turque,
» je pensai qu'il ne serait pas convenable que le
» ministre en question n'apprît que par le pu-
» blic ce grand événement : à quatre heures
» du matin, je l'envoie chercher; il arrive.
» Or, vous saurez que le pauvre homme, étant
» alors uniquement occupé et tourmenté par
» une petite querelle intérieure de bureaux
» dans laquelle il s'était laissé aller à un injuste
» emportement, s'imaginait que je l'avais man-
» dé pour le gronder.

» Aussi, en ouvrant ma porte et avant de me
» laisser dire un mot, il s'écrie : *Madame, je*
» *vous conjure de me croire; il n'y a point ici*

» *de ma faute, et je ne suis pour rien dans cette
» affaire.—Je ne le sais que trop, monsieur*, lui
» répondis-je en riant; et je lui appris alors la
» nouvelle de l'éclatant succès qui couronnait
» le plan hardi que j'avais conçu avec le
» prince Orloff, pour faire partir de Cronstadt
» mon armée navale, qui, après avoir fait le
» tour de l'Europe et traversé la Méditerranée,
» était parvenue à détruire au fond de l'Archi-
» pel la flotte musulmane. »

« Cet exemple, madame, lui dis-je en
» riant, ne pourrait servir qu'à un bien petit
» nombre de princes; car il en est bien peu qui
» sachent assez gouverner eux-mêmes pour faire
» de grandes choses avec de médiocres ou de
» mauvais ministres. ».

M. de Vergennes n'ignorait point les progrès que j'avais faits dans la bienveillance et dans la confiance de l'impératrice; cependant, ayant reçu la dépêche dans laquelle je lui mandais que, trouvant le moment favorable et connaissant d'avance la réponse que je recevrais, j'allais remettre au ministère russe une note officielle pour lui proposer d'entrer en négociation relativement à un traité de commerce, M. de Vergennes regarda ma démarche comme hasardée, et me reprocha assez vivement d'avoir trop légèrement cru à la possibilité d'un rapprochement politique si imprévu ; il pensait que, trop flatté des marques d'une faveur qui ne m'était que personnelle, je m'aventurais trop présomptueusement en risquant une ouverture officielle et des avances qui pouvaient compromettre ma cour.

Mais, ce qu'il y eut de plus singulier, c'est que d'un autre côté le vice-chancelier, comte Ostermann, que l'impératrice, fidèle à sa promesse, avait laissé dans une complète ignorance sur ce qui s'était passé pendant le voyage relativement à cet objet, me marqua une inexprimable surprise lorsque je lui remis officiellement la note qui, jusque-là, n'avait été montrée qu'au prince Potemkin, à l'impératrice, et uniquement comme l'expression de mon opinion personnelle.

Ce ministre, pris ainsi au dépourvu, me dit gravement : « Je mettrai, monsieur le comte, vo-
» tre proposition sous les yeux de sa majesté, car
» je ne puis la prendre qu'*ad referendum ;* je
» ne vous cache même pas qu'elle m'étonne un
» peu ; aucune des ouvertures qui précèdent
» ordinairement de si importantes négociations
» ne m'y a préparé, et permettez-moi, comme

» ami, de vous faire une observation : avez-
» vous bien médité cette démarche? êtes-vous
» bien convaincu de l'opportunité du moment
» que vous avez choisi pour la faire ? »

Je lui répondis « que la proposition d'un lien
» si honorable et si utile pour nos deux cours
» était, à mon avis, de nature à se voir accueillie
» par l'impératrice avec une cordialité égale à
» celle qui l'avait dictée au roi, et que la con-
» formité de leurs sentimens et de leurs prin-
» cipes me donnaient un juste espoir de succès.»

Cependant le silence que les ministres gar-
dèrent avec moi pendant plus d'une semaine
sur un objet si important, ne me laissait pas
sans inquiétude. Je savais que l'impératrice
concevait, projetait, ordonnait rapidement ;
mais qu'étant souvent mal secondée, l'exécution
de ses desseins éprouvait quelquefois des lenteurs infinies.

J'étais parti pour Petershoff, où j'assistai à
de brillantes fêtes et à un bal masqué. Pendant
ce bal, le comte Bezborodko vint me dire à
l'oreille qu'il avait reçu l'ordre d'entrer promptement en négociation avec moi.

En effet, dès que je fus revenu à Pétersbourg,
le comte Ostermann, m'ayant invité à me ren-

dre chez lui, me félicita du prompt succès qu'il était chargé de m'annoncer. « Sa majesté, » ajouta-t-il, m'a ordonné de vous dire qu'elle » a lu votre note avec plaisir; que, ne voulant » pas attendre le retour du comte de Woronzoff, » qui fait en ce moment une tournée pour vi- » siter les douanes, elle vient de lui envoyer » votre note pour le mettre à portée de commen- » cer le plus tôt possible une négociation dont » elle souhaite sincèrement l'heureuse issue. »

Je reçus ensuite la réponse officielle des ministres à ma note, et l'exposé des principes que l'impératrice s'était fait une règle de suivre dans tous ses traités de commerce; de plus on m'annonça que cette princesse nommerait des plénipotentiaires dès que j'aurais reçu mes pleins pouvoirs.

J'envoyai à Versailles, par un courrier, ces différentes pièces, qui furent de véritables pièces justificatives pour moi; car, après avoir pris les ordres du roi, M. le comte de Vergennes me dédommagea amplement, par ses éloges, de la réprimande un peu sévère que j'avais si récemment reçue de lui.

En lui adressant mes remercimens, je le prévins que, malgré l'intention bien prononcée de l'impératrice, et quoiqu'elle fût convaincue des suites funestes des priviléges, ainsi que des avantages de la concurrence, le long attachement des ministres aux maximes fiscales entraînerait nécessairement une grande perte de temps en discussions sur la modération des tarifs.

Je prévoyais que M. de Woronzoff, surtout, tiendrait opiniâtrément à ce système de prohibition ou de droits exagérés, ne voulant pas voir que cette prohibition et ces droits prolongeaient l'engourdissement de l'industrie, et n'avaient d'autre résultat que celui de rendre la contrebande plus lucrative.

De plus j'étais persuadé que, pour compenser une diminution sur nos vins et l'avantage qu'on nous accorderait de payer les droits en monnaie du pays, on exigerait de nous les plus fortes diminutions sur les droits que paient chez nous les productions de la Russie.

Déjà l'esprit de fiscalité avait paralysé la volonté de Catherine II et celle du prince Potemkin, qui, dans le dessein de favoriser les provinces du sud, avaient voulu diminuer d'un quart pour toutes les nations les droits exigés dans les douanes et dans les ports de ces provinces. L'empereur même, quoique allié de l'impératrice, se voyait obligé, pour conclure un traité avec elle, de lui faire de grandes concessions.

Ainsi la Russie prétendait se faire payer les nouveaux débouchés qu'il lui était si nécessaire de s'ouvrir ; elle voulait surtout obtenir de grands avantages pour sa marine marchande ; prétentions, au reste, assez peu importantes ; car, tandis que cette puissance armait vingt-cinq vaisseaux de guerre, elle ne pouvait compter sur la mer qu'environ cinquante navires marchands : ce qui faisait dire assez plaisamment au chevalier Harris, depuis lord Malmesbury, que de toutes les marines marchandes du monde, celle des Russes était incontestablement la mieux protégée, puisqu'ils avaient toujours un vaisseau de guerre pour servir d'escorte à deux vaisseaux marchands.

Ma prévoyance ne fut que trop justifiée; car il se passa plus de dix-huit mois avant que je pusse terminer par un traité une négociation si promptement résolue et commencée sous de si favorables auspices. J'envoyai aussi à M. de Vergennes mes observations sur la note qui contenait les principes fondamentaux adoptés et suivis par Catherine II dans ses traités de commerce.

Ces Mémoires deviendraient trop volumineux et en même temps trop arides, si je voulais y insérer tous les projets et contre-projets que je reçus et que je donnai pendant dix-huit mois, ou même si j'essayais de faire connaître avec détail les difficultés de tout genre qui retardèrent ma marche, et qui plusieurs fois faillirent l'arrêter complétement.

Ceux de mes lecteurs destinés à la diplomatie, et pour lesquels la connaissance de tous ces faits peut être utile, doivent les chercher dans nos archives. Les autres m'abandonneraient bientôt si je prétendais les entraîner pesamment dans l'examen de ces chicanes politiques; ils aimeront mieux me suivre sur une route plus variée, moins hérissée d'écueils, en passant d'un objet à un autre avec rapidité, des fêtes de Pétersbourg aux rochers du Caucase, du sérail des khans tartares et des ports de Crimée aux plaines de l'Ukraine, du récit des intrigues de cour à celui des combats que les Russes livrèrent tour à tour aux musulmans, aux Suédois, enfin à la vue du tableau de la chevaleresque Pologne, hasardant un dernier effort pour recouvrer son indépendance et sa gloire.

A cette époque la tranquillité de l'impératrice fut légèrement troublée par la nouvelle qu'elle reçut d'un échec éprouvé sur le Caucase par ses troupes à la suite de quelques combats que les Russes avaient soutenus contre les Tschetchins et contre les Cabardiens. Le colonel Pierry, ayant brûlé les habitations de ces montagnards, fut, à son retour, cerné par eux, et périt avec sa troupe.

D'un autre côté, on apprit que le roi de Prusse, interceptant les communications commerciales de Dantzick par un canal qui conduit l'eau de la Vistule dans la Neiss, ainsi que par des forts et des douanes établis sur ces débouchés, attirait ainsi dans ses États tout le commerce de cette ville libre, et de plus l'inquiétait par des menaces et par des démonstrations hostiles.

Catherine protégeait les Dantzickois, et s'était rendue garante de leur tranquillité; elle écrivit une lettre pressante à Frédéric II pour l'inviter à ne point troubler par de telles mesures l'harmonie et la bonne intelligence qui existaient entr'elle et lui, et à ne plus porter atteinte à la sécurité dont les Dantzickois et la

Pologne jouissaient sous leur commune protection.

Le comte Bezborodko, chargé par elle de me faire part de cette démarche, me dit qu'une communication si confidentielle devait prouver au roi de France combien elle désirait sincèrement s'entendre avec lui pour maintenir la paix en Europe.

La conduite franche de Catherine dans cette circonstance acheva de me prouver que, trouvant pour le moment trop d'obstacles à ses projets de conquêtes, elle commençait à se dépouiller de ses préventions, et qu'elle était disposée à se rapprocher de nous en entrant dans notre système pacifique.

Tous ces témoignages de confiance que me donnait cette princesse, produisirent sur quelques personnes des effets très opposés : les ministres redoublèrent de prévenances pour moi; le comte de Goërtz ne déguisa plus sa méfiance. Le grand-duc m'avait montré un penchant qui allait jusqu'à l'engouement, il ne me parla plus; enfin le comte de Cobentzel se rapprocha de moi, plus comme courtisan que comme ambassadeur.

Je sus par lui qu'une discussion de préséance

retardait la conclusion de son traité de commerce, parce que l'empereur prétendait signer cet acte le premier, et que l'impératrice ne voulait pas signer la seconde. On me dit que tout s'arrangerait en faisant à Vienne un édit en allemand, à Pétersbourg un ukase en russe, et en réunissant ces deux pièces où chacun des deux souverains apposerait le premier sa signature au bas de l'acte écrit dans sa langue.

Les gabarres françaises arrivèrent à Cronstadt, ainsi qu'on me l'avait annoncé. La discussion relative aux droits exigés se renouvela. Dans d'autres circonstances cette contestation aurait pu exciter de l'aigreur; mais, les dispositions étant changées, on me promit de tout terminer à l'amiable, et j'obtins de l'impératrice le plus obligeant accueil pour les officiers de la marine royale; ils furent fêtés dans la ville, et Catherine les invita tous au spectacle de Czarskozelo.

Tandis que je recevais à Pétersbourg tant de démonstrations amicales, M. le comte de Choiseul m'écrivait de Constantinople que la conduite du ministre russe près de la Porte semblait démentir l'amitié qu'on me témoignait et les assurances pacifiques qui m'étaient données.

« M. de Bulgakoff, me disait-il, s'attache à
» inspirer aux Turcs une injuste méfiance con-
» tre nous; il les empêche d'accorder l'entrée
» de la mer Noire à notre pavillon, et donne
» une nouvelle activité aux intrigues des agens
» russes dans l'Archipel. » Ainsi l'impératrice,
d'un côté, paraissait se rapprocher de nous et
ajourner ses projets de conquêtes, tandis que de
l'autre elle préparait tout à Constantinople et
dans la Grèce pour assurer le succès de ses
desseins, dans le cas d'une rupture avec la
Porte, qui pourrait n'être pas éloignée.

Cependant le prince Potemkin semblait toujours ne s'occuper que de paix et de commerce. L'impératrice lui accorda, par un ukase, dix-huit millions pour accélérer les établissemens qu'il formait dans le midi, et une exemption d'impôts pendant cinq ans pour les étrangers qui se fixeraient ou se naturaliseraient dans ces pays.

Sur ces entrefaites, le roi de Prusse déclara officiellement à Catherine II la formation de la ligue électorale, définitivement réunie dans le dessein de maintenir et de défendre la constitution germanique contre les vues ambitieuses de Joseph II.

Cette déclaration fut reçue avec aigreur, et rendit plus actif le désir de se rapprocher de nous, afin d'éviter, par notre intervention, une guerre dont l'Allemagne semblait alors menacée.

Je crus devoir profiter de ces dispositions en renouvelant mes plaintes sur le retard qu'éprouvait la satisfaction qu'on m'avait promise relativement aux pertes éprouvées dans la dernière guerre par les négocians de Marseille.

Peu de jours après, le 6 septembre 1785, le comte Bezborodko m'écrivit que cette affaire venait d'être terminée, et qu'à la première conférence le vice-chancelier me communiquerait, conformément aux ordres de l'impératrice, la décision prise, le jugement rendu et les ordres donnés au collége des affaires étrangères pour leur exécution.

L'indemnité fut faible; nos négocians ne reçurent qu'une partie de ce qu'ils avaient justement réclamé; mais, plusieurs de ces réclamations n'ayant pu être accompagnées de preuves suffisantes, ils se trouvèrent encore heureux de recouvrer cette portion d'une fortune que, pendant tant d'années, ils avaient crue perdue sans retour.

Dans ce même temps Catherine, plus magnifique dans ses dons que son ministère dans ses restitutions, donna une marque éclatante de son estime au célèbre naturaliste Pallas, en entrant dans le détail de ses affaires personnelles avec autant de grâce que de générosité.

Pallas, voulant donner une dot à sa fille, cherchait à vendre son cabinet : l'impératrice, l'ayant su, lui fit demander combien il l'estimait ; il en porta l'estimation à quinze mille roubles. Catherine, ayant examiné son estimation, écrivit au savant académicien « qu'il
» s'entendait à merveille en histoire naturelle,
» mais très mal en dot. Je prends, ajouta-t-elle,
» votre cabinet pour cent mille francs, et je
» vous en laisse la jouissance pendant toute vo-
» tre vie. »

Peu de grands événemens remplirent la fin de cette année, si l'on en excepte la conclusion de la paix entre l'empereur et la Hollande par la médiation de notre cour.

La nouvelle de la signature des préliminaires fut reçue par l'impératrice et par ses ministres avec une satisfaction à laquelle précédemment je ne m'étais pas attendu, et qui cependant alors me parut sincère.

La guerre du Caucase continuait. Les Circassiens, défaits dans un combat assez vif, y perdirent mille hommes.

L'ambassadeur d'Autriche me communiqua son traité de commerce rédigé, comme on en était convenu, en deux déclarations. Par ce traité l'empereur et l'impératrice s'accordaient mutuellement une diminution d'un quart sur tous les droits perçus dans leurs États respectifs.

On lança dans le port de Cronstadt deux vaisseaux, un de cent canons et un de soixante-quatorze. J'assistai à ce spectacle avec l'impératrice. Jusque-là sa bienveillance pour moi ne s'était pas ralentie; mais bientôt un incident, que j'étais loin de prévoir, inspira au gouvernement russe une assez forte humeur et une vive inquiétude sur la sincérité de nos protestations amicales.

Un agent, envoyé par Catherine en Perse, s'était vu insulté et dépouillé des présens dont il était chargé. Le khan qui gouvernait alors la Perse protégeait, contre les Russes, les peuples du Caucase et du Daghestan. Un autre envoyé russe, plus heureux, se fit accueillir par ce khan avec faveur; par l'entremise de quelques Anglais, il intercepta et saisit la correspondance de M. de Ferrières Sauvebœuf, émissaire français, qui se disait chargé d'armer la Perse contre la Russie.

Le prince Potemkin, violemment irrité, se plaignit hautement à moi d'une conduite si opposée aux démonstrations pacifiques de notre gouvernement. La discussion fut vive; vainement je voulus lui démontrer que des émissaires, sans titres diplomatiques et chargés seulement de donner des informations sur la situation du pays où ils se trouvaient, ne méritaient pas beaucoup de croyance, lorsque, pour se donner quelque importance et sans être avoués, ils se hasardaient à sortir des bornes de leurs missions. « Nous pourrions, lui dis-je avec bien
» plus de fondement, nous plaindre des intri-
» gues perpétuelles, non-seulement de vos agens
» secrets, mais de vos consuls dans l'Archipel;
» car ce sont de vrais boute-feux. »

« Ah! vous voilà, reprit-il en se déridant un
» peu, vous voilà revenu à votre tendresse pour
» les musulmans. Vous conviendrez que ce n'est
» pas sans raison que je vous appelle quelque-
» fois Ségur-Effendi. Au reste, je vais vous re-
» mettre ces lettres saisies, et nous verrons bien
» comment votre ministère les expliquera. »

Malgré le ton de plaisanterie qui termina cette conversation, il en résulta une froideur momentanée qui retardait la marche de mes négociations. J'envoyai à M. le comte de Vergennes les dépêches interceptées qui m'avaient été remises, et j'en prévins M. de Choiseul. Tous deux virent, par cet accident, la nécessité de réprimer l'ardeur inquiète de leurs agens secrets, et de mieux veiller à la sûreté de leur correspondance.

Au reste, ces imprudences d'un émissaire qui avait voulu sortir de son rôle d'observateur furent bientôt démenties et oubliées. Un nouveau khan mieux disposé pour la Russie monta sur le trône.

Enfin je reçus mes pleins pouvoirs. L'impératrice nomma de son côté, pour plénipotentiaires, les comtes Ostermann, Bezborodko, Woronzoff, et M. Bacounin. Nos conférences s'ouvrirent; mais, dans la première, nous fûmes très loin de nous accorder sur les conditions principales du traité. La plus forte difficulté portait sur nos vins qu'on refusait de mettre au taux de ceux d'Espagne et de Portugal. Nous ne tombâmes d'accord que sur le paiement en monnaie du pays et sur les jugemens des tribunaux; mais nous ne pûmes nous concilier sur les tarifs.

Je reçus des ministres la promesse de me donner le plus tôt possible leur projet de traité. En attendant j'envoyai à Versailles une note contenant les propositions des plénipotentiaires russes avec mes observations en marge.

L'impératrice m'annonça le dessein qu'elle avait formé de faire un voyage en Crimée; elle ajouta avec sa grâce ordinaire que, si ce voyage tentait ma curiosité, elle me permettrait avec un vrai plaisir de l'accompagner. Quelques jours après, elle me donna un exemplaire de la *Flora Russica* pour la bibliothèque royale.

Si cette princesse avait appris avec satisfaction la paix conclue entre Joseph II et les Provinces-Unies, il n'en fut pas de même lorsqu'on lui fit part du traité d'alliance que le roi de France venait de conclure avec cette république. Ce lien inspirait quelque jalousie à Catherine, qui, par là, perdait l'espoir d'acquérir de l'influence en Hollande; il parut même que de ce moment son refroidissement pour l'Angleterre diminuait.

M. Fitz-Herbert profita de cette circonstance pour demander aux ministres russes d'ouvrir des conférences dans le but de renouveler le traité de commerce de l'Angleterre et de la Russie, traité dont les obligations réciproques devaient expirer à la fin de 1786.

Un nouvel ukase occupait alors vivement à Pétersbourg tous les négocians et marchands qui s'y trouvaient. Cet ukase contraignait les commerçans à se mettre en corporations et à déclarer au gouvernement russe leurs capitaux.

Ce décret arbitraire excita un mécontentement très fondé, et les négocians adressèrent une foule de réclamations à l'impératrice. A cette occasion plusieurs Français éprouvèrent de la part de la police quelques vexations dont j'obtins une prompte satisfaction.

Des nuages assez sombres s'élevaient à l'orient, ainsi qu'au sud de l'empire; ils grossissaient peu à peu et répandaient en Europe, comme en Asie, la crainte d'une guerre prochaine : le pacha d'Achalzik attaquait les Géorgiens. Un nouveau prophète nommé Mansoura appelait aux armes les tribus du Caucase; les Tartares du Kuban se joignaient aux Lesghis et aux Turcs pour envahir les États du roi d'Imirette; enfin la garnison musulmane d'Oczakoff se livrait à des brigandages sur le territoire de l'empire.

Le prince Potemkin, retombant dans ses méfiances accoutumées, nous reprochait de fomenter secrètement ces orages. Bientôt, éclatant en menaces, il ordonna aux officiers de rejoindre leurs corps, renforça les troupes de la ligne du Caucase, et déclara publiquement qu'il voulait, sous peu de mois, se mettre à la tête d'une armée, et faire une invasion dans le Kuban.

Tels étaient les présages sinistres qui, vers la fin de l'année 1785, annonçaient une rupture prochaine et presque inévitable avec la Porte ottomane.

Dans ces circonstances, je trouvai le moyen de me faire donner un mémoire très détaillé et très curieux sur les différentes tribus qui habitaient le Caucase, sur la force, les mœurs, les lois de ces diverses et nombreuses peuplades, parlant presque toutes des langues différentes, et parmi lesquelles se retrouvaient encore les coutumes ainsi que les noms de plusieurs peuples antiques, tels que les Osses, les Avares, autrefois puissans, et dont les roches du Caucase conservent encore quelques débris échappés aux invasions successives de ces flots de Huns et de Tartares qui dévastèrent les plaines de la Scythie avant de porter la terreur en Europe, et d'étendre leurs ravages jusqu'au sein du double empire des Césars.

Si ce mémoire très important sur une contrée presque totalement inconnue dans l'Occident n'eût pas été trop long, j'aurais cru devoir l'insérer en entier dans ce livre; mais il ralentirait trop ma marche. Il suffira peut-être à mes lecteurs d'en extraire quelques pages pour présenter à leur curiosité une esquisse des mœurs assez singulières des Cabardiens, tribu circassienne.

Ce mémoire me parut d'autant plus important qu'il était secret et rédigé par le général Paul Potemkin, avec des notes en marge du général Apraxin.

Le Caucase, antique théâtre du supplice de Prométhée, est formé par une chaîne de montagnes qui sépare l'Europe de l'Asie. Ses bornes sont : à l'orient, la mer Caspienne; à l'ouest, la mer Noire; au nord, deux rivières, le Terck et le Kuban; au midi, le fleuve Kur, qui borde sa haute chaîne dans toute sa longueur.

Les défilés qui traversent ces montagnes étaient autrefois fortifiés. On voit encore quelques ruines de ces murailles et de leurs portes qu'on appelait jadis *portes Caspiennes*. Un fort moderne, bâti par les Russes, a reçu le nom de Grégoriopolis, pour rappeler celui du prince Potemkin.

Les nations qui habitent le Caucase sont presque généralement soumises aux puissances musulmanes et russes ; mais cette soumission existait plus de nom que de fait : la plupart étaient souvent en rebellion et recouvraient fréquemment leur liberté par les armes.

Les Tartares du Kuban et les Lesghis défendaient presque constamment leur indépendance. Les Abgas se montraient plus fidèles aux Turcs par haine pour les Russes. Les Tschetchins combattaient aussi fréquemment les Moscovites ; mais, de toutes ces peuplades connues généralement sous le nom de Circassiens ou Tcherkès, les tribus des deux Cabarda sont peut-être les plus remarquables par l'étendue de leur population, par leurs mœurs, par la forme de leur gouvernement et par leur intrépidité, enfin par la fertilité de leurs pâturages et de leurs champs.

Leurs troupeaux sont nombreux ; ils fournissent des grains aux tribus des Osses et des Avares. Leur pays produit une race excellente de chevaux qu'on vend à Pétersbourg depuis trois cents jusqu'à mille roubles, malgré la petitesse de leur taille, qui est compensée par une singulière agilité et par une incroyable vigueur. Ils sont si souples que j'ai vu à Pétersbourg des princes cabardiens les faire tourner sur eux-mêmes dans un cercle dont le diamètre n'avait pas la moitié de la longueur de leur corps.

La principale force des Cabardiens consiste en cavalerie. Ces guerriers portent des cottes de maille artistement faites dont quelques-unes leur couvrent la tête et descendent jusqu'aux genoux. Ils se servent quelquefois d'armes à feu, mais plus souvent de l'arc, dont ils tirent avec une adresse merveilleuse.

Le général Apraxin racontait que, dans un combat qui fut très rude, les Cabardiens firent plus de mal à ses troupes par leurs flèches que par leurs fusils : ces flèches, lancées d'assez loin, s'enfonçaient dans le corps des hommes et des chevaux jusqu'à la plume. A leur première décharge, sur quatre cents cavaliers russes, ils en tuèrent ou démontèrent soixante-dix.

En général tous les Circassiens ne se montraient soumis à l'impératrice que pour en recevoir des présens. Leur reconnaissance durait peu; on était avec eux dans un état de guerre presque perpétuel. Cependant Catherine II, décidée à subjuguer toutes ces tribus et à consolider son autorité sur elles pour garantir la Géorgie contre leurs attaques, ainsi que contre celles des Lesghis, venait, lorsque j'arrivai en Russie, de former un nouveau gouvernement sous le nom de gouvernement du Caucase, dont la capitale a été nommée Ecatherinengrad.

Ce gouvernement doit, dit-on, s'étendre depuis le Don jusqu'aux frontières de l'Arménie, et du Kuban jusqu'à l'Oural. Deux royaumes et un grand nombre de peuples seront soumis à sa juridiction.

Les Cabardiens forment trois tribus circassiennes de la même race, issue, disait-on, d'un prince nommé Kess, qui, venu jadis d'Arabie, avait soumis toutes les nations du Caucase.

La dynastie de ce prince devint nombreuse; toutes les branches qui la composaient restèrent long-temps sous la domination du chef de leur famille; mais, vers la fin du siècle dernier, le chef qui régnait alors devint odieux aux autres princes; ils se révoltèrent contre lui et le tuèrent, ainsi que ses enfans.

Ces princes, se multipliant avec une incroyable fécondité, se trouvèrent bientôt si pauvres qu'ils n'eurent plus de ressources que le brigandage; ce brigandage devint promptement une coutume générale, et l'on pourrait presque dire un droit reconnu.

Dès qu'un prince devient père d'un enfant mâle, il le confie à un *ousder* ou noble circassien, qui entretient cet enfant à ses frais, le forme aux exercices militaires et aux vols hardis qui doivent un jour fonder sa fortune et sa renommée.

A son tour, le belliqueux élève, quand il devient homme, donne à son gouverneur, pour prix de ses soins, la plus grande partie du butin qu'il peut faire, ne s'en réservant pour lui-même que la dixième part.

Autrefois la volonté du chef de la nation tenait lieu de loi; c'était un gouvernement militaire et absolu; depuis, ce gouvernement présenta l'aspect d'une sorte de république divisée d'abord en deux classes, celle des princes et celle des nobles; enfin, pour apaiser les mécontentemens du peuple, on admit, dans le grand conseil national, des vieillards choisis par ce peuple dans son ordre.

Les décisions de cette assemblée font loi; mais ces lois sont peu durables. L'engagement le plus sacré pour les Cabardiens est le serment sur l'Alcoran, et rarement ils tiennent ces sermens plus d'une année.

Ces Circassiens, jadis idolâtres, depuis chrétiens, et récemment devenus mahométans, respectent peu ces différens cultes, et en observent encore moins la morale. Dernièrement les princes, les nobles et les députés du peuple étaient unanimement convenus d'interdire aux Arméniens l'entrée dans la Cabarda; peu de mois après ils les y appelèrent.

Cependant leur assemblée offre un coup d'œil grave et imposant : chaque ordre s'y place séparément, et chaque individu selon son rang.

Toute proposition doit émaner des princes : quand ils sont d'accord, les nobles l'examinent, et presque toujours ils adoptent l'avis de ces princes, parce qu'ils dépendent d'eux immédiatement. On communique ensuite la proposition aux anciens du peuple ; mais, quoique ceux-ci soient nommés sujets par les autres, ils usent librement du droit d'accepter ou de refuser, et leur consentement est indispensable pour donner force de loi aux décisions des deux premiers ordres.

Les princes font exécuter les lois par l'entremise des nobles. Dans les anciens temps, ces nobles, compagnons du premier conquérant, dédaignaient le soin de cultiver la terre, et abandonnaient ce travail aux peuples conquis et aux esclaves. Ainsi les vaincus devinrent bientôt les seuls propriétaires.

Mais il en résulta que les princes et les nobles, ne vivant que de brigandage, prirent à discrétion chez les cultivateurs tout ce qui leur était nécessaire, de sorte que, ne s'étant réservé, en droit, aucune propriété, dans le fait ils pillent tout ce qu'il leur convient de s'approprier.

Chaque prince se dit le patron, le protecteur d'un certain nombre d'habitans qui dépendent de lui et qu'il nomme ses sujets. Ceux-ci, regardant leur prince comme un être sacré, n'oseraient lui refuser ni leurs biens ni leurs services. Le prince a le pouvoir d'ôter à son sujet ses esclaves et de les vendre; il peut même lui enlever sa fille ou sa femme; mais il n'a aucun droit sur sa vie.

Cependant les vieillards des anciennes familles du peuple sont tellement respectés, que, dans les assemblées de la nation, leur avis a souvent plus de poids que ceux des princes.

Depuis quelque temps le peuple, trop opprimé, commençait à se soulever et à implorer l'appui de l'impératrice, dont la protection leur a rendu le courage et l'espoir de se venger. Les causes de ces excès et de cette animosité étaient assez récentes, et peut-être amenées par de trop fréquentes communications avec les Turcs et les Russes.

Jusque-là des mœurs simples, et dans lesquelles on retrouvait quelques traces des antiques coutumes lacédémoniennes, remplaçaient chez ces peuples les avantages d'une législation régulière; ils ne commettaient de brigandages qu'au dehors, n'étant pas resserrés comme ils le sont aujourd'hui dans leurs propres limites par de puissans voisins.

Les princes et les nobles pouvaient bien demander à leurs sujets ce qu'ils trouvaient chez eux à leur convenance; mais aussi chaque sujet, sans crainte de refus, pouvait s'asseoir, quand il le voulait, à la table du prince son patron, et obtenir de lui en présent tout ce qui paraissait lui être utile ou même agréable :

c'étaient le plus souvent des armes et des chevaux, seuls objets de leur ambition; car ces peuples font peu de cas de l'or et de l'argent.

Les princes et les nobles n'ont pas plus de luxe à leur table que les hommes du peuple; s'ils n'ont point de repas publics comme les Spartiates, du moins tous les membres de la même famille vivent en commun et à la même *marmite;* aussi l'usage était établi de faire les dénombremens de la nation par *marmites*, et non par maisons et par familles.

Dès qu'un enfant vient de naître, on l'expose sans précaution à l'air; à trois ans on lui présente des armes mêlées avec quelques autres bagatelles qui plaisent à l'enfance; s'il préfère les armes, sa famille s'en réjouit; à sept ans il apprend à monter à cheval, à tirer de l'arc, à se servir des armes à feu. Bientôt, éloigné de la maison paternelle, où l'on craint que l'indulgence de sa mère ne l'amollisse, il n'y revient que lorsqu'il est homme fait et déjà connu par quelques exploits.

Les jeunes gens des deux sexes peuvent se voir librement les jours de fêtes et de danse. Lorsqu'un jeune homme se marie, il paie une espèce de dot nommée *kalim*, en donnant à son beau-père ou des cuirasses, ou des cottes de maille, ou des fusils. Le nouvel époux ne peut voir sa femme que sous le voile du mystère; il lui ferait tort et se perdrait lui-même dans l'opinion de sa tribu s'il se laissait surprendre avec elle.

Chez ce peuple, tout vol est permis comme à Sparte, pourvu qu'on n'en découvre aucune trace. Un jeune Circassien aimerait mieux mourir que de se laisser convaincre de son larcin.

Ces peuples guerriers, loin d'admirer la magnificence des villes, les regardent comme des prisons. « Je ne changerais pas, disait un prince
» cabardien, ma petite cabane pour le plus ri-
» che palais. Dans ce palais les murs sont or-
» nés, mais les cœurs sont cachés. Ces gros
» murs emprisonnent les idées et les sentimens;
» pour moi, je respire un air libre, et je peux
» à mon gré transporter ma cabane sur toute
» l'étendue de ce pays où ma nation est puis-
» sante. »

Quoique mahométans, ces peuples conservent encore par habitude une vénération singulière pour un lieu nommé *Tatarlouff*, où l'on voit encore les ruines d'une antique église chrétienne; ces ruines sont un asile sacré, et, malgré leur légèreté ordinaire, ils ne violent presque jamais le serment juré par le nom de *Tatarlouff*.

La nourriture de ces montagnards consiste habituellement en quelques morceaux de mouton bouilli et du gruau cuit à l'eau. Le général Paul Potemkin prétend qu'il s'élève quelquefois entre deux princes cabardiens, pour un morceau de mouton, des querelles aussi sérieuses que celles d'Agamemnon et d'Achille, si poétiquement ennoblies par le génie d'Homère.

La boisson ordinaire des Cabardiens est une espèce de bière faite avec du millet; les riches boivent un hydromel non fermenté.

Dans les fêtes, la jeunesse danse au son du tambourin et de quelques flûtes percées de trois trous et nommées *balaleka*.

Les hommes se montrent à ces bals, revêtus de leurs armures, et les femmes parées de leurs plus belles robes ou *surbifs*. Avant d'ouvrir le bal, les jeunes Cabardiens se livrent à des exercices militaires. Les plus adroits peuvent choisir la danseuse qui leur plaît; les maladroits perdent ce privilége. Les jeunes filles apprennent à coudre, à broder, font elles-mêmes les habillemens de leurs maris et soignent leurs armures.

Quoique mariée, une Cabardienne conserve la coiffure destinée aux vierges, et ne reçoit de ses parens la permission de porter la coiffure des femmes que lorsqu'elle est devenue mère d'un garçon.

Les femmes, non moins belliqueuses que leurs maris, excitent, soutiennent, enflamment leur courage. Le général Apraxin les a vues, après une défaite, insulter ces guerriers vaincus, en leur reprochant d'avoir perdu tout à la fois leur vaillance et leur droit à l'affection de leur famille.

A la mort de son mari, la femme doit se déchirer jusqu'au sang le visage et le sein. On juge de sa sensibilité par le plus ou le moins de gravité des blessures qu'elle se fait. Le guerrier devenu veuf doit se meurtrir la tête à coups de fouet : ces coutumes commençaient à tomber en désuétude.

On retrouve les mêmes mœurs chez les Tschetchins, les Avares, les Karakalpakes, les Andes, les Alagins, les Grébentchoukoffes, les Ingoutches, les Osses, les Sigores et plusieurs autres peuplades du Caucase.

Une seule tribu, celle des Koumoniques, tirant son origine des Ogres ou Hongrois de

Madjar, vit sous d'autres formes de gouvernement. Les ruines de Madjar existent encore dans le désert qu'on traverse en allant de Tcherkask à Mosdock ; leur étendue indique assez que Madjar fut autrefois une ville considérable.

La guerre des Russes contre les Circassiens, d'abord commencée pour les punir de quelques brigandages, avait, jusqu'à l'époque de mon arrivée à Pétersbourg, paru peu importante. Plusieurs princes du Caucase s'étaient même établis en Russie, et avaient servi dans les armées impériales.

Je vis à la cour de Catherine et je reçus chez moi des princes cabardiens envoyés par leurs tribus pour implorer la clémence de l'impératrice. Ils me montrèrent leurs armures, et me rendirent témoin de leurs exercices militaires.

Je les ai vus, au galop le plus rapide, abattre avec des flèches et à une grande distance un chapeau posé sur une perche. Je conserve encore des dessins où ils sont représentés avec leur cotte de maille et leur habit de guerre.

Tandis que, dans la capitale, ils parlaient de soumission, leur nation combattait les Russes, et cette guerre prenait de jour en jour un caractère plus grave par la réunion de tous les peuples du Caucase, qui grossissaient leurs forces, et par les secours que leur donnaient les Lesghis, ainsi que les Turcs, qui, sous les ordres du pacha d'Achalzik, envahissaient les États des rois d'Imirette et de Géorgie.

Dans ce même temps, à l'extrémité de l'Asie, une rupture avait éclaté entre les Russes et les Chinois. Ceux-ci s'étaient emparés d'une île située au milieu du fleuve Amour, et y construisaient un fort. L'empereur de la Chine avait écrit des lettres très hautaines à Catherine II, et cette princesse se voyait obligée d'envoyer à grands frais au fond de la Sibérie des troupes et du canon.

J'étais peut-être alors le seul Européen qu'une semblable querelle pût occuper et contrarier. Le comte de Woronzoff, ministre du commerce, annonçait l'intention de faire un voyage aux frontières de la Chine, et son départ aurait paralysé nos négociations commerciales, peut-être pour une année.

Depuis long-temps l'orgueil du souverain de la Chine avait blessé la fierté de l'impératrice, peu accoutumée aux humiliations. Au commencement de son règne, une nombreuse tribu de Kalmouks, qui habitait les vastes plaines situées au nord-est de la mer Caspienne, se trouvant lasse des taxes que les gouverneurs russes lui imposaient, et ne pouvant supporter le joug des lois, que leur farouche liberté leur faisait regarder comme une tyrannie, résolut de s'en affranchir.

Tout à coup, le même jour, à la même heure, cent cinquante mille familles de Kalmouks plient leurs tentes, les placent sur des chariots, sellent leurs chevaux, emmènent leurs troupeaux, disparaissent, se dirigent vers l'orient, et, après deux ans de marche, arrivent sur les frontières de la Chine ; là, ils écrivent au souverain de ce vaste empire, et lui demandent un asile.

Cette visite inattendue de deux ou trois cent mille hôtes, loin d'alarmer l'empereur, lui causa une orgueilleuse satisfaction ; il accorda des terres à ces Kalmouks, et, au milieu de leurs établissemens, il érigea une pyramide avec une inscription dans laquelle il se vantait d'être au-dessus de tous les monarques de l'univers.

« Ceux-ci, disait-il, prodiguent l'or et le
» sang ; ils épuisent leurs forces pour conquérir
» à grands frais et avec de longs travaux quel-
» ques villes, quelques bourgades, tandis que

» nous, puissans et respectés, par la sagesse de
» nos lois, par la prospérité de nos sujets, nous
» voyons des nations entières accourir des ex-
» trémités du monde pour se soumettre à notre
» domination. »

Bien que l'impératrice voulût quelquefois tourner en ridicule cette forfanterie asiatique, on voyait à l'amertume de ses railleries qu'elle en conservait un vif et secret dépit.

Cependant, au milieu de toutes ces tracasseries politiques, les ministres russes, conformément aux ordres de leur souveraine, continuaient leurs conférences avec M. Fitz-Herbert et moi ; et, quoique le renouvellement d'un traité parût plus facile à faire qu'un traité nouveau, la négociation anglaise n'avançait pas plus que la mienne.

D'un côté les plénipotentiaires de Catherine se montraient extrêmement difficultueux, on peut même dire pointilleux, et de l'autre ils nous accusaient d'opiniâtreté et de susceptibilité ; accoutumés à voir tout plier à leurs caprices, ils se formalisaient de la juste fermeté avec laquelle nous leur résistions.

Lorsque je me rendis à leur première conférence, je vis avec surprise que, loin de se conformer à cette règle de politesse qui veut qu'on fasse les honneurs de chez soi aux étrangers, ils s'asseyaient autour d'une table longue dont ils occupaient le haut bout et les côtés, en ne me laissant qu'une place à l'extrémité de cette table.

Pour éviter toute aigreur, je feignis de ne pas m'en apercevoir; mais, à la seconde conférence, entrant rapidement et avant eux dans le cabinet, je m'assis sur le canapé devant lequel se trouvait le haut bout de la table.

Les plénipotentiaires parurent fort étonnés, mais ils se turent et s'assirent; leur humeur ne se montra que dans la discussion : je les trouvai récalcitrans sur tous les points que nous avions à traiter, et il en résulta la rédaction faite par eux d'un projet de traité qu'ils me remirent, et dans lequel ils nous refusaient nettement toute diminution sur nos vins.

La leçon que je m'étais permis de leur donner, réussit complétement; car depuis, à toutes les conférences, je ne trouvai plus dans le cabinet qu'une table ronde, autour de laquelle il n'y avait ni première ni dernière place.

Ce qui rendait surtout ma position difficile, c'étaient les caractères des quatre plénipotentiaires avec lesquels j'avais à traiter. Le comte Ostermann, homme probe, mais assez médiocre, ne pouvait perdre le souvenir des avantages remportés sur lui, en Suède, par M. de Vergennes, lorsqu'ils s'y trouvaient tous deux ministres, et ce souvenir le disposait mal pour nous.

Le comte de Woronzoff, habile, mais fiscal et opiniâtre, se montrait austère, ennemi du luxe; il aurait voulu que les Russes ne bussent que de l'hydromel et ne s'habillassent que des étoffes de leur pays. Le prince Potemkin le haïssait; ses collègues le craignaient. L'impératrice l'aimait peu, mais elle l'estimait et lui laissait un crédit presque absolu, relativement aux affaires commerciales. Son frère, bien accueilli en Angleterre, y jouissait d'une haute considération, ce qui le rendait plus porté à favoriser la Grande-Bretagne que la France.

Quant à M. Bacounin, il était tout dévoué aux Anglais; les autres ministres lui accordaient peu d'estime; il s'était conduit autrefois avec une telle ingratitude pour le comte Panin, que le grand-duc ne le recevait plus dans sa cour.

Mon seul espoir portait donc sur le comte Bezborodko, spirituel, adroit et conciliant, mais faible; il favorisait un peu mes négociations, depuis que sa souveraine lui en avait paru désirer le succès. Mais il ne pouvait résister, ni aux artifices de Bacounin, ni au caractère tranchant de Woronzoff, dont la volonté constante tendait sans cesse à diminuer, par des prohibitions et par des taxes, les importations en Russie des produits de toute industrie étrangère.

Enfin, pour lutter contre tant d'obstacles, mon plus ferme appui était le prince Potemkin; ennemi de la fiscalité, et voyant le commerce en grand, il se déclarait hautement pour moi contre le comte de Woronzoff, dont le crédit le blessait et le choquait.

Mais cet homme singulier montrait parfois le génie d'un aigle, et plus souvent l'inconstance d'un enfant. Les grands objets le mettaient en mouvement, les petits détails le rebutaient; nul ne concevait un plan avec plus de rapidité, ne l'exécutait avec plus de lenteur, et ne l'abandonnait avec plus de facilité.

Prompt à établir des manufactures, il ne tardait pas à les négliger ; on le voyait toujours prêt à vendre ce qu'il venait d'acheter, à renverser ce qu'il avait bâti. Un ouvrage en musique ou en poésie le détournait d'un mémoire sur la politique ou sur le commerce, et trop fréquemment, par sa légèreté, il perdait son crédit dans les affaires qui exigent de la constance et du travail.

C'était ainsi que l'activité de ses rivaux et sa paresse rendaient inutile en mainte occasion son ascendant sur une femme habile et pénétrante, qui savait également apprécier ses qualités et ses défauts.

Pour mieux peindre tout à la fois la vivacité de l'intelligence de ce ministre, la sûreté de sa mémoire et sa légèreté, j'en citerai un trait qui me donna dans le temps beaucoup d'humeur, et qui faillit me brouiller avec lui.

Un jour, ayant demandé à le voir pour l'entretenir d'un nouvel établissement qu'au gré de ses désirs, M. Anthoine de Marseille, aujourd'hui baron de Saint-Joseph, formait près de Kherson, il me reçut et me pria de lui lire un volumineux mémoire tout rempli de détails et de calculs, que je venais de recevoir de ce négociant, renommé par son crédit, par sa richesse, par ses connaissances et par sa probité.

Ce mémoire contenait de nombreuses plaintes sur les difficultés de tout genre que lui suscitaient les autorités du pays, et sur les différens moyens qu'il désirait qu'on prît pour le délivrer des obstacles qui embarrassaient sa marche.

Tandis que je faisais cette lecture, qui certes méritait une sérieuse attention, on peut juger de ma surprise, lorsque je vis le prince faire entrer successivement chez lui un pope, un brodeur, un secrétaire, une marchande de modes, auxquels il donnait successivement des ordres.

Je voulais m'arrêter; mais il me pressait avec instance de poursuivre. Impatienté de cette étrange inconvenance, je me hâtai d'achever ma lecture; et dès qu'elle fut finie, comme il voulait prendre le mémoire, je le serrai en lui disant un peu sèchement que, n'étant point accoutumé à me voir si mal écouté et à traiter si légèrement les affaires graves, je prendrais le parti de n'en plus conférer qu'avec le comte de Woronzoff. Il sourit en me disant qu'il m'avait fort bien entendu. Je n'en crus rien; je sortis, et je restai assez long-temps sans lui parler d'affaires.

A peine s'était-il passé trois semaines, lorsqu'un courrier m'apporta une nouvelle lettre de M. Anthoine, qui me remerciait de l'avoir si promptement servi. Le prince Potemkin, me disait-il, venait de répondre en détail à tous les articles du mémoire qu'il m'avait adressé, accompagnant sa réponse de tous les ordres nécessaires pour le débarrasser de toutes entraves, et pour assurer complétement le succès de son entreprise.

Aussitôt je me hâtai de me rendre chez le prince. Dès qu'il me vit, ouvrant les bras et venant à moi, il me dit : « Eh bien ! *batushka*
» (petit père), vous ai-je écouté? vous ai-je
» entendu? vous ai-je compris? enfin croyez-
» vous que je ne puis pas faire plusieurs affaires
» à la fois, et me bouderez-vous encore? » Je l'embrassai et je le remerciai, demeurant fort surpris d'une telle aptitude jointe à tant de mobilité.

Plus les dispositions de ce ministre m'étaient favorables, plus je redoutais son absence. Il se montrait toujours déterminé à partir pour prendre le commandement de l'armée du Caucase. Heureusement il reçut une nouvelle qui le fit renoncer à ce dessein : les Cabardiens et les autres peuples de la Circassie, ralliés au nom de Mahomet par le fanatique Mansoura qui se disait prophète, entrèrent en foule sur le territoire russe avec un enthousiasme qui doublait leur vaillance naturelle.

Ces montagnards comptaient sur un triomphe

certain : l'imposteur leur avait juré par Allah que l'artillerie des chrétiens tonnerait contr'eux sans effet. Cependant, à la première rencontre, le canon, qui respecte peu les prophètes, démentit la prophétie; un assez grand nombre de musulmans périrent.

Alors Mansoura s'avisa de placer devant chaque colonne, et sur un train à quatre roues, un parapet portatif, composé de deux larges madriers, dont l'intervalle était rempli de fascines.

Les Circassiens, séduits de nouveau par cette bizarre invention, s'avancent et croient, à l'abri de ce frêle rempart, marcher sans péril à la victoire; mais bientôt, l'artillerie russe ayant écrasé ces étranges boulevards, les colonnes circassiennes furent enfoncées, dispersées, taillées en pièces. On s'empara du drapeau prophétique, couvert d'inscriptions tirées de l'Alcoran, et le prophète périt ou disparut.

Je me hâtai de communiquer cette nouvelle au comte de Choiseul, que les Turcs trompaient alors par de fausses relations remplies de prétendues victoires remportées par eux dans le Caucase et dans la Géorgie.

A la même époque, M. le comte de Vergennes me mit à portée de dissiper les soupçons que les dépêches interceptées de notre émissaire en Perse avait inspirés au prince Potemkin. Cet émissaire, dépassant ses instructions, avait été réprimandé, et il me fut facile de prouver que nos plaintes contre les intrigues des consuls russes dans l'Archipel étaient bien mieux fondées.

Ainsi disparut cette cause légère de méfiance que l'impératrice avait montrée contre nous. De son côté, le prince Potemkin s'efforça de justifier la conduite des consuls russes en m'alléguant la nécessité de se préparer à une guerre qui deviendrait inévitable, si les Turcs continuaient à fournir de l'argent et des armes aux Lesghis, ainsi qu'aux tribus du Caucase.

Catherine II continuait toujours à me donner de fréquentes marques de sa bienveillance : un jour je vis arriver de bonne heure chez moi le grand-écuyer Narischkin avec un énorme paquet de lettres, de journaux, de brochures et de pamphlets. « Sa majesté, me dit-il, me charge
» de vous remettre ce ballot qu'on vous envoie
» de Paris sous son adresse. Cette princesse vous
» prévient que, s'il lui en arrive encore de pa-
» reils, elle veut que j'achète un petit mulet
» pour vous les porter. » Je le remerciai en lui

montrant ma surprise; et, sans autre explication, il sortit en riant aux éclats.

J'ouvris promptement mes lettres, dont l'une, écrite par ma femme, m'expliqua le mot de cette énigme. « Vous trouverez, me disait-elle, mon
» apparente étourderie assez étrange, et vous
» ne concevrez pas la hasardeuse liberté que
» j'ai prise de mettre sous l'adresse de l'impéra-
» trice le volumineux paquet que je vous en-
» voie; mais accusez-en le baron de Grimm,
» c'est lui qui l'a voulu; il connaît la bienveil-
» lance de sa majesté pour vous, et il m'a po-
» sitivement assuré que cette princesse ne me
» désapprouverait pas. »

Malgré cette assurance, me trouvant le soir au théâtre de l'Ermitage, je m'approchai de l'impératrice avec un embarras dont elle s'aperçut, et je commençais à peine à lui adresser quelques excuses assez gauches, lorsqu'elle m'interrompit et me dit en riant : « Écrivez de ma
» part à madame de Ségur qu'elle peut conti-
» nuer à vous envoyer sous mon adresse les pa-
» quets qu'elle voudra; vous devez être au
» moins bien sûr que ceux-là ne seront pas dé-
» cachetés. »

Catherine disait vrai : dans son empire, comme ailleurs, les agens du gouvernement amollissaient les cachets : aucunes dépêches ou lettres n'en étaient exemptes; usage non-seulement immoral, mais dangereux par l'abus que la haine peut en faire au moyen d'extraits infidèles, et d'un autre côté assez inutile la plupart du temps; car, tout le monde en étant averti, la prudence rend circonspects ceux qui écrivent, et leur donne même souvent le moyen de plaire par des flatteries trompeuses.

Mais l'impératrice, qui ne voulait pas que les ministres pussent empêcher les plaintes de ses sujets et la vérité d'arriver jusqu'à elle, aurait puni avec la plus grande sévérité le ministre qui se serait avisé d'intercepter et de faire ouvrir une lettre ou un papier quelconque qui lui aurait été personnellement adressé.

Cette princesse, se montrant populaire dans tous ses actes, abolit en 1786 un vieil usage qui voulait que toute personne, adressant une pétition ou un mémoire au souverain, employât cette formule : *L'esclave de votre majesté, le front prosterné contre terre, la supplie*, etc. Le nouvel ukase défendit de se servir des mots *prosterné contre terre*, ordonnant en même temps de substituer le mot *sujet* à celui d'*esclave*.

En tout Catherine se montrait beaucoup moins arbitraire que ses ministres; le prince Potemkin particulièrement, dans ses faveurs comme dans ses rigueurs, se mettait sans scrupule au-dessus des lois, même de celles dont l'intérêt général exigeait le plus la stricte exécution. Je n'en citerai qu'un faible trait : M. de Jumilhac, présenté par moi, était accueilli à Pétersbourg avec distinction, et le prince Potemkin, qui l'avait vivement pris en gré, apprenant qu'il voulait faire un court voyage à Constantinople et revenir ensuite en Russie, lui promit de le dispenser à son retour de toute *quarantaine*.

A cette époque les Français étaient, comme on le voit, très favorisés, et cependant on se montrait alors assez jaloux des succès militaires et politiques de la France, ainsi que des progrès de son influence. Lorsque le cabinet de Pétersbourg sut que la Suède venait d'accéder à notre alliance avec la Hollande, il fit éclater son humeur au point de défendre aux Suédois d'acheter des grains et des chevaux en Russie. Pour la même cause, les ministres russes ne déguisèrent pas au ministre d'Espagne leur mécontentement; mais celui-ci soutint avec dignité notre ligue pacifique, qui réellement inspirait au gouvernement de Catherine plus de jalousie que d'inquiétude.

L'impératrice publia, cette même année, trois ordonnances importantes. Deux de ces ukases satisfirent pleinement les commerçans et les nobles; l'autre affligea le clergé de l'Ukraine et de la Petite-Russie, car il fut assimilé au clergé des autres parties de l'empire. Par là, il perdit ses propriétés et deux cent mille paysans qui enrichirent le domaine de la couronne.

Relativement au commerce, on nomma une commission de cinq négocians russes et de cinq étrangers pour examiner et redresser les griefs dont le commerce s'était plaint.

L'ukase relatif aux nobles créait trente-trois millions de billets de banque, dont vingt-deux devaient être prêtés à la noblesse pendant vingt années et à huit pour cent, de sorte qu'au bout de ce terme la dette devait se trouver éteinte.

On réunit à cette caisse de vingt-deux millions les quatre millions qui composaient le fonds d'une ancienne banque d'emprunt de la noblesse; les onze autres millions devaient être prêtés à sept pour cent aux marchands, comme aux nobles, avec hypothèque sur les terres de la noblesse et sur les maisons de la bourgeoisie.

La banque peut faire battre une monnaie de cuivre à son profit. Elle est autorisée à vendre son cuivre à l'étranger, afin d'attirer en Russie des espèces d'or et d'argent. Elle doit toujours avoir dans sa caisse une somme considérable de ces espèces, pour influer sur le change en faveur de la Russie et faire baisser l'agio entre les billets et les espèces. La circulation des billets ne pourra pas dépasser cent millions.

Le prince Wezemski s'était, dit-on, vivement opposé à ce nouvel établissement, contre lequel il avait rédigé un long mémoire que l'impératrice accueillit assez mal. On m'assura que l'objet de ce mémoire était de prouver l'inconvénient d'augmenter ainsi la masse des papiers, qui inspiraient déjà peu de confiance, et dont la trop grande quantité amènerait promptement le discrédit. Déjà, dans plusieurs provinces, les billets de l'ancienne banque étaient refusés, ou bien on ne les acceptait qu'à perte.

Le prince Wezemski représentait aussi le danger d'augmenter les facilités que la noblesse ne trouvait déjà que trop pour se ruiner; enfin il annonçait qu'en amortissant en vingt ans avec un si faible intérêt le capital prêté, on favoriserait des spéculateurs qui enlèveraient ces billets pour les placer ailleurs avec avantage en rentes perpétuelles.

Cette opposition fut sans effet, parce que la plupart des membres du conseil de l'impératrice avaient tous un grand intérêt à voir réussir la création de cette banque qui les aidait momentanément à payer leurs dettes.

Mais, en général, cette opération fut désapprouvée par tous les négocians étrangers, qui regardèrent cet ukase comme contraire aux principes d'une bonne administration. Ils en trouvaient la rédaction obscure et l'exécution presque impraticable.

Bientôt l'impératrice fut distraite de ses occupations administratives par de nouvelles apparences de guerre. M. de Choiseul la croyait inévitable. Le ministère britannique, dans le dessein de faire échouer nos négociations de commerce, encourageait les Turcs à protéger les mouvemens hostiles des Tartares, des Lesghis et du pacha d'Achalzik. En amenant une rupture, l'Angleterre espérait arrêter les progrès de notre influence à Pétersbourg, ou bien anéantir celle que nous conservions à Constantinople.

Déjà tous ces mouvemens renouvelaient dans l'esprit de Catherine II d'anciennes méfiances contre nous, et j'obtenais plus rarement des conférences. Cependant cette princesse me montrait toujours personnellement la même bonté; elle me permit de dîner avec elle dans un nouveau palais construit par le prince Potemkin.

On y voyait une galerie entourée de colonnes, et d'une telle étendue qu'une table de cinquante couverts, placée à l'extrémité de cette galerie, était à peine aperçue de ceux qui entraient par l'autre extrémité.

Hors de cette galerie, on trouvait un jardin d'hiver si grand qu'un temple placé au centre de ce jardin n'y paraissait pas disproportionné, bien que dans sa rotonde cinquante personnes pussent être assises sans se gêner.

Là, ce prince nous fit entendre le concert le plus étrange : c'était une musique uniquement composée de cors, et dont chacun ne faisait jamais qu'une note; ce qui n'empêchait pas ces singuliers musiciens de jouer avec précision et rapidité des morceaux d'harmonie de la plus difficile exécution.

Le vice-chancelier donna aussi un grand souper à l'impératrice. Je désirais qu'il y invitât M. le comte de Custines, qui venait d'arriver à Pétersbourg ; mais, comme il n'avait pas encore été présenté, le comte Ostermann n'osait pas le prier. Je montrai à l'impératrice quelque regret de ce refus, et par ses ordres l'invitation fut faite.

Vers ce temps, après avoir célébré avec magnificence à Petershoff les fêtes de la Saint-Pierre, Catherine, qui choisissait ordinairement ces jours solennels pour faire éclater sa générosité, donna au comte Bezborodko quatre mille paysans, au comte de Woronzoff une plaque de diamans et cinquante mille roubles. Elle nomma six sénateurs, et accorda à d'autres seigneurs plusieurs gouvernemens et un grand nombre de décorations.

A la grande surprise de la cour, on vit le favori Yermoloff attaquer le prince Potemkin dans l'esprit de sa souveraine, et miner visiblement son crédit. Le khan de Crimée, Sahim-Gheray, en perdant sa souveraineté, avait obtenu de l'impératrice la promesse d'une indemnité avec un traitement annuel et considérable ; je ne sais par quelle raison les paiemens de cette pension se trouvèrent retardés.

Le khan, soupçonnant le prince Potemkin de détourner pour quelque autre emploi les sommes qui lui étaient destinées, se plaignit vivement de cette négligence ou de cette infidélité; et, pour faire parvenir sûrement ses plaintes à Catherine II, il s'adressa au favori Yermoloff, qui saisit cette occasion favorable pour irriter sa souveraine contre le ministre puissant qu'il se flattait un peu trop légèrement de renverser.

Tous ceux qui étaient mécontens de la hauteur du prince Potemkin se rallièrent à M. Yermoloff; et bientôt, de tous côtés, Catherine fut assaillie de délations contre l'administration du prince, qu'ils accusaient même de déprédations.

L'impératrice en conçut et en montra une humeur assez vive. Au lieu d'expliquer sa conduite et de se justifier, le prince fier et audacieux lui oppose des dénégations brusques, un maintien froid, la plupart du temps un silence presque dédaigneux; enfin, non-seulement il cesse toute assiduité près de sa souveraine, mais il s'en éloigne, quitte Czarskozelo et passe à Pétersbourg ses journées chez le grand-écuyer, ne paraissant occupé que de festins, de plaisirs et d'amour.

Le dépit de Catherine se manifestait à tous les yeux; le crédit d'Yermoloff semblait croître rapidement; la cour, étonnée d'un tel changement, se tournait, suivant l'usage, vers le soleil levant.

Les parens et les amis du prince sont consternés et disent qu'il se perd par un orgueil déplacé. Sa disgrâce paraît certaine; chacun s'éloigne de lui; la plupart des ministres étrangers imitent eux-mêmes cet exemple. M. Fitz-Herbert se conduisit plus noblement, quoique dans le fond il ne vît pas avec peine la chute d'un ministre qui se montrait alors plus favorable à nos intérêts qu'à ceux de l'Angleterre.

Pour moi, je crus devoir dans cette circonstance redoubler mon assiduité près du prince. Je le vis tous les jours, et je lui dis franchement qu'il courait imprudemment à sa perte, en osant braver ainsi sa souveraine et blesser sa fierté.

« Eh quoi! vous aussi, me dit-il, vous vou-
» lez que je plie honteusement, après tant de
» services rendus, sous le caprice d'une injus-
» tice offensante? On dit que je me perds, je le

» sais ; mais on se trompe. Rassurez-vous ; ce
» ne sera pas un *enfant* qui me renversera, et
» je ne sais qui *l'oserait*. »

« Prenez-y garde, repris-je ; avant vous et
» dans d'autres contrées, plusieurs célèbres fa-
» voris ont prononcé ce mot si fier *on n'oserait*,
» et ils n'ont pas tardé à s'en repentir. »

« Votre amitié me touche, reprit le prince ;
» mais je dédaigne trop mes ennemis pour les
» craindre. Parlons plutôt de vos affaires : où
» en êtes-vous pour votre traité de commerce ? »

« Il marche bien lentement, lui répliquai-je,
» et les plénipotentiaires de sa majesté me re-
» fusent avec opiniâtreté toute diminution de
» droits sur nos vins. »

« C'est donc là, dit-il, le point principal d'a-
» choppement ? eh bien, prenez patience ; cet
» obstacle ne tardera pas à être levé. »

Nous nous séparâmes, et je restai, je l'avoue,
fort surpris de sa tranquille confiance, qui me
paraissait un véritable aveuglement. En effet
l'orage semblait grossir chaque jour ; M. Yermoloff prit part ostensiblement aux affaires ; il fut
placé dans l'administration de la banque avec
les comtes Schouwaloff, Bezborodko, Woronzoff et Zavadoski.

Enfin, on apprit le départ soudain du prince Potemkin pour Narva : ses parens perdirent toute espérance; ses ennemis chantaient victoire; les politiques expérimentés spéculaient; les courtisans changeaient de livrées.

Ainsi privé de mon plus ferme appui, et sachant que M. Yermoloff, me regardant comme l'intime ami du prince, était plus disposé à me nuire qu'à m'obliger, je craignais d'échouer dans une négociation qui n'éprouvait déjà que trop d'obstacles.

Cependant les ministres m'invitent à une conférence; leur accueil me semble plus amical, et à ma grande surprise, après une assez courte discussion et quelques objections de peu d'importance, ils m'accordent une diminution de droits sur nos vins de luxe, en me laissant même l'espoir d'obtenir de plus fortes concessions.

Je ne pouvais concilier cette réalisation des promesses du prince avec sa disgrâce, dont personne ne doutait plus. Peu de jours après, tout m'est expliqué : un courrier de Czarskozelo m'apprend que le prince Potemkin est revenu triomphant, qu'il m'invite à dîner, qu'il est plus en crédit que jamais, et que M. Yermoloff vient d'obtenir une somme de cent trente mille roubles, quatre mille paysans, un congé de cinq ans et la permission de voyager.

Dans un empire absolu la faveur et la disgrâce se succèdent rapidement, et, sur ce théâtre mobile de la cour, la scène semble changer par un coup de baguette. Catherine II venait de choisir un nouvel aide de camp, M. Momonoff, jeune officier de la garde impériale, très distingué par les agrémens de sa figure et de son esprit.

Dès que j'arrivai chez le prince, il m'embrassa en me disant : « Vous ai-je trompé en
» rien, *batushka?* l'enfant m'a-t-il renversé?
» me suis-je perdu par mon audace? et vos plé-
» nipotentiaires se sont-ils montrés aussi récal-
» citrans que vous le croyiez? Au moins, pour
» cette fois, convenez, monsieur le diplomate,
» qu'en politique mes prédictions sont encore
» plus sûres que les vôtres. »

Le nouvel aide de camp de Catherine, protégé par le prince Potemkin, montrait des sentimens conformes aux siens. Il ne tarda pas à m'exprimer le désir de se lier avec moi. Ceux qui se trouvaient dans la même position que lui, restaient toujours au palais et ne dînaient ch personne. Mais l'impératrice lui permit d'accepter une invitation que je lui avais adressée; et, pour mieux me marquer sa bienveillance, au moment où nous étions sortis de table, nous vîmes cette princesse dans sa voiture passer lentement devant le balcon de mes appartemens et nous saluer avec bonté.

Ce fut dans ce temps que le prince de Nassau m'écrivit de Varsovie, et me demanda s'il ne serait pas possible d'obtenir pour lui la permission de faire porter le pavillon russe aux bâtimens sur lesquels il désirait faire transporter dans l'Archipel et en France, par la mer Noire, les productions de ses terres.

J'en parlai au prince Potemkin; celui-ci m'assura que la chose était impossible : « Pre-
» mièrement, dit-il, on n'accorde point le pa-
» villon russe aux étrangers; pour l'obtenir, il
» faut être naturalisé en Russie et y posséder
» quelques terres. De plus, je vous dirai que
» l'impératrice a des préventions assez fondées
» contre M. de Nassau, parce qu'il est allé dernièrement à Constantinople, et s'y est montré
» très disposé à combattre avec les Turcs contre
» nous. »

Malgré cette réponse, comme j'insistais assez

vivement, ce prince, surpris de la chaleur de mes instances, me demanda par quel motif je me montrais si pressant dans mes démarches, en faveur d'une personne qui n'avait avec moi aucun lien de famille. « M. de Nassau n'est pas
» même, ajouta-t-il, véritablement votre com-
» patriote; par sa naissance il n'est point Fran-
» çais; il s'est marié en Pologne, qui devient
» aujourd'hui sa patrie adoptive. »

Alors, pour lui expliquer le commencement de notre liaison, je lui racontai notre querelle, notre singulier duel, et le serment de fraternité d'armes que nous nous étions réciproquement fait après ce combat.

Il ne me répondit rien; mais, peu de jours après, il m'apprit que l'impératrice, voulant me donner une nouvelle preuve de sa bienveillance, m'autorisait à écrire au prince de Nassau qu'elle lui faisait présent d'une terre en Crimée, et lui accordait le pavillon russe pour ses bâtimens.

On jugera facilement de la surprise et de la satisfaction de M. de Nassau, en recevant cette nouvelle si imprévue. D'après mon conseil, il écrivit au prince Potemkin, et le pria d'obtenir une autre faveur pour lui, celle d'être admis présenter à l'impératrice l'hommage de sa respectueuse reconnaissance.

Cette princesse annonçait déjà publiquement son prochain voyage en Crimée; je devais l'y accompagner, et ce fut à Kieff que le prince de Nassau vint nous rejoindre.

Le prince de Ligne, qui devait aussi faire partie de notre impériale caravane, était arrivé à Pétersbourg : connu et fêté dans toutes les cours de l'Europe, il s'y faisait aimer par la douceur et la facilité de son caractère, par l'originalité de son esprit, par la vivacité de son imagination; il aurait animé la société la plus froide.

Brillant à la guerre par une bravoure chevaleresque, remarquable par l'étendue de ses connaissances militaires, historiques et littéraires, il écoutait et flattait la vieillesse, surpassait la jeunesse en légèreté, prenait sa part dans toutes les folies de son temps, dans toutes les guerres, dans toutes les fêtes. A cinquante ans il conservait encore une beauté noble; quant à son esprit, il s'était arrêté à vingt ans.

Affectueux avec ses égaux, populaire avec les classes inférieures, familier avec les princes et même avec les souverains, il mettait chacun à son aise, ne se gênait avec personne, faisait des vers pour toutes les femmes; adoré dans sa famille, il vivait avec ses enfans plutôt en compagnon qu'en père, semblait n'avoir jamais de secret pour personne, et jamais ne compromettait ceux qu'on lui confiait. Sa frivolité eût déparé ridiculement la vieillesse de tout autre; mais cette frivolité était si variée, si aimable, si piquante et si exempte de toute malignité, qu'on aimait en lui jusqu'à ses défauts.

Il était en grande faveur auprès de l'impératrice; et, dès qu'il arriva, elle lui apprit qu'elle lui faisait don d'une terre en Crimée et située sur les bords de la mer Noire, au lieu même où l'on assurait que le temple desservi en Tauride par la princesse et prêtresse Iphigénie avait existé.

Depuis plusieurs années, j'étais intimement lié avec le prince de Ligne; aussi je jouis plus que personne du plaisir que me promettait un tel compagnon de voyage.

Plus ce voyage s'approchait, plus il me devenait nécessaire de hâter la conclusion des affaires dont j'étais chargé; car, une fois parti, tout aurait été suspendu; et, comme le baromètre politique est presque toujours au variable, un long délai, dans les circonstances où je m trouvais, pouvait facilement se convertir en véritable échec.

La marche triomphale de Catherine dans le midi, les troupes nombreuses rassemblées le long du Borysthène jusqu'aux bords du Pont-Euxin, devaient probablement réveiller les inquiétudes de la Porte ottomane, exciter ses alarmes, et ranimer les élémens de discorde que nous nous efforcions alors d'apaiser.

Je redoublai donc d'activité; M. le comte de Vergennes me seconda parfaitement; M. de Bulgakoff reçut l'ordre de s'entendre franchement avec M. de Choiseul, et tous deux parvinrent, au moins momentanément, à terminer les différends relatifs à la Géorgie.

Le divan promit de ne plus favoriser les Lesghis et les Circassiens; il défendit au pacha d'Achalzik d'encourager les brigandages des Tartares du Kuban, et d'envahir les États du roi de Géorgie, Héraclius, vassal de l'impératrice.

Ces ordres furent effectivement donnés, mais mal exécutés; car le pacha d'Achalzik, autrefois chrétien, souvent rebelle, ne s'était depuis peu soumis qu'à la condition de garder héréditairement son pachalik; ce qui rendait son obéissance douteuse et sa destitution très difficile.

La contestation qui existait à Pétersbourg relativement aux droits à payer par les gabarres françaises durait toujours; l'opiniâtreté du comte de Woronzoff la prolongeait. M. de La Galissonnière, commandant de notre escadre, se conduisit dans cette affaire avec une sagesse et une fermeté qui lui méritèrent les éloges de la personne même la plus prévenue contre nous, l'amiral anglais Greig, qui commandait alors l'armée navale de Russie.

Enfin j'obtins une convention qui fixait avec modération les droits qu'on devait payer pour les marchandises chargées sur nos gabarres; et, relativement à notre frégate, il fut décidé qu'elle serait traitée sur tous les points, dans les ports russes, comme l'avait été précédemment la frégate anglaise sur laquelle était arrivé lord Cathcart, ambassadeur de la Grande-Bretagne en Russie.

Malgré cet accord, il s'éleva soudain une violente dispute entre les douaniers de Cronstadt et nos marins : M. Dahl, directeur de la douane, homme grossier dans ses procédés, prétendit faire visiter d'autorité nos gabarres.

Instruit de cet incident, et craignant les lenteurs accoutumées du comte de Woronzoff ou sa partialité, je pris le parti d'adresser directement mes plaintes à l'impératrice. Cette princesse me répondit sur-le-champ qu'elle était très mécontente de la conduite du directeur, et qu'elle allait lui envoyer les ordres les plus précis pour nous donner une pleine satisfaction. Tout obstacle étant alors levé, notre escadre mit à la voile et retourna en France.

Ce prompt et heureux dénouement fut pour moi, dans ce moment, une preuve marquante de crédit, et ne contribua pas faiblement à rendre plus faciles mes négociations avec les ministres de Catherine.

Cette princesse me permit, peu de jours après, de dîner avec elle chez le prince Potemkin, de la suivre dans une course qu'elle fit pour visiter sa fabrique de poudre d'Octa, et de l'accompagner à Pella, nouvelle maison de plaisance qu'elle se faisait construire.

Dans le même temps nous reçûmes, le comte de Cobentzel et moi, l'ordre de nous montrer réciproquement une pleine confiance. L'empereur voulait agir alors de concert avec nous pour maintenir la paix entre les Russes et les Turcs.

De ce moment nous eûmes pour adversaires actifs et constans les ministres d'Angleterre, de

Prusse et de Portugal. Le Danemarck et la Suède même montraient une méfiance qui n'était au vrai que trop justifiée par des souvenirs récens et par l'ambition des deux cours impériales.

Notre rapprochement avec elles, bien que pacifique, leur inspirait des craintes ; ils se rappelaient que le gouvernement de Catherine avait prodigué des témoignages d'amitié au prince royal dans le moment où elle abandonnait la Prusse pour l'Autriche; au roi de Pologne, en lui promettant de défendre ses États qu'elle allait partager; enfin au grand-seigneur, en signant avec lui un traité de commerce à l'instant même où elle s'emparait de la Crimée.

Ces souvenirs me laissaient aussi quelques inquiétudes. Cependant M. de Choiseul m'écrivit une dépêche tranquillisante, et d'un autre côté je sus, par M. le comte de Cobentzel, que l'empereur Joseph II, réellement piqué d'avoir facilité à l'impératrice l'acquisition de la Crimée, et de n'avoir, en retour, reçu de cette princesse aucun appui dans les contestations relatives à la Hollande et à la Bavière, était fort éloigné de vouloir désormais seconder ses vues d'agrandissement.

Le prince de Ligne avait annoncé à l'impératrice que l'empereur la rejoindrait dans sa route sur les rives du Borysthène, et le comte Komagerski, envoyé par le roi de Pologne, lui demanda pour ce monarque une entrevue près de Kieff; ce qui lui fut accordé.

Sur ces entrefaites, un courrier arriva de Turquie. Aussitôt le ministre d'Angleterre fut mandé au palais, où il resta enfermé plus d'une heure avec l'impératrice et le prince Potemkin; ce qui mit tout le corps diplomatique aux champs.

Moi, comme un autre, je m'épuisais en conjectures. Dieu sait combien de dépêches chiffrées portèrent dans les cabinets européens d'hypothèses et de prévisions chimériques! Heureusement le soir même je vis l'impératrice à l'Ermitage, et je sus par elle que le seul objet de cette conférence avait été l'examen d'une collection curieuse de dessins nouvellement rapportés d'Égypte par le chevalier Worsley.

Notre départ devenait prochain; les conférences s'éloignaient; enfin j'en obtins une; mais j'éprouvai la même résistance sur la diminution des tarifs. On m'objecta le tort que la diminution de nos vins ferait au commerce des Espagnols et des Portugais, qui versaient beaucoup d'argent en Russie et en tiraient peu, tandis que nos marchandises de luxe, fort à la mode dans l'empire, en feraient exporter une grande quantité d'or dès que notre traité serait conclu.

Enfin, pour justifier les lenteurs dont je me plaignais, les ministres m'alléguèrent le grand nombre d'affaires dont ils étaient chargés. De plus, ils m'assurèrent que les traités de l'Angleterre, de Naples et de Portugal, se trouvaient moins avancés que le mien. M. de Woronzoff termina la conférence en me promettant son *ultimatum*; mais en même temps il me déclara que nos vins de Champagne jouiraient seuls de quelque diminution de droits.

Que ne devais-je pas craindre dans un pays où tout se commençait, et où rien ne s'achevait ! M. de Woronzoff d'ailleurs se disposait à faire un voyage en Finlande, et je regardais toutes ces tergiversations comme des ruses employées par les ministres qui m'étaient opposés, et dans le but de ne rien finir avant notre départ pour la Crimée.

J'en parlai vivement au prince Potemkin ; il trouva comme moi ces délais indécens; mais, obligé lui-même de partir pour Kieff, il ne lui fut plus possible de m'aider à vaincre les difficultés de tout genre qu'on m'opposait.

Alors, ne voyant plus d'autre ressource, je résolus de me servir d'un nouvel intermédiaire pour faire parvenir par un moyen secret mes justes plaintes à l'impératrice : M. Momonoff s'était, depuis peu, lié intimement avec moi, et me montrait un grand désir de voir ma négociation heureusement terminée. Je lui écrivis que j'éprouvais de singulières contrariétés.

« Tandis, lui disais-je, que l'impératrice
» veut que l'on hâte la conclusion d'un traité
» de commerce entre la France et la Russie,
» elle ignore à quel point ses ordres sont mal
» exécutés. Ses ministres, soit par prédilection
» pour l'Angleterre, soit par prévention contre
» la France, soit enfin par tout autre motif,
» m'opposent obstacles sur obstacles, difficultés
» sur difficultés.

» On dirait qu'ils ne cherchent qu'à gagner
» du temps : celui de notre départ pour la Cri-
» mée approche ; et, si rien ne se termine avant
» cette époque, la volonté de l'impératrice sera
» sans effet ; enfin les ministres auront fait
» échouer une négociation dont le résultat de-
» vait être si utile à nos deux pays.

» J'en éprouve un vif chagrin; il serait bien
» important que l'impératrice sût la vérité, et
» combien peu elle est obéie. Vous regarderez,
» j'espère, cet épanchement de ma confiance
» comme une vraie preuve de mon amitié. »

M. Momonoff me répondit « que tous ces dé-
» lais le contrariaient autant que moi, mais que
» sa position ne lui laissait malheureusement
» nul moyen de me seconder comme il l'aurait
» voulu, parce qu'il déplairait certainement à
» sa majesté, s'il lui parlait des affaires dont
» elle ne lui avait pas permis de se mêler. »

Je le savais comme lui, et je n'attendais pas
d'autre réponse; mais en même temps j'étais
bien sûr que, pour se faire honneur de cette
réserve, il montrerait à sa souveraine ma lettre
et la sienne; or, c'était tout ce qu'il me fallait:
le succès ne tarda pas à justifier mon attente.

M. de Vergennes venait de m'envoyer un con-
tre-projet de traité, dont toutes les dispositions
étaient sages, conciliantes et motivées avec une
grande habileté. Je demandai une conférence
aux ministres; et, contre leur coutume, ils me
l'accordèrent dès le lendemain.

Il ne me fut pas difficile de voir que quelque
impulsion secrète et puissante avait changé les

dispositions des plénipotentiaires : M. de Woronzoff se montrait moins opiniâtre; le comte Bezborodko, plus pressé de conclure; le comte Ostermann, moins froid; M. de Markoff seul, qui remplaçait depuis peu M. Bacounin, m'opposait quelque résistance.

On discuta le projet de M. de Vergennes article par article, et avec un évident désir de conciliation. Enfin j'obtins presque tous les changemens que désirait ma cour. Il ne resta plus à lever que deux ou trois difficultés de peu d'importance, et relatives à quelques compensations demandées par les Russes en faveur de la diminution des droits sur nos vins, qu'ils consentaient à m'accorder.

J'envoyai cet *ultimatum* à M. de Vergennes, en le priant de remarquer combien il était nécessaire de ne pas perdre, par trop d'insistance sur des points peu essentiels, les avantages immenses et réels que nous obtenions par cet *ultimatum*.

En effet on nous donnait l'avantage de payer les droits en monnaie du pays; ce qui faisait disparaître l'infériorité où jusque-là nous nous étions trouvés, relativement à l'Angleterre et aux autres puissances qui, ayant des traités avec la Russie, payaient sur toutes leurs productions un droit inférieur de douze et demi pour cent à celui auquel étaient assujetties les nôtres.

Ce traité, tel qu'on nous l'offrait, nous assurait la jouissance de toutes les prérogatives, exemptions et droits accordés aux nations les plus favorisées, enfin la diminution d'un quart sur nos vins dans le sud de l'empire, et d'un cinquième dans le nord. De plus on accordait l'égalité pour nos savons avec ceux de Venise et de Turquie, et généralement la diminution d'un quart de droits sur toutes nos productions.

Il est vrai qu'on en exceptait les sels et les eaux-de-vie; mais cette exception était générale pour toutes les autres nations, parce que les sels sont une branche principale du commerce de Crimée, et que les eaux-de-vie, étant fabriquées en Russie et affermées, rapportaient à la couronne un revenu annuel de cinquante millions.

« Nous devons, je crois, disais-je au minis-
» tre, nous contenter de telles concessions et de
» la diminution proposée sur nos vins; car,
» malgré leur cherté, leur débit s'accroît,
» tandis que celui des vins d'Espagne et de Por-
» tugal diminue. Songez d'ailleurs que le
» mois de novembre s'avance, que l'impéra-
» trice doit partir les premiers jours de janvier,

» et que, si votre réponse définitive ne m'ar-
» rive pas avec une extrême diligence, nos ad-
» versaires auront atteint le but où tendaient
» leurs lenteurs; la négociation sera interrom-
» pue par un long voyage et probablement
» manquée; car, malgré les succès que vien-
» nent d'obtenir MM. de Choiseul et de Bulga-
» koff par un accord conclu avec la Porte, l'ho-
» rizon est encore très orageux.

» On continue à me faire les protestations les
» plus pacifiques; cependant, sous prétexte
» d'entourer de magnificence la marche triom-
» phale de l'impératrice, une armée nombreuse
» se rassemble dans le midi.

» Les ministres prussiens et suédois préten-
» dent que Catherine II, bien qu'elle ajourne
» son plan d'invasion de la Turquie, veut pour-
» tant poser la première pierre d'un nouvel
» empire, et que, possédant déjà quelques par-
» ties de l'ancien empire grec, telles que la
» Tauride, la Géorgie, le Bosphore Cimmérien
» et l'Ibérie, elle doit faire couronner, à Kher-
» son, empereur des Grecs, son petit-fils Con-
» stantin, avec l'espoir que, cette proclamation
» rallumant dans toute la Grèce le désir de se-
» couer le joug ottoman, le colosse turc se trou-

» vera tôt ou tard miné et ruiné par les désas-
» tres d'une longue guerre civile. »

Ce projet me semblait alors chimérique; mais il ne devait pas le paraître aux Turcs, et leur inquiétude suffisait pour amener une rupture. Alors la méfiance contre nous se réveillerait en Russie, et ne nous laisserait plus aucun espoir de renouer nos négociations commerciales.

Le traité de M. Fitz-Herbert s'avançait rapidement; mais, lorsqu'il se croyait au moment de le conclure, il rencontra subitement un obstacle inattendu, qu'il ne lui fut pas possible de surmonter.

Il faut savoir que, dans le temps où les plénipotentiaires russes me proposèrent d'insérer dans notre traité une stipulation par laquelle le roi déclarerait reconnaître les principes de la neutralité armée, je refusai en son nom d'y consentir, à moins que l'impératrice ne s'engageât solennellement à ne faire ni renouveler de traités avec aucun autre gouvernement sans exiger de lui la même reconnaissance.

Lorsqu'on en vint avec M. Fitz-Herbert à cette disposition, il se récria, ainsi que je l'avais prévu, contre une disposition si nouvelle, et voulut exiger qu'on la supprimât, parce que jamais, disait-il, son gouvernement n'y acquiescerait.

Les plénipotentiaires lui répondirent qu'il était impossible d'obtempérer à sa demande, parce qu'à cet égard l'impératrice avait contracté avec plusieurs grandes puissances des engagemens irrévocables.

De ce moment les conférences cessèrent, la négociation échoua, et on convint seulement de prolonger de trois mois l'existence de l'ancien traité qui expirait, afin de donner au gouvernement anglais le temps nécessaire pour faire connaître sa résolution définitive.

A cette époque, Catherine II éprouva, dans son intérieur, d'assez vives contrariétés. Elle voulait emmener avec elle, dans le midi, ses petits-fils Alexandre et Constantin. Le grand-duc et la grande-duchesse, qui ne devaient pas être du voyage, se plaignirent vivement de cette séparation. La contestation devint vive; mais une petite vérole volante, dont les jeunes princes furent atteints, força l'impératrice à les laisser près de leurs parens.

Dans le même temps, une scène assez scandaleuse surprit et affligea la cour : après le spectacle de l'Ermitage, la princesse de Wurtemberg, belle-sœur de la grande-duchesse, au lieu de la suivre selon sa coutume, courut dans l'appartement de l'impératrice, se jeta à ses pieds et implora sa protection contre son mari, qui lui faisait subir, disait-elle, les traitemens les plus durs; elle déclara qu'il lui était désormais impossible de supporter des outrages et une tyrannie qui redoubleraient probablement de violence, dès que l'impératrice serait partie.

Il fallait que ses plaintes eussent été accompagnées de circonstances et de détails bien graves; car le même soir, après cet entretien, Catherine écrivit une lettre sévère au prince de Wurtemberg, en lui ordonnant de quitter son service, de s'éloigner de ses États et de partir pour l'Allemagne.

La princesse resta à l'Ermitage, où sa majesté lui fit préparer un appartement. Le grand-duc et la grande-duchesse se montrèrent profondément affligés de la méfiance injuste que leur avait montrée, dans une circonstance si importante, la duchesse de Wurtemberg, leur sœur.

Le mois de décembre s'était écoulé; je ne recevais aucune nouvelle. Les Anglais et leurs partisans, qui désiraient que ma négociation échouât, triomphaient; mais enfin, le 6 janvier 1787, un courrier de M. de Vergennes arrive; je rédige sur-le-champ les articles dont ce ministre proposait le changement ou l'addition; le 7 je demande une conférence; le 8 elle a lieu.

Je lis aux plénipotentiaires une note destinée à leur prouver la justice et la modération des propositions nouvelles que j'étais chargé de leur présenter. Leurs objections furent légères et courtes. Ils semblaient avoir reçu l'ordre secret de terminer. Cependant ils insistaient pour obtenir que leurs fers fussent traités plus favorablement que ceux des autres nations, condition sans laquelle, à leur avis, nous devions perdre la forte diminution de droits qu'ils nous avaient accordée sur nos vins et sur nos savons.

M. de Vergennes m'avait précédemment autorisé à céder sur ce point important, mais seulement à la dernière extrémité. Or, voyant que les plénipotentiaires se montraient pressés de conclure, je résolus de profiter de ces dispositions; et, au lieu de faire connaître l'autorisation que j'avais reçue, je persistai à refuser toute faveur exclusive pour les fers russes, au détriment des fers des autres nations, ce qui nuirait trop gravement aux fers de la Suède, notre alliée; je pris même sur moi de déclarer que cette difficulté suffirait pour m'empêcher de signer.

Cette hardiesse me réussit; les plénipotentiaires, ne voulant pas rompre, se contentèrent de la stipulation qui traitait leurs fers comme ceux de la nation la plus favorisée. En faveur de cette égalité, ils confirmèrent la diminution des droits sur nos vins et sur nos savons, telle que nous l'avions obtenue.

Ainsi, nous trouvant tous animés du même désir de conclure, après deux heures de conférence, nous nous accordâmes sur tous les points. Le 9, on rédigea les actes; enfin, le jeudi 11 janvier 1787, nous étant réunis, nous signâmes le traité, que j'envoyai le 14 par un courrier à M. de Vergennes.

Le 17 janvier je me rendis à Czarskozelo, d'où je partis avec l'impératrice le 18 pour la Crimée; heureux d'avoir contribué à former un lien avantageux et solide entre le roi et une souveraine qui, professant une vive amitié pour lui, me comblait de bontés.

Il était difficile de commencer un plus curieux et plus grand voyage sous de meilleurs auspices, et de voir ainsi régner un plus parfait accord entre mes devoirs et ma reconnaissance.

FIN DU SECOND VOLUME.

DESCRIPTION DE LA NAVIGATION

QUE SUIVENT LES CARAVANES

SUR

LE WOLGA, LA TUERZA, LA MISTA ET LE VOLKOFF,

ET DE LA DISPOSITION DES EAUX DE PROVISION.

(Voir page 328 : Voyage de Wischney-Wolotschok.)

Les communications par eau, qui sont sous la conduite d'un directeur général, commencent aux frontières du gouvernement de Twer, par le Wolga et la Bazouze, continuent par la Tuerza jusqu'à sa source, de là par les canaux de la Tuerza et de la Tsna, par la rivière de Tsna, le lac Mstino, la Mista, une partie du lac Ilmen et le Volkoff jusqu'au canal de Ladoga, sur une longueur de douze cents werstes (trois cents lieues).

La navigation s'ouvre à la débâcle des glaces, pour les barques qui chargent à la ville de Gjate, le long de la rivière de ce nom, aux villes de Saritsa, de Zoubtsoff, Rjef, Twer, Torjok, et dans plusieurs ports des rivières nommées plus haut ou de celles qu'elles reçoivent.

Les caravanes qui descendent la Gjate et la Bazouze, arrivent à Twer par le Wolga, presqu'en même temps que les glaces. Elles remontent ensuite la Tuerza, tirées par des chevaux, jusqu'à Wischney-Wolotschok, où l'on ôte les gouvernails pour leur substituer les avirons, plus convenables dans la descente des cataractes. Elles continuent en suivant le cours de la Mista et le lac Ilmen jusqu'à Novogorod, et de là par le Volkoff jusqu'au canal de Ladoga.

Pendant que les premières caravanes, composées de neuf à treize cents barques, suivent la Tuerza et les cataractes de la Mista, les eaux du printemps diminuent dans toutes ces rivières au point de rendre la navigation impossible sans décharger les barques. Pour qu'elle ne soit point interrompue, on ferme le principal réservoir de Wischney-Wolotschok sur la Tsna, la prise d'eau de Klioutchina, l'écluse de la Tsna sur la rivière de Chlina, les deux barrières qui sont dans la ville, et l'écluse qui est à l'embouchure du lac Mstino. Par cette disposition, les eaux de la Tsna et de la Chlina, qui coulaient dans la Mista, se versent dans la Tuerza, et en facilitent la navigation.

Dans le même temps d'autres eaux d'épargne sont retenues le long de la Mista, dans les bassins d'Ouver, de Berezaï, de Kemets et de Toubas, à une hauteur convenable pour servir au besoin à couvrir les bas-fonds des cataractes. Pendant que ces eaux se rassemblent, il arrive de Twer à Wischney-Wolotschok de trois à quatre cent cinquante barques. On assigne un jour pour les faire passer au-delà, et l'on ferme, s'il est nécessaire, l'écluse de la Tuerza. Il passe dans un jour, par l'écluse de la Tsna, de cent cinquante à deux cent cinquante barques. Le lac Mstino reçoit alors les eaux du grand et du petit réservoir de la Tsna, ainsi que des réservoirs de Berezoff et de Roudnef. Lorsqu'il est plein, on ouvre son écluse, et les barques passent dans la Mista, dont on enfle les eaux en ouvrant au besoin les réservoirs de Toubas, de Kemets, de Berezaï et d'Ouver. Avec cette masse d'eau, les barques descendent toutes les cataractes de la Mista jusqu'au port d'Oust-Volna, au-dessous duquel elles suivent le cours libre de la Mista et du Volkoff, qui offrent partout assez de fond. Sans perdre de temps, on ferme les bassins nommés plus haut, et l'on ouvre de nouveau l'écluse de la Tuerza et le réservoir d'Ocoug, pour remonter les barques qui viennent du Wolga par la Tuerza. Elles parviennent au port d'Oust-Volna comme nous venons de le dire. Cette manœuvre se répète pendant tout l'été jusqu'à la clôture des rivières par les glaces.

www.ingramcontent.com/pod-product-compliance
Lightning Source LLC
Chambersburg PA
CBHW071105230426
43666CB00009B/1829